会战

周密筹划的巅峰对决

THE BATTLE WARS

战典

「战典丛书」编写组◎编著

哈尔滨出版社
HARBIN PUBLISHING HOUSE

图书在版编目（CIP）数据

会战：周密筹划的巅峰对决／《战典丛书》编写组
编著 .—哈尔滨：哈尔滨出版社，2011.4
　　（战典丛书）
　　ISBN 978-7-5484-0245-9

　　Ⅰ.①会… Ⅱ.①战… Ⅲ.①会战—战争史—世界—
通俗读物Ⅳ.① E19-49

　　中国版本图书馆 CIP 数据核字（2010）第 133634 号

书　　名：会战——周密筹划的巅峰对决
作　　者：《战典丛书》编写组　编著
责任编辑：陈春林　　任　环
责任审校：陈大霞
全案策划：品众文化
全案设计：琥珀视觉
出版发行：哈尔滨出版社（Harbin Publishing House）
社　　址：哈尔滨市香坊区泰山路 82-9 号　　邮编：150090
经　　销：全国新华书店
印　　刷：北京朝阳新艺印刷有限公司
网　　址：www.hrbcbs.com　　www.mifengniao.com
E－m a i l：hrbcbs@yeah.net
编辑版权热线：（0451）87900272　　87900273
邮购热线：（0451）87900345　　87900299　　87900220（传真）
　　　　　或登录蜜蜂鸟网站购买
销售热线：（0451）87900201　　87900202　　87900203
开　　本：787×1092　　1/16　　印张：22　　字数：300 千字
版　　次：2011 年 4 月第 1 版
印　　次：2011 年 7 月第 2 次印刷
书　　号：ISBN 978-7-5484-0245-9
定　　价：36.80 元
凡购本社图书发现印装错误，请与本社印制部联系调换。
服务热线：（0451）87900278
本社法律顾问：黑龙江佳鹏律师事务所

会战——每一个统帅的梦想

战争是什么？两百年前的瑞士人安托万·约米尼说道："战争远非是一门精确的科学，而是一出令人恐怖、充满激情的戏剧，是一种艺术！"

战争这门艺术，不是谁都能把握在手中进行塑造和勾勒的。即使忽略掉战场上的残酷、血腥和满目疮痍，单纯考虑如何获取胜利，能主导战局的人也往往只有那么一两个。瞬息万变的战局，不是头脑发达就能掌控的，它不是一盘棋可以悔过重来，也不是一局游戏可以死后重生，它经不起玩笑，受不起轻蔑。指挥军队对阵，远比英雄好汉的单挑来得更加刺激和惊险，有时候成败只在一个念头之间，有时候一个念头就能影响全局，这当真不是儿戏。英雄好汉可以决定一场斗争的胜负，而一位杰出统帅能够改变的，是一场战役发展的方向，乃至一场旷日持久战争中千万将士的命运。

担负这种责任，是一种痛并快乐着的经历。但痛令人成长，令人成熟。不经过痛彻心扉历练的人，无法成为一位独当一面的将军，更别说指挥一场战役。从古至今，人们最喜爱和最崇敬的英雄，就是那些可以驾驭战争、拒绝战争、限制战争和终结战争的人。而这些战争中，关键的一场会战能影响到全局的走势，没有哪个统帅不希望生命中存在着这样一场战役，让自己成为它的主导者，赢得胜利。这场战役，是战争双方主力之间的作战，是双方主力的决战，是每位统帅梦寐以求施展抱负的舞台。一旦遭遇，决不退缩。当然，他们不一定胸有成竹，不一定胜利在望，但他们睿智、勇敢、心怀谋略，心系国家，不惧怕死亡，站在战场上他们的身影会变得高大，瞬间化身为将士们心中的那个神。

展开历史书卷，你会看到一张张鲜活的面孔，他们有的面带笑容，有的神色肃穆，有的冷俊傲然，有的眼神悲哀。在血红的战场上，他们有的失败了，有的成功了。功成名就，名垂青史，或者被时光渐渐遗忘。没有谁能够战无不胜，因此也没有谁能成为战场上永远的胜利者。拿破仑、亚历山大大帝、古斯塔夫、阿提拉、库图佐夫等等，都只是悠悠岁月里的匆匆过客，但是他们来过了，留下了他们的足迹，他们此生无悔。他们杰出的战略思想和战术计谋，通过这些战役留在了我们的脑海中，成为了绚烂回忆或者一声叹息。

战术大师们的竞技场

在历史上，许多会战都是决定两方战争胜负的一搏。它是战略上的赛点，也是战争上的局点，其影响力的巨大有时会引发一个王朝的覆灭，抑或是一个国家的消亡。

这不同于任何一次试探性的交锋，不容许有丝毫的失误，是双方力量倾其所有，军事实力也要达成胜利的战役，在战略和战术上所需要的智慧超过了以往。倘若在这样的战场上，统帅无法贯彻其优良的军事思想，就无法顺利博得这一赛点和局点。

对于会战的重要性，没有哪位统帅不明白，但要将理论付诸实践，绝非易事。"战略上藐视敌人，战术上重视敌人"这句毛泽东的至理名言，许多人烂熟于心，但又有几个人能理解其蕴涵的深奥哲理，能在运用中发挥其无穷变化？百战不殆的铁血传奇，远不如想象中那样简单。

战场也是一场真实的戏剧，如果想在落幕之前担任一个称职的主演，决策者的第一个职务就是要审慎地研究作战的场地，详尽分析敌我双方在形势上的优劣利害。然后根据自身的弱点和对方的优势，制定灵活的应对方案。天才的军事指挥家通常能够洞悉敌人的战略思想和战术行动，故意隐藏自己的真实意图，迷惑对方，将对方引入自己的圈套或者打乱敌人的进攻步骤，从而将敌人的优势削弱。

拿破仑曾如此说道："所谓军事指挥艺术，就是当自己的兵力数量实际上居于劣势时，反而能在战场上化劣势为优势。"

战术与武器的爆发

按照马克思主义的观点，技术决定了战术。随着科技的进步和国家综合实力的增强，势必会出现新的武器装备，这会给我们带来新的战术思想和原则。

这是毋庸置疑的。但是，新型武器的发展，会成为左右战局的关键吗？大部分军事专家认为不会如此。因为无论在哪个年代的战争中，都存在着武器装备更具优势的军队，但就是这样的军队往往会被装备落后的军队击败。匈奴人会横扫欧亚大陆，依靠的绝对不是优良的武器装备，甚至可以这么说，他们的装备不比任何一支欧洲正规军好。但他们为何会势如破竹，这种现象的产生，一方面在于战争的正义性因素，更重要的是战略战术的合理使用。这也证明，战术的优劣，与武器装备的先进与否不存在必然的联系。

在战争中，一般而言，只有最适合自己的装备与训练水平，并能有效地化解敌人优势的战术，才是最好的战术。而美国人不同意这点，他们总是把战术的先进性与武器的先进性混为一谈，认为武器先进了，战术才能先进。第二次世界大战期间，他们依仗着自己先进的武器装备肆无忌惮，直到在朝鲜和越南战场上遭遇了失败，他们才总算明白了自己在战略和战术方面的失误。由此可见，先进武器可以成为先进战术的基础，但战术最重要的特质是看它是否有效。在战场上，战术没有先进与否之分，在实际战场上有效的战术就是好战术。

当然，原子弹这种毁灭性武器，应该被排除在任何一场有发动意义的战争之外。

《战争艺术概论》中写道，战略是进行战争的艺术，而战术是应乎战场地形，如何配置兵力，在会战场内展开实际动作的艺术。另外，在战术大师们看来，进攻永远是优于防御的一种最积极的战术类型。

我们应当清楚地认识到，赢得战争所依靠的不仅是武器，如果一两件先进武器就可以改变战争的进程，那么朝鲜战争美国早就赢了，伊拉克战争早就结束了，武器最强大的国家也早就成为世界霸主了。可见，事实并非如此。

惨烈的结果

海明威曾这样说过："任何战争都是罪恶，不管是否所谓必须，也无论是否所谓公正。"这是因为，无论是哪场战争，带给人们的终究有鲜血和牺牲、悲伤和离别、孤独和苍凉。如果你站在正义的那一边，坚定的信仰会支撑你冲向敌人的尖刀，面对死亡亦能毫无畏惧；如果站在侵略者的那一方，征服的欲望会吞噬你的良知与宁静，让死神成为你的同党。

看看战后的战场吧，那里尸横遍野，血流成河，其中大部分是你的敌人，也还有我方的将士。他们的牺牲真的是必须的、必要的、必然的结果吗？作为一名战士，他们在大多数时候没有办法决定自己的生死，幸与不幸都发生在一瞬间。没有哪位历史学家能找出一场不付出惨痛代价的会战，毕竟大决战的意义还在于削弱对方有生的战斗力量，即杀死更多的敌人。

真正的战争

战争的存在有意义吗？不同的人有不同的看法，有人认为战争是一种祸害和错误，应予以彻底根除；有人认为战争发展到今天已失去实际作用，应当避免；有些人认为战争是统治阶级为实现政治目的而采用的一种冒险工具，时代的进步阻止不了它的发生。

其实，真正的战争，除了流血与牺牲，还意味着人性的暴露和欲望的碰撞。

克劳塞维茨在《战争论》中说道："战争是迫使敌人服从我们意志的一种暴力行为，而暴力的使用是没有限度的。"从古到今，从西方到东方，决策者为了赢得战争的胜利，不惜采取一切手段，因为谁也无法承担国家战败、人民遭受屈辱的责任。统帅们在战争中的残忍常令人感到战争的无情，但这实际上是由战争的本来属性决定的。

一旦决定要用战争来解决问题，就无法避免暴力的出现。任何人都没有资格在战争开始后指责其残忍性，除非你能避免或阻止战争。对于这一点，美国南北战争时期的名将谢尔曼说过："如果人们觉得我残酷和残忍的话，我就会告诉他们，战争就是战争，它的目的并不是要博得人们的好感！战争就是地狱！如果你们想要和平的话，你和你们的亲人就应该放下武器停止这场战争！"

但有时极端的残忍，也是一种仁慈。第二次世界大战中美国人投下了两颗原子弹，这对于日本很多普通百姓来说是极端残忍的，但这加速了日本人的投降。对于整个战局来说，这一举动促使这场旷日持久的战争提前结束，从而避免了更多人的伤亡。事实上，但凡有一丝怀柔的可能性，没有人希望采取这样极端残忍的方式来终结战争。在一场战役中，如果遇到一位能良好运用怀柔与暴力的决策者，无疑是这场战争中最幸运的事，这则要求这位决策者具有高明的军事思想，且具备优良的政治家眼光。

不只是武器和战术

战场上，能左右战局的除了武器和战术，还有其他的因素。

首先，我们永远不能忽略人脑智慧的无限潜能和精神带来的巨大动力。这些因素，包括了统帅的个人意志力和才干，也包括他所在民族的战斗意志，其次，这支军队所在国家的军事制度、现役兵力与预备兵力之素质、财政资源、政府职能等，也都是开战前需要考虑到的项目。

而一个国家的综合国力，往往是决定两国对战胜败的最根本原因。这个国家是否建立了先进的军事制度，也是很关键的因素。如果我们想要组成一支尽善尽美的军队，就必须依赖于完善的军事制度，这样一来，在这样的军事制度下打造出来的精锐的军队，即使在平庸的将领的指挥下，也有可能获得胜利。毕竟，天才军事指挥家难得一遇，与其把精力花费在寻找天才领袖上，还不如努力去完善本国的军事制度。不过，有时也会存在一位名将率领着一支并不优秀的部队，也一样胜利的现象，这则是因为民族的尚武精神和军队的士气弥补了他们在其他方面的缺陷，但其背后也需要一个坚强的政府给予支持。

相反，如果一个国家的军事体制成为一个推动不了的机制，指挥官之间又存在着嫌隙，他们还在准备不足的状况下进行战争，我们可以预见其战役的失败。要知道，一个国家和民族只有拥有着必胜信念，团结一致，才有可能经得起牺牲，经得起血与火的洗礼，经得起失败，也才有可能重新振作，夺取最后的胜利。

胜利属于决策者

战无不胜只是一个神话，上帝保佑不了成败，任何战争都没有命里注定的胜利。战场上硝烟和尘土的缘起缘灭，在于天时地利人和，最有可能左右胜利的是两方军队的决策者。

在任何战争中，统帅都必须面对诸多问题：采用哪种战略？使用哪种战术？如何对付眼前的敌人？对于已战败的敌人，该如何处理？对于投诚的敌人，该如何处置？对于俘虏，该如何对待？在某类特定条件下，曾经的敌人可能转化为友军，曾经的盟友也可能随时转化为敌人。如果同盟者突然倒戈相向，又该怎么办？如果敌人与我方存在利益关系，是否应该先进行一次和谈？太多太多的问题，会出现在战役开始前，更会有数不清的变数，发生在战役开始后。作为决策者，作为全军统帅，你如何应对这些问题、如何快速反应才能对己方有利，是最为考验一位统帅的综合素质的。

如果他能力不够，或者一念之差，胜利就会失之交臂。

当然，除了统帅个人在军事方面的才干，其他方面的因素也会影响他的决策力。想成为最后的胜利者，他必须具备强烈的使命感、钢铁般的意志、非凡的自制力，不贪图享受，并且能够孜孜不倦地从事征服事业。在他的心中，只有建立前无古人，后无来者的伟大功勋才是一生中最大的目标。他渴望胜利，向往成功，他不仅拥有征服一切的欲望，还拥有让众人臣服在自己脚下的野心。任何心软或者天性仁慈的人，都不适合成为一位战场上的决策者，因为他无力承受战争的残酷，便也无法果断地对待敌人。

看看伟大的亚历山大大帝是如何做的吧。他在十多年的征战生涯中，经历过无数次战役，他最终能建立强大的波斯帝国，获得前所未有的巨大胜利，与其说是因为强悍的武力征服了敌人，还不如说是由于他更懂得合理地对待面前的敌人。他的确是有过人之处的，对此，拿破仑曾说道："我对于亚历山大特别感到羡慕的地方，不是他的那些战役，而是他的政治意识，他有一种能赢得人民好感的艺术。"

亚历山大东征时，面对的是波斯人统治不够牢固的地区，从小亚细亚沿地中海南下一直到埃及的绝大多数居民，都是被统治的希腊人。他仔细分析了当时的情况，在征战中，一概奉行怀柔政策，只要是对他存有一点儿好感的地区，他都不放弃一丝怀柔的机会。对于主动投诚者，他还会派出一小部分军队前往接管；对于由寡头政治统治的城市，他下令取消寡头政治，恢复民主，减少当地的捐税，并尊重他们原有的风俗习惯。另外，对于那些被迫帮助波斯打仗的城市，他也一概既往不咎。他将仁慈和慷慨都用在了政治上，而在战场上他保持强硬的作战风格，这也是他的敌人为何在面对他时觉得胆寒的原因。他是个聪明的决策者，使他不仅能赢得某一场战役的胜利，而且赢得了更多的领土和人民。在战役胜利之外还能获得民心的统帅，才称得上是最后的胜利者。

目录 contents

contents 目录

目录 contents

contents 目录

目录 contents

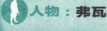 人物：弗瓦迪斯瓦夫二世 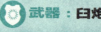 武器：臼炮 战术：三线阵形进攻

contents 目录

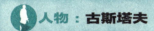 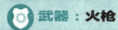

目录 contents

contents 目录

目录 contents

contents 目录

目录 contents

contents 目录

目录 contents

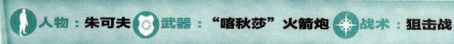

contents 目录

周密筹划的巅峰对决

THE CLASSIC WARS

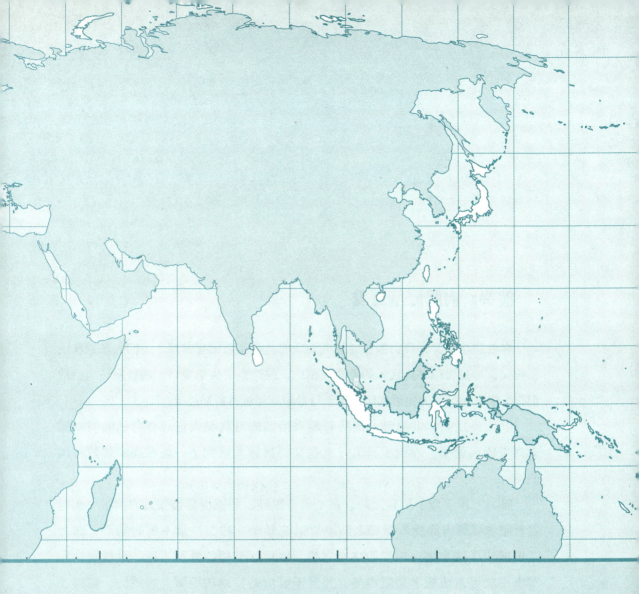

第一章

伊苏战役
——为爱琴海的霸权而战

　　▲两雄相争必有一伤，但所有的霸权都是在这样的战争中产生的。公元前333年发生在亚历山大大帝与大流士三世之间的伊苏会战，正好证实了这句话的正确性。在那个强者意味着一切的年代，马其顿人和波斯人无法回避彼此的矛盾，为了争夺爱琴海的统治权，他们选择以战争来解决问题。而这场战争不仅决定了爱琴海的未来，还决定了波斯人的命运。

前奏：向腓尼基进发

在希腊北部，崇拜宙斯和赫拉克勒斯的马其顿人出身贫寒，他们大多是农民和牧民，与高贵和举止优雅的希腊人相比，他们似乎头脑简单、四肢发达。但他们善于学习希腊人的先进文明，乐于与希腊城邦进行贸易往来。

进入公元前 4 世纪时，这些看起来粗鄙的马其顿人已经将自己的国家建立得坚固而繁华，而国王腓力二世则让马其顿人看到了一幅璀璨宏伟的帝国蓝图。

腓力二世受命于危难之际，是个拳头很硬、精神世界很强大的国王。面对着希腊各城邦内部及各城邦之间矛盾错综复杂、冲突持续不断的局势，腓力二世抓住了这个建立霸权的良好时机，他运用高超的外交手段、金钱利诱和军事进攻等方法插手希腊事务，处世干练沉着，成功地树立起威信，赢得了各个城邦的信任。他还将贵族和富裕农民吸纳进军队，直接收归自己指挥。他凭借着国人的军事眼光，编制了马其顿方阵，加强了马其顿的军事实力。

天下烽烟四起，希腊人不知不觉中也感受到了这股来自马其顿的风暴。公元前337年，腓力二世顺利地在科林斯召开各邦大会，宣布各邦间理应停止战争，建立以他为盟主的泛希腊同盟，并以"复仇"为借口对波斯宣战。

马其顿士兵一个个魁梧高大，眸子里透露着不惧一切的光芒，他们整齐列队，如一堵坚不可摧的城墙，威风凌凌地矗立在其他城邦军队的四周。他们不是来宣战的，但似乎只要他们跺一跺脚，他们雄壮的军威都会让整个世界为之颤抖。

碍于马其顿这样强大的实力，奥林匹斯山以南的大多数城邦都成为了联盟的成员，对其俯首称臣。腓力二世展露出满意的微笑，他开始召集军队。公元前

336年的夏天，他高兴地去参加了女儿的婚礼，却不幸遇刺身亡。他的儿子亚历山大继位，在平息内乱和镇压希腊人的反叛后，这位20岁的皇帝接过父亲的衣钵，即刻调兵遣将，准备东征。

"把战争带给亚洲，把财富带回希腊！"亚历山大振臂高呼。

"争霸爱琴海，打败波斯人！"马其顿战士们山呼回应。

亚历山大选择在春天出征，这一年是公元前334年。他率领步兵三万，骑兵五千跨过了海峡。在战士们的簇拥下，他小麦色的皮肤在阳光下熠熠生辉，仿佛神祇的光环附着在了身上，指引着马其顿的将士们不断冲锋向前，将手中的兵刃挥舞得更加凌厉。战场上，马其顿军队如狂风席卷，携带着腥风血雨，无人能挡。

也就是这一年，他率领将士们攻占了小亚细亚几乎所有的港口，以对抗波斯海军的威胁。公元前333年8月底，亚历山大终于征服了小亚细亚腹地，他的下一个目标是波斯帝国在小亚细亚最后的据点西里西亚。

波斯人也不是省油的灯，在波斯王大流士三世的授意下，波斯西里西亚总督阿萨姆决心诱敌深入，弃守金牛山脉上的险要山口，引诱马其顿大军轻易进占首府塔苏斯。

但聪明的亚历山大觉察到大流士的心机，他拒绝应战，转而在叙利亚山口附近扎营，并派兵扼守阿曼山脉的各个山口，准备继续沿着叙利亚海岸南下，进攻腓尼基和埃及。

亚历山大的理想策略，是避免和波斯主力交战，直取波斯海军主力来源的腓尼基。

★亚历山大（左）发动对波斯的战争，大流士三世（右）成为他征服道路上的第一个强劲对手。

横生枝节：半路杀出的波斯人

腓尼基是大流士的心头肉，他决不会拱手相让。事实证明，这两个皇帝真是"知根知底"，对于彼此的战略都能洞悉到八九不离十。大流士三世不一会儿就看穿了亚历山大的意图，蓄势待发，也要出招了。8月下旬，大流士三世在巴比伦举行盛大阅兵式，然后亲率波斯大军从巴比伦出发，整整花了五天才渡过幼发拉底河，向叙利亚进发。对于这一次波斯大军的数量众说纷纭，部分史学家记载在伊苏参战的波斯军队有60万人，罗马史学家科丘斯认为有25万人，现代史学家大多估计大流士的作战部队不超过10万人。但无论是哪种说法，无疑都说明一个问题，波斯人来势汹汹，在数量上不会给亚历山大任何便宜占。

大流士三世的军队于9月初到达了阿曼山脉东侧的索克依，他打算利用这里的平原地形同亚历山大决战。胸有成竹的波斯人在索克依安营扎寨，等待了一个多月，却依然不见亚历山大的踪影，感到非常奇怪。

"马其顿人怎么还没到？""难道我们的情报出现了错误吗？"波斯人聚在一起小声议论着，这些话传到了大流士的耳朵里，也引起了他的不安。

"快，多派些人出去打探消息！"他下令道。

★古代波斯军队中的战士和贵族

等着大打一战的大流士三世只能通过零零碎碎的情报揣测亚历山大的意图和动向，如被笼罩在迷雾中一般。因为在当时落后的通信条件下，他们都缺乏可靠的情报，无法作出更准确的判断。大流士紧紧蹙眉，难以决断，最终他还是决定放弃索克依这个战场，率军进入西里西亚，主动去寻找亚历山大的主力。

此时的亚历山大大军究竟在哪儿呢？

让我们悄悄走进西里西亚看一看。西里西亚位于安纳托利亚半岛东南角，是小亚细亚进入两河平原的第一站，这里有金牛山脉环绕西、北两面，东面是南北走向的阿曼山脉。阿曼山脉阻断了东西方向的交通，只有两个山口能够通行，一个是阿曼山口，位于山脉北部的伊苏河谷附近，另一个是叙利亚山口。实际上，亚历山大到达西里西亚以后就感染风寒卧床不起，休养了一个多月，所以耽误了行程。病重时，他也没有闲着，而是派兵南进，控制了叙利亚山口。帕马尼奥军团在叙利亚山口扎营后，立刻派出探马向东侦察，很快发现驻扎在索克依的波斯大军。

接到探报的亚历山大一眼就看出了大流士三世的诡计，他还预料到大流士三世将从南边的叙利亚山口通过的路线。于是10月底，病愈的亚历山大率领大部队向南行军60公里来到叙利亚山口，准备在这里出其不意地痛击大流士三世的大军。可就在这时，大流三世士却从索克依挥师北上，从阿曼山口顺利通过，进入了西里西亚。他就是在赌，赌亚历山大还在西里西亚，企图迂回到亚历山大的背后断其退路。

这一次大流士三世赌赢了。他的判断非常正确，波斯军队通过无人防守的阿曼山口，出现在伊苏河谷时，亚历山大才刚刚南下同帕马尼奥会合。波斯人好不得意，策马飞奔在无人的战场上，如开了闸的洪流冲入伊苏的马其顿大营。他们一个个眼睛瞪得溜圆，忙得不可开交，有的忙着搬运物资，有的忙着俘虏伤兵。抢的抢，抓的抓，留守的马其顿人被一锅端，成了砧板上的鱼肉，却仍然紧咬着牙关，高昂着头。

看到如此情形，为了羞辱马其顿人，大流士三世下令将这些伤兵剁去双手，放他们去向亚历山大报信，想要挫挫亚历山大的威风。

看到士兵被辱，亚历山大羞愤极了。他决心和大流士三世一决高下。而这时的他面对的是志得意满的大流士三世，波斯人已从伊苏南进20公里，在皮纳罗河畔安营扎寨了，露出嘲笑等着他前去决战。看似陷入绝境的亚历山大大军，就这样迎来了血肉横飞的伊苏会战。

迎头赶上：就在这里决战

兵法有云：置之死地而后生。这句话适用于项羽，也可以送给亚历山大。望着脚下的滚滚尘土，马其顿军队面临着一个极端凶险的局面。他们不仅被抄了后路，后勤补给被断绝，还没有增援部队可以指望。唯一的出路，只有在粮草耗尽以前领军赶回伊苏，迎战数倍于己的波斯大军。而雪上加霜的是，被断绝后路的消息很快传遍全军，马其顿人纷纷露出惊惧的表情。

★波斯骑兵

★马其顿骑兵

这种形势，是任何将领都不愿遭遇的，但就是面对这样令人沮丧的局面，亚历山大毫不气馁，反而豪情万丈！他立刻召集将领，满怀信心地激励大家："将军们，这正是同波斯王决战的天赐良机！狭窄的海岸地形将使波斯人的军队优势无法发挥，胜利一定属于我们！"

亚历山大的热情和自信激励了每一个人，本来垂头丧气的马其顿人顿时士气高涨，人人用短剑敲打着盾牌，群情激奋。

"和波斯人决一死战！决一死战！"

与此同时，大流士三世已经在皮纳罗河畔安营扎寨整顿军队了，这里距离亚历山大的营地大约30公里。作为一位有勇有谋的将领，大流士三世会离开地形相对开阔的伊苏，来到狭窄的皮纳罗河谷，其实是很令人费解的。

波斯人并不知道亚历山大军队士气的高涨，放松了警惕，在皮纳罗河谷乱糟糟地宿营，纪律松散，显然没有估计

★波斯古城遗址，亚历山大和大流士三世曾在这里激战。

到战事的严峻。而大流士很明显犯了一个判断错误，他仍然认为波斯军队切断了马其顿人的后路，这就足以摧毁他们的抵抗意志了。

这个时候的大流士三世根本不认为马其顿人还有与其决战的能力，于是只想着大兵压境，瓦解他们士气就成了，静待着亚历山大的投降。事实证明，轻敌和懈怠，都是兵家大忌。

在皮纳罗河以南约10公里有一处关口，称做"约拿之柱"，此处的阿曼山脉接入海岸，最狭窄的地方仅能容四人并排通过。马其顿大军不久到达这里，花了足足四个小时全部通过。亚历山大命令马其顿密集阵先行，通过关口以后立刻展开，这样可以防备波斯骑兵的袭击。关口以北，随着地形的不断展开，马其顿部队的两翼始终保持着严谨的队形。

由此可见，亚历山大决心背水一战，只许胜不许败，连后路都没有给自己留。

马其顿军队出现在约拿之柱关口的消息，很快传到了大流士三世那里。大流士得知这个消息后脸色煞白，河谷各处的波斯军队顿时乱成一团，大家面面相觑，额上流下了冷汗。不过大流士三世迅速打起精神，他仍然相信自己军队的实力，马上派出一万骑兵和数千弓箭手到皮纳罗河南岸布阵，建筑起一道防线。

其实，此刻波斯人最明智的策略应该是掘壕固守，消磨马其顿人的锐气。只要坚持一个星期，马其顿军队就会断粮，取得战争的胜利简直轻而易举。但是出于各种考虑，大流士最终放弃了这个最佳策略，下令即刻迎战。

看到波斯人摆开了战阵，亚历山大笑了。

他站在马其顿勇士们中间，睥睨着不远处的波斯军队，脸上没有丝毫的惧色，有的只是傲然和坚毅的神情。此刻，马其顿人面对的是数倍于自己的波斯大军，而且有希腊雇佣军、波斯铁甲骑兵和卡尔达克重装步兵这样强悍的部队，但是他们不害怕，他们轻舐刀刃，期待着这场绝杀。

坚决突击：击退波斯人的左翼

这是一场考验双方决策者智力、耐力和精神力的战役。大流士三世和亚历山大都使出了浑身解数，在调兵遣将上尽量不露给对方一点儿破绽，然而不论策略如何周详，弱点和破绽依然存在。

据说，当年的皮纳罗河谷平原的宽度不超过2.5公里，就算加上可以部署兵力的一段平缓山坡，整个战场的宽度也不超过三公里。在这样一片不算开阔的地域摆开战阵，需要考量和顾及的因素很多。

大流士三世对于排兵布阵很有心得，他乘坐在黄金打造的华丽战车上，波斯

★亚历山大率大军在伊苏击败波斯军队

战士从战场上的任何位置都能看到他魁梧高大的身影。由于战场狭窄,大流士将希腊雇佣军密集方阵的纵深增加至24行,派出四万卡尔达克步兵和两万弓箭手组成了左翼阵营。他还特别派遣两万步兵在皮纳罗河以南依山列阵,以待时机包抄马其顿军队的右翼。有两万卡尔达克步兵在右翼压阵,而事先渡河担任屏障的三万波斯骑兵也全部退到了右翼。除此之外,波斯骑兵统帅是纳巴扎尼,其麾下的六千铁甲骑兵是突击部队,以备大流士在关键时刻调遣。

粗略计算,大流士三世的军队在第一道防线总共部署了15万人,在这道阵线后面,是数量不详的藩邦部队组成的第二道防线。

无论是从数量还是兵士的装备上看,大流士三世的部署都很正确,唯一的疏漏就是将两千马迪亚弓箭手部署在波斯左翼重装步兵的前面。马迪亚人以其优秀的弓箭手闻名于波斯帝国,把他们放在前面能充分发挥他们快速准确的直射威力,阻击马其顿骑兵的冲锋。但弓箭对马其顿重骑兵究竟能形成多大的杀伤力呢?大流士三世对此并不清楚。

亚历山大远观波斯人的阵营时,不禁倒吸一口冷气。对比之下,他发现了自己阵营中的缺陷,而那时他并未一眼发现大流士的那个疏漏。

在亚历山大的部署中,马其顿的左翼是帕马尼奥率领的马其顿密集阵共一万两千重装步兵,右翼则是亚历山大照例亲率两千禁卫骑兵,右翼远端是两千希腊联盟游击步兵和三千阿格里亚和色雷斯标枪手。希腊联盟重装步兵四千人作为预备队,留待备用。在马其顿密集阵的左侧还有两千标枪手和弓箭手,以及600希腊重骑兵,可他们一旦遭遇波斯最精锐的铁甲骑兵,实力对比就非常悬殊。亚历山大立刻发现马其顿左翼远端力量的薄弱,于是将右翼的一千八百特萨利重骑兵调到左翼。

特萨利骑兵悄无声息地向左移动着,一个接着一个,训练有素的马儿没有扬起过多的尘土。他们藏在了方阵后面,作为一支奇兵,直接接受帕马尼奥的指挥。而这个行动没有被大流士察觉,因为他的视线被马其顿长矛遮挡住了。

双方阵营部署完毕,决战开始!亚历山大一声令下,马其顿右翼的禁卫骑兵率先冲上前,河对岸的波斯弓箭手立刻万箭齐发,黑压压的箭雨遮蔽了天空。羽箭十分密集,纷纷撞击在骑兵的甲胄上反弹出去,大多数马其顿骑兵都没有受伤,但有数十匹战马受惊了。看到这样的情况,亚历山大不等步兵跟上来,就率先冲向敌阵,禁卫骑兵以楔形队形紧跟其后。马迪亚部队举起弓箭直射,可仅仅经过三次齐射,禁卫骑兵就冲到了他们面前。

马迪亚弓箭手不具备抗冲击能力,而他们身后的卡尔达克重装步兵集阵没有留下通道给弓箭手后撤。因此当这些弓箭手一个个魂飞魄散,纷纷转身逃命时,瞬间冲乱了后面的卡尔达克密集阵。阵营混乱不堪,接踵而至的马其顿重骑兵风一般突入,将波斯人的密集阵撕裂开来,看似坚固的波斯左翼阵营就这样崩溃了。

"快跑啊!不要挡住我,不要挡住我!""镇静,都镇静一点儿!""不,不要过来,你们不要再退后了!"波斯人惊叫呐喊着,不断挥舞着刀剑,向凶猛的马其顿人面部猛刺,他们必须要砍杀掉不断汹涌过来的敌人,否则也可能被四周推挤过来的战友压倒在地。马其顿步兵也厮杀得筋疲力尽,还依然前仆后继冲到前面,而伤者根本无法撤下战场,波斯人和马其顿人的鲜血融为混沌的一团,在如修罗地狱般的战场上四处飞溅。

雷霆围攻:胜负已经明了

波斯军队的左翼阵营土崩瓦解,大流士三世惊恐地看着眼前的一切。他没有时间思考了。他即刻下令波斯右翼的铁甲骑兵向马其顿左翼远端发起冲锋。但令人泄气的是,由于这里的战场宽度不足500米,波斯骑兵不得不逐次投入兵力。数千铁甲骑兵组成密集队形冲过皮纳罗河,朝600希腊联盟骑兵猛扑,很快将他们击溃,然后整体左转,向马其顿左翼阵线的侧后迂回包抄。顿时波斯人士气高涨,马其顿左翼阵线岌岌可危。

★亚历山大的制胜利器——马其顿方阵

在这关键时刻，亚历山大秘密部署在密集阵后面的一千八百特萨利重骑兵发动反击，向波斯骑兵的右侧猛攻，瞬间冲散了敌军的队形。这令大流士大惊失色，一时间想不出应对的良策。

亚历山大的这支特萨利骑兵以连为单位，可以轻易调整进攻方向，他们向慌忙集结的波斯骑兵连续发动短促突击，将波斯人驱逐到河对岸，然后乘胜追击同波斯骑兵的主力部队发生激战。原本具有巨大优势的波斯军队，立时陷入苦战。

"马其顿的勇士们，勇往直前不要后退！记住，胜利是属于我们的！"亚历山大呐喊着，与士兵们共进退，带领着他们往前进攻。

接着，他命令帕马尼奥率领马其顿密集阵渡河，艰难地爬上陡峭的河岸，向波斯阵线的希腊雇佣军发起进攻。然而渡河很艰难，冒着波斯人的箭雨，许多马其顿士兵没能跟上，这样密集阵前沿就出现了许多缺口。面对如此战机，希腊雇佣军手持圆盾和短剑冲进马其顿阵线的缺口和右翼侧面，展开了猛烈的攻击。双方进入肉搏阶段，马其顿人不得不扔掉长矛，拔出短剑格斗。

每个人都杀红了眼，伊苏战役最血腥残酷的战斗开始了。

马其顿人和波斯人都是勇猛的战士，在死亡面前毫不畏惧，彼此凶狠拼杀，决不留情。厮杀持续了不久，由于希腊雇佣军加上右侧的卡尔达克步兵有三万人，占有3比1的绝对优势，马其顿密集阵死伤惨重。马其顿军官120人在此阵亡，伤亡的士兵达到数千人。亚历山大军队中路和左翼的形势不容乐观。

马其顿人的前景看起来再次黯淡。然而，此时的亚历山大一点儿也不慌张，他还有禁卫骑兵这把利刃。他抬起手，指向大流士三世坐镇的方向，对部下们朗声道："看到那个魁梧的男人了吗？取下他的首级，献给我吧！"

在亚历山大的率领下，马其顿的右翼部队向左旋转，由禁卫步兵攻击希腊雇佣军的左翼，而亚历山大率领禁卫骑兵从侧后方攻击大流士。希腊雇佣军抵挡不住来自两面的攻击，不久阵营就溃散了。至此，战局朝着亚历山大预想的方向不断发展。马其顿密集阵牢牢吸引住波斯步兵主力，而亚历山大趁此机会举起禁卫骑兵这把利刃，给大流士三世致命一击。

眼看着胜利在望，亚历山大冲在最前面，不顾自己的安危率军出击，很快禁卫骑兵就冲到了大流士的两千禁卫骑兵阵前。

手持长矛的亚历山大，骑马冲向大流士，可谓是豪情万丈，气概非凡！

大流士三世惊惶不已，战车的马突然受惊，拖着他向敌阵冲去，大流士不得不亲自拉住缰绳，战车才停下来。这时战车距离敌阵近在咫尺，大流士害怕被亚历山大活捉，顿时惊慌失措。他跳上备用的一匹马，脱掉身上的王袍，在残存的禁卫军的保护下仓皇逃脱。

这下，整个波斯阵营的战斗意志崩溃了。

追击已晚：波斯人免遭全歼

关键时刻，大流士三世的逃跑造成了双方原本僵持战局的完全失衡。他取道阿曼山口，一路不断换马，昼夜兼程逃回了巴比伦。逃跑虽然为人所不齿，但对大流士三世来说，波斯帝国的战争资源取之不尽、用之不竭，只要保住一条性命就可以东山再起。该逃跑时就要逃，这也是一个统帅能屈能伸的表现。

波斯骑兵统帅纳巴扎尼发现大流士三世逃跑后立刻下令撤退，波斯骑兵拥挤在狭窄的海岸边上慌不择路，撤离中骑兵践踏挡道的步兵，一路上跌跌撞撞，但这支骑兵没有遭到更多的打击，算是全身而退了。值得欣慰的是还有残余的八千希腊雇佣军，他们井然有序，越过阿曼山脉南行，撤到叙利亚北部的特里波利港，登上波斯海军前来接应的运输船得以逃生。也许是幸运，也许是撤离及时，波斯人免遭全歼，保留了残存的实力。

听闻大流士三世逃跑后，亚历山大率骑兵追出40公里，没有发现他的踪迹，只好作罢。同时，马其顿大军冲入波斯大营，缴获黄金和珠宝不计其数，大批波斯妇女沦为俘虏。成王败寇，又一批奴隶成为了战争的受害者。

取得胜利的马其顿士兵得意忘形，在波斯大营里奸淫掳掠无恶不作，除了波斯王的大帐，到处可听到女人的哭喊之声。按照马其顿的传统，波斯王大帐是亚

★亚历山大雕像

历山大个人的战利品。走进波斯王的大帐里，亚历山大见到了大流士三世的母亲、王后、两个成年的公主和年仅六岁的王子，还有些妃嫔侍女，个个披头散发，衣衫不整，惊魂未定。他们也都成为了亚历山大的俘虏。

"大流士三世还活着，我不会杀你们，但你们不久就会看到他是如何败在我的脚下。"亚历山大注视着这些可怜人，并没有诛杀的欲望。

"既然不杀我们，就请保留我们最后的尊严吧。"女人们忐忑地请求着。亚历山大同意了，出于政治因素的考虑，他没有羞辱大流士的家眷，他命令下属将他们好好安置，并给予王室应有的待遇。

伊苏战役，以亚历山大的胜利告终，终于落下了猩红的帷幕。

在这场会战中，马其顿军队阵亡骑兵约150人，步兵约300人，总共的伤亡人数约为5 000人。据估计，希腊雇佣军伤亡约1 2000人，其中绝大部分战死。波斯方面的卡尔达克步兵元气大伤，自此以后从波斯军队的序列中消失。这场战役堪称惨烈，由于波斯军队溃退当中互相践踏死伤者众多，部分历史学家估算波斯方面阵亡将士至少在两万人以上。

横扫欧洲的马其顿方阵

亚历山大的马其顿方阵是所向披靡的，它的威名传遍了古代地中海区域，而亚历山大大帝的东征更使这个方阵成了一个传奇。

马其顿方阵核心是由约一百人组成的长矛阵，第一线士兵的盾有三至四平方英尺，士兵可以站得很紧密；后方的矛渐次加长，最终所有的长矛手都可以对方阵前的敌人进行攻击，最长的长矛能达到6—7米。马其顿方阵的防御能力较差，但攻击能力很强，一般来说，敌人想要攻击马其顿的每个士兵的同时还要对付至少十个以上的长矛头。可以想象，很少有哪种步兵能够承受这种攻击的。

但马其顿方阵不是只有长矛阵，实际列入方阵中的长矛手只有士兵的三分之一左右，其余全部是弓箭手、剑手、投石手、投枪手。在作战时，方阵中前排士兵手中的盾牌在保护自身左侧的同时能掩护相邻战友身体的右侧，一旦最前排的士兵倒下，位于第二排的士兵要迅速填上缺口。整个方阵战术的精髓就在于全部士兵齐心协力、共进退，这样方阵的威力才能达到最大。其他的辅助兵则用箭、石、投枪攻击敌人，减少方阵冲锋的压力，配合长矛手的攻击来行动。多数情况下，当敌人被方阵中的长矛冲散后，他们就跟上去攻击散乱的敌人。

从腓力二世组建马其顿方阵开始，直到亚历山大时期，马其顿方阵可谓战无不胜，先是希腊，后是波斯，都被打得溃不成军。伴随着亚历山大的东征，马其顿方阵横扫欧洲，成为了令敌人闻风丧胆的王牌之师，敌人在马其顿方阵面前无不战栗。这一时期，是马其顿方阵发展的巅峰时期。而方阵配合骑兵，成效更好。亚历山大十分看重骑兵对方阵的保护，他通常将骑兵分布在方阵的两翼，防止敌人绕过方阵从侧面突袭。这样，方阵的优势在骑兵的配合下能得到最大限度的发挥，其缺陷能在骑兵的保护下不暴露在敌人面前。

在伊苏战役中波斯军队的惨败，主要原因在于波斯部队的纪律和素质同马其顿军队差距太大。而在战术上，波斯军队重装步兵阵与马其顿方阵也无法相提并论；波斯铁甲骑兵的单兵作战能力并不亚于特萨利骑兵，唯一的差距在于组织纪律性。

在骑兵和步兵的协同作战能力方面，马其顿方阵中的步兵和两翼骑兵合作默契，远远超出了波斯人的协作能力，这些都造成了大流士部队最后的失败。

即便如此厉害，马其顿方阵也是存在弱点的，那就是它的两翼和背面不具备防御能力，它不是一个全方位的阵形。而且一旦近身作战，方阵的长矛阵就丧失了优势。亚历山大早已想到了这一点，所以他安排了很多老兵在方阵的后方，也让方阵步兵们佩带短剑和合适的盾牌。如果敌人近身，就可以迅速地展开近身搏杀。老兵们的经验能够帮助方阵脱险。而马其顿方阵最适合的战地是平原，它可以拉很长的战线，士兵的相互配合十分默契，让敌人很难有机可乘。但如果在丘陵地带也使用马其顿方阵，敌人很可能沿着丘陵切进方阵之中，那时方阵的优势荡然无存，自然兵败如山倒。它的战无不胜，是需要合适的地理条件和各类兵种的辅助配合的。亚历山大死后，马其顿的将军们太过迷信马其顿方阵的威力，忽略了它固有的缺点和局限性，且不注意地理环境和兵种的互补配合，使其渐渐衰败。

爱琴海上真正的王者

真正的王者，从不停下自己的脚步。打败了大流士三世后，亚历山大继续率领军队南下。公元前332年，在腓尼基的推罗，马其顿的军队遇到了有史以来最顽强的抵抗，经过了七个月的苦战，最终亚历山大还是带领着军队进入了推罗城，推罗陷落了。往日的荣耀被踩踏在脚下，推罗城内的三万居民被卖为奴隶。

征服推罗还不足以满足亚历山大的雄心壮志，公元前332年，他开始实施入侵埃及的计划。他深知波斯海军的强大，于是一开始就想尽办法切断了波斯陆军与海上舰队的联系，然后便带领军队直奔埃及。军队长驱直入，古老神秘的埃及也没能阻挡住马其顿勇士的长矛。亚历山大遥望着被太阳神庇护的埃及土地，舒展开臂膀，享受着臣民的膜拜。他自称是太阳神之子，将自己的统治权力再次升级。这一腔豪情溢于言表，经过亲自勘察设计后，他马上决定在尼罗河三角洲西部建立一座新城，那就是亚历山大城。

"我是伟大的征服者，我的功绩照耀万世。即便人们忘记我的功绩的时候，只要看到亚历山大城，就会自然而然想起它英明的缔造者！"亚历山大欢呼着，他自豪极了，赋予了这座新城伟大的历史使命。除了埃及，亚历山大还惦念着一块土地，那就是波斯。

公元前331年，亚历山大再次起兵东征，马其顿方阵在他的领导下发挥出巅峰实力。浩浩荡荡的马其顿人手持着长矛和圆盾穿过美索不达米亚北部，到达了高加米拉平原，在这里他们和波斯人进行了残酷的厮杀，这是一场生死大决战。

这一次，大流士三世依然没能逃脱败退的命运，他看着自己的手足同胞一个个接连不断倒在了马其顿人脚下，心里早已明白，战局无法扭转。他心灰意冷，对于波斯军队的失败无能为力，最后他被自己的部下杀死，结束了跌宕坎坷的一生。亚历山大踏过了大流士的尸体，洗劫了在巴比伦、苏萨、波斯波利斯和埃克巴坦那的各个波斯王宫，掠夺到的金银财富难以计数。第二年，亚历山大彻底击败了大流士三世的继承人，将整个波斯帝国收入囊中。

马其顿的版图越来越大，亚历山大大帝的野心也更加膨胀。他已经不满足于成为爱琴海的王者，他贪婪的目光停留在了地图上的印度板块上。公元前327年，他率领军队南下，迅速占领了西北印度的广大地区，并在印度河谷建立了两座亚历山大城。征服变得如此容易，亚历山大又想进一步征服印度的心脏，下令向恒河流域进发。但此时马其顿的士兵显得有些疲倦了，他们厌倦了长期的征战，加之他们遇到了印度的酷暑、暴雨和疾病，早已无心征战。士兵们举行集会，反对亚历山大的征战计划，趁此机会，印度的土著居民也群起反击。在万般无奈的情况下，公元前325年，亚历山大带领大部队撤出印度。

即便如此，这时的马其顿帝国已经铸就了前所未有的辉煌功绩，它横跨亚非欧三个大陆，使地中海成为了马其顿的内海。它的疆域西起巴尔干半岛，南到尼罗河流域、利比亚与印度河流域，东抵中亚细亚，北达多瑙河和黑海。

亚历山大实现了希腊未曾实现的夙愿，让马其顿帝国成为了真正的王者，他死而无憾了。

公元前323年，亚历山大突然病重，由于他并无子嗣，有一些部下开始觊觎王位。这些人冲入王宫，询问亚历山大大帝谁能继承王位。

"世上最强的！"他满心不甘，用虚弱的声音回答道。

但他没能亲自挑选出合适的继承人，就撒手人寰了，时年仅33岁。他留下了一个强盛的帝国，却由于王位争夺战使得中央权力迅速解体，各地总督拥兵自立，战争再起，各地军队争得你死我活。混战一直持续到公元前301年，横跨欧亚非三洲的马其顿帝国分裂成了三个王国，分别是埃及、叙利亚和马其顿王国。

★ 沙场点兵 ★

人物：亚历山大

闻名于世的亚历山大大帝，于公元前356年出生在马其顿首都派拉，是古代马其顿帝国的国王，著名的军事家和政治家。公元前336年，腓力二世猝然与世长辞，继任的亚历山大才20岁，而这时的马其顿王国动荡不安，底比斯首先举起了起义的旗帜，伯罗奔尼撒的一些城邦也闻风而动，国内形势对这位新皇帝十分不利。但亚历山大凭借卓越的军事才能很快平定了各地的叛乱和起义。

在他担任马其顿国王的短短十三年中，亚历山大展现出足智多谋的一面，他怀抱着雄才大略，东征西讨，伊苏战役后不久，他不仅确立了在全希腊的统治地位，还灭亡了波斯帝国。他在横跨欧、亚的辽阔土地上，建立起了一个西起古希腊、马其顿，东到印度恒河流域，南临尼罗河第一瀑布，北至中亚细亚的以巴比伦为首都的辉煌帝国。

武器：马其顿长矛

长矛是马其顿重装步兵使用的主要武器之一，在马其顿方阵中，前6排战士手持着长短不同的长矛，这些长矛长度为2~7米，矛杆用坚硬的木料制成，矛头多为金属制成。队伍前六排的矛头都展露在最前方，形成了一面带刺的墙面对着前方的敌人。由于马其顿方阵多由重装步兵组成，因此这些长矛就成为了最强有力的武器，它们的威力在马其顿方阵的鼎盛时期被发挥到了顶点。

战术：围歼

伊苏战役，大流士三世的战役指挥几乎无可挑剔，充分体现了他的军事才能和卓越的战略眼光，他在战略布局和战术安排上都可圈可点。既然如此他为何在占据战局优势时却败了呢？这不得不提到亚历山大采用的围歼反击战术和他对自身阵营弱点的及时审视。

在战略布局上，大流士三世将精英部队放在右路，期望波斯铁甲骑兵在这里突破，迂回到侧后攻击马其顿密集阵。这个战略思路是没有问题的，迂回攻击和围歼一直都是双方战术的侧重点。如果不是亚历山大有针对性地部署反击力量，波斯铁骑将轻松完成任务，扩大战局优势。大流士三世一直想诱使马其顿密集阵渡河进攻，利用地形打乱马其顿方阵的队形，这样希腊雇佣军可以避开马其顿步兵密集的长矛，展开近身格斗。实际上，这个战术已经奏效，当时马其顿密集阵已经被冲击得千疮百孔，如果左翼波斯步兵坚持时间再长一些，马其顿密集阵就会崩溃。但是，亚历山大不会给大流士三世这样的机会，他利用马其顿密集阵营牢牢吸引住波斯人的步兵主力，调动作战灵活的特萨利骑兵的禁卫骑兵来冲击波斯阵营中的薄弱部分，采用尖刀战略，插入波斯阵营的核心，步步紧逼，使得大流士三世无法坚持更久。

可见围歼与反围歼的成败，不是未雨绸缪的作战部署和阵营排列就能决定的，战场上的形势瞬息万变，能够洞悉自身的弱点防患于未然，也非常重要。

周密筹划的巅峰对决
THE CLASSIC WARS

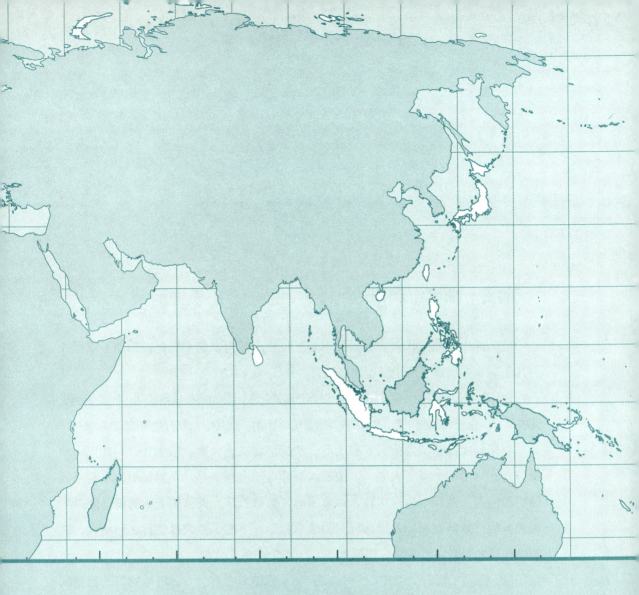

第二章

巨鹿之战
——楚霸王扛鼎一战

　　▲这场战争在中国战争史上具有重要地位，它发生在公元前 207 年，作战的双方是处于弱势的楚军与强盛的秦军。此战成就了一位家喻户晓的英雄，却也使得一位军事奇才就此陨落，在此战之前，没有人能想象可以攻克强大的秦军。这场战争正是巨鹿之战，这是楚霸王项羽的扛鼎之战，项羽在此战中破釜沉舟，沉重打击了秦军的气焰。

前奏：项梁定陶殒命

谁的江山千秋万代？答案显然不是那位被山呼万岁的秦始皇，而他不堪重任的儿子胡亥更加速了这个梦想的破灭。

自陈胜吴广起义爆发后，秦朝就已经走向了末路。秦朝仍在苟延残喘，即便消灭了陈胜吴广，也还有源源不断的后来者觊觎着这座江山。这其中，就有楚地的项梁。

项梁叔侄在杀了会稽太守殷通后，举起了起义的大旗。项梁凭借着在吴中的威信，笼络了不少贤士大夫，当地的大事都由他出面主办。项梁是个善于利用人脉资源的人，他暗中招兵买马，训练子弟，静待着某一天称霸天下的机会能砸中他的脑袋。他精心呵护着侄儿项羽的雄心壮志，手把手地教授他兵法和功夫，期待他在韬光养晦之后能够一鸣惊人。

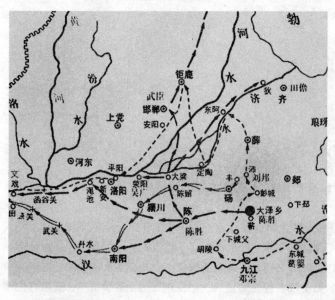

★秦末农民起义示意图

那时他的目的只是削弱秦军的力量。项梁任张楚楚军的最高将领，率军渡江西进，屡胜秦军。陈胜死后，项梁又听从军师范增之计，拥护楚怀王的孙子熊心为王，仍称楚怀王，此后怀王封项梁为武信君。

有了正规的封号，项梁开始整顿军队，准备大展宏图。他亲自率兵去攻打亢父，然后联合齐将田荣、司马龙且的军队一起去援救东阿，在东阿大破秦军。项梁一开始的这几板斧都很不错，相当顺利，可惜的是他打败的并不是秦军的主力。为了建立更显赫的威望，项梁派刘邦和项羽另外去攻打城阳，占领城阳后，他们转战去打定陶。然而这次秦军准备妥当，擅长打野战的义军没有攻下定陶。刘邦和项羽吃了亏，赶紧撤离。他们一路向西，沿路攻取城邑，直到雍丘大败秦军，杀了李由。

对于项羽和刘邦的成绩，项梁并不满意。他自己率领的军队在濮阳以东打败了秦军，逼着秦军退入濮阳城。这时的项梁是有些得意的，因为自己统率的楚军几乎是攻必取，战必胜的，他的威信在这个时候也达到了顶点。他志得意满，期待着和秦军的一场大战。

公元前207年9月，项梁将战场选定在了定陶，他的侄子项羽就是在这里丢面子的，所以他要好好教训一下秦军。他召集将领来商量战术，却被人泼了一盆冷水。这个人是楚军的二把手宋义，他不赞成项梁此时进攻定陶的决定。

"我们刚打了胜仗，将领容易骄傲，士卒很是怠惰，目前这样的状况，军队一定会吃败仗的呀！而且，眼前的秦军在一天天地增加，我非常替您担心啊！"宋义紧皱眉头。

项梁不高兴地说道："我明白你的意思，放心，我不会让你担忧的事成真的。"他表面上虚心接受了宋义的意见，却在总结会议的最后，在安排下一阶段的工作时，给宋义派了个出使齐国的任务。宋义马上出发去了齐国，项梁想象着胜利的场景，心里很是喜悦。可非常不幸的是，宋义一语成谶。

秦朝主将章邯早就作好了万全准备，不等项梁发难就对楚国军队主动发动了攻击。秦国军队的突然出现令楚军的作战毫无章法。秦军的黑色旗帜高高飘扬着，映在楚军将士们惊慌失措的眼眸里，变得阴森而恐

★位于山东省定陶县的项梁墓

怖，他们惊叫着举起兵刃挡住秦军的戈，却在下一秒倒在了另一个敌人的剑下。项梁拼命抵抗着后撤，还没来得及后悔，就在某个秦军的刀下一命呜呼了。

这一天是项梁的忌日，他的死成就了章邯的丰功伟绩。而经此一战，楚国军队元气大伤，刚刚树立起的威信荡然无存。幸运的是，章邯打败项梁军队以后，没有一鼓作气，乘胜追击楚军，彻底消灭楚国。他认为楚军主力已经被消灭，楚国已经不足为虑了。

因此章邯在定陶一战后，立刻作了一个大的战略决定，那就是北上会合王离军，拿下整个赵国，此时的王离正带领着边防军进攻河北之地赵国。得胜的秦军士气高昂，似乎要重现昔日辉煌。赵国危在旦夕。

赵歇被围：章邯重兵围巨鹿

赵国一直是秦朝的眼中钉。章邯没来之前，王离对赵国实行的是拉拢政策，他拉拢的对象中有一个是赵将李良。李良这个人不是什么好东西，之前因为赵王的姐姐对其无礼，杀掉了赵王的姐姐，还一不做二不休地前去击杀赵王。后来他被张耳打败，当了章邯的部下。章邯和王离一看这是个好机会，立刻商量出了围攻赵国的计策。王离率军包围赵歇于巨鹿，章邯军驻扎在巨鹿的南部，一边为王离军护送粮草，一边虎视眈眈地守护着王离军侧翼。两支秦军包围着巨鹿，形成了夹击之势。

赵歇在巨鹿城内坐立不安，看着自己俨然成为了砧板上的肉，那滋味苦涩啊！他派人前去打探秦军的将领是谁，一接到消息，赵歇的脸色霎时黯淡。因为他听到了王离的名字。第一支秦军正是由秦朝名将蒙恬打造的边防军，这支军队久经沙场，曾经使北方匈奴闻风丧胆，立下过赫赫战功。如今带领他们的正是当年蒙恬的副手——大将军王离，他曾被封为武城侯，多次跟随秦始皇东巡，声名远播。王离的秦军兵力据称有20多万，声势浩大，站在风里，那就是一道难以撼动的城墙。

秦军的另一支则是由围剿诸侯义军的统帅章邯带领，兵士们的战斗力稍稍低于王离军，但也是百战之师。关于这支军队，有不少人认为它是由骊山囚徒组成的。其实这个说法不完全准确，当年周文带几十万军队进军关中时，由于朝廷毫无准备，没有更多兵力，于是在章邯的建议下，只好发动骊山囚徒加入军队抵抗义军。不过后来这些囚军随着章邯多次作战，军队素质得到了很大的提升，还屡屡得到支援，慢慢这支军队扩充为秦朝的正规军。而像司马欣、董翳等将领就是后来朝廷派给章邯的援军。

"如此英勇善战的秦军，我们怎么可能抵挡得住呢？"赵歇颤巍巍地坐在王位上，问着身边的谋臣。谋臣们纷纷摇头，又忐忑地仰起头，说道："唉，如今只能等待救援了啊！希望楚军能早点儿到呀！"赵歇的目光中闪过一丝光芒，喃喃道："楚军真的能到吗？"滚滚尘土上，还没有楚军的踪迹。

章邯早就料到楚军会来，但他并不着急攻下巨鹿，他等待着，因为杀掉赵歇并不是他的终极目标。对于秦王的天下来说，巨鹿只不过是个小诱饵罢了。他围攻巨鹿，其实是想以此吸引天下诸侯，一旦天下诸侯出兵援救赵王，他以逸待劳，可以带领本部一举扫荡诸侯。倘若诸侯都不来救援，到时再拿下巨鹿，全歼赵军，杀掉赵歇，达到杀鸡吓猴的效果，警告诸侯国不要轻举妄动！

他期待的，是和诸侯的决战！所以秦军对巨鹿只是围困，没有马上进攻，章邯从容地建立着粮道，作好了打持久战的准备。他深谋远虑，为秦王朝的未来考虑周全，而这个战略计划看来是非常完美的。扫灭诸侯，席卷天下是风雨飘摇、摇摇欲坠的秦朝迫切需要实现的

★章邯统率下的秦朝军队

战略方针，章邯的力挽狂澜，使得这一目标似乎能够顺利实现了。甚至，他已经看到了胜利的曙光。可惜的是，项羽出现了，秦王朝这最后的一点儿曙光终究消散在了腥风血雨之中。

兵分两路：项羽发兵巨鹿

巨鹿被围困的消息，被赵歇千方百计派人送达至各个诸侯。他每日翘首以盼，几乎望眼欲穿。

这一日，巨鹿城内的守军终于得到楚军要来的消息，顿时备受鼓舞，有了坚守的信心。巨鹿城外，数支援军陆陆续续集结到来。陈馀军数万人驻守在巨鹿城北，已经开始修筑壁垒。张耳的儿子张敖，原本在代郡活动，一接到巨鹿危急的消息，就统领代郡兵约一万人前来救援，驻扎在陈馀军队的旁边。不久，燕王韩广也领兵前来，虽然燕国与赵国之间在领土等问题上有过种种纠纷。不过，唇亡齿寒的道理，韩广是清楚的，所以他不能眼睁睁看着赵歇真正歇菜。韩广派遣的是部将臧荼统领燕国援军南下抵达巨鹿城外，也驻扎在陈馀军队附近。

可是，赵歇仍然没有看到得救的希望。由于秦军个个勇猛善战，实力对比悬殊，在五千陈馀军尝试突破却遭遇覆灭之后，救赵的诸国军队就没人再敢主动攻击秦军了。各个诸侯纷纷采取观望的态度，躲在深壁高垒之中，固守不出，面对赵歇的求助，都统一了口径，"赵王啊，我们心有余而力不足呀，你还是一心一意等待楚军主力的到来吧！"

★项羽头像

这个时候的项羽在哪里呢？他刚刚处理完楚怀王对于自己的信任危机，确立了在楚军中的绝对权威后，正立刻率领楚军往巨鹿进发。一路马不停蹄的楚军，在抵达平原津后稍事准备，马上迅速部署渡河。勇将英布和蒲将军统领的两万楚军精锐是最先渡过黄河的楚军，他们渡过黄河以后，马上对部署在棘原和巨鹿间的秦军后勤支援部队发起进攻。项羽的策略很简单，就是先解决掉秦军的粮草。

包围巨鹿城的是王离所统领的北部军，而部署在巨鹿南部的河内郡和邯郸郡，负责后勤支援和防备黄河对岸反秦诸国援军的是章邯的军队。章邯用兵，对于粮道是最为重视的。从围攻巨鹿开始，秦军的粮食供应主要依靠的是洛阳北部黄河岸边的敖仓战备存贮。为了运粮便利，章邯利用黄河漕运粮食，因此棘原作为船运码头和仓储所在，是重中之重，这里是数十万大军的后勤基地。粮草由棘原陆运到巨鹿，补给王离的军队。谨慎起见，也为了保证棘原到巨鹿间粮道的安全，章邯早就下令在黄河和漳水间大兴工事，在粮道两侧修筑起防卫用的壁垒，派兵守卫，称为甬道，目的就是防备敌军的攻击。然而，章邯还是低估了项羽军的实力。

英布和蒲将军率领的军队，如一把尖刀般插入章邯军和王离军之间，将士们凶猛如虎地扑了过去，冲进了秦军阵营，可谓是快、准、狠！守卫甬道的秦军突遇袭击，有些慌乱，有的还没有提起兵器就被斩杀在了马下，瞪着空洞的眼睛。这支楚军集中兵力突击长蛇般的秦军甬道，每次冲锋就是凶狠的一刀，不久便切断了秦军通往巨鹿城的粮食供应线，顺利将章邯军和王离军分割开来。

初战告捷，一得到前锋有利的消息，项羽便统领楚军主力渡过黄河，支援英布和蒲将军。楚军顶住了秦军的反击，掐住漳河和黄河之间的战线，慢慢稳住阵脚。英布和蒲将军面对章邯的军队进行布阵，筑墙垒壁下令坚守，掩护着项羽的主力迅速抵达漳河。楚军整顿队列，作好了攻击对岸的王离军的准备。项羽威风凛凛地坐在马上，眺望着对岸黑压压的秦军，豪气冲天。"尔等秦军鼠辈，我项羽来了！"

初战告捷：项羽的智谋

匹夫之勇，是对楚霸王项羽错误的理解。至少，在巨鹿城外，他表现出的军事才能，足以证明他是个有勇有谋的将领。

此时他正在漳河岸边部署着计划，考虑如何克服面前的重重困难。面对勇猛的秦军，楚军的优势不够明显，项羽虽然担任了援赵大军的主帅，自己拥有很高的威信，但摆在他面前的困难仍旧没有减少。

"就这样渡过漳河，和秦军交战，我们的胜算能有多大呢？"他看着地图，有些犹豫了。

"论兵力，我们和秦军相差甚远哪！"有人显露出担忧。

"而且，目前军队的战斗力很难估量！"有人说出了楚军存在的问题。

实力真的相差悬殊吗？根据史料记载，当时项羽的军队大约是五六万，其中先

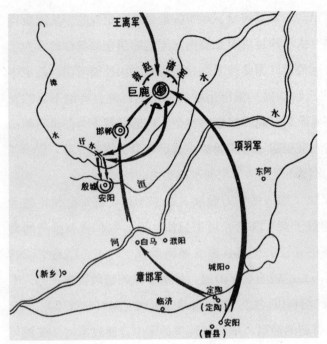

★巨鹿之战形势图

锋两万是英布所带来的军队。这样算起来，项羽主力共有三四万，而这三四万人里，有当年项梁的残余军队和自己的偏师，还有一部分是吕臣的农民起义军。说句不好听的话，项羽率领的楚军完全是个杂牌军，论战斗力自然不如训练有素的秦军，而且不全是他本部的士兵，指挥起来有很大难度。

另外，此时的项羽是没有后路的。秦军战败，可以卷土重来一次。可如果项羽战败，估计就不能再得到怀王的信任了，早就想要打压项家势力的楚怀王正愁没有理由铲除项羽。而更大的问题是粮草，项羽军没有粮草供给线作为支持，之前宋义贻误战机，在路上待了一个半月，消耗了大量的粮草，如今秦军已经围困巨鹿数月，巨鹿处于随时陷落的危险之中。

既然如此，项羽只有一条路可走，就是速战速决。如果能得到盟友的帮助则事半功倍，但是看着巨鹿城外的诸侯援军派来的使者，项羽实在打不起精神。

"陈将军准备何时出兵攻打王离军啊？"他问陈馀派来的使者。

使者回答道："只要楚军渡过漳河，陈将军自然会配合楚军，立刻攻击秦军的。请将军尽快发兵，解救赵王！"

旁边赵王派来的使者也赶紧附和道："是啊，赵王企盼将军的到来已久，请将军务必解救我主于危难之中呀！"

此刻，项羽胸中已有了对策，于是大手一挥，对赵国的使者说："你回报赵王，项羽一定不负贵国厚望！"

他深知这些诸侯的作风，虽然他们都知道天下之势何去何从在此一举，但是由于兵少将寡，每个人都打着各自的小算盘，谁都不愿意冒着覆灭的危险把身家性命搭进去。所以，项羽来到这里，就没指望诸侯援军会帮助自己。敢于接下这个烫手的山芋，是因为他看到了秦军的弱点。

这个弱点，就是王离军和章邯军之间的缝隙，他只要能打乱这两支军队之间的配合与联系，集中力量攻其一支军队就有希望获胜。此前，王离军的粮道已经被先渡过黄河的英布和蒲将军率领的楚军切断了，面临着被诸国联军包围的不利形势。

项羽当机立断，命令英布和蒲将军就地坚守，他们唯一的任务就是阻止章邯军与王离军取得联系。另一边，项羽自己则率领主力部队，率先渡过漳河。攻击目标——王离大军。

破釜沉舟：置之死地而后生

巨鹿城内，赵歇享受着暴风雨前的宁静。巨鹿城外，蓝天白云下，楚军的旗帜鲜明、金鼓严整。项羽策马立于军队之前，鼓动着楚军奋勇杀敌，士兵们的呐喊之声惊天动地，人人怒号着要击杀秦军。

王离军就在前方了！这时，赵国使者又来告急，道："齐、燕等国援兵虽然已到了巨鹿，可他们看到秦军人多势众，凶悍异常，便远远扎营观望，不敢出战。赵国的安危存亡，可全系在将军身上了！""行了，真是啰唆。告诉赵王，我楚霸王答应救他，就一定能救他！"项羽嚷道。

送走了使者，项羽下定了决心。这也许是他一生中作出的最果断和冒险的决定。而这项重大决定一出口便震动了全军，也使项羽得以青史留名。他让全军将士人人备足三天的干粮。第二天，天刚蒙蒙亮，全军整装待发，项羽又下令将渡船全部凿沉，将身后的帐篷全部焚毁，连吃饭用的炊事用具也全部砸碎，断绝了后路。

"将士们，如今我们破釜沉舟，已经没有了退路！只有胜利了，我们才能活下来，否则，就是死！要如何选择，你们自己决定吧！"项羽持戟上马，冲在了队伍的最前面。

★项羽渡河后破釜沉舟，九战九捷。

"我们必胜，我们必胜！"将士们呼喊着，也不顾一切地跟随上去。

项羽以破釜沉舟自绝后路表示了必胜的决心，所谓置之死地而后生，正是需要这样的英雄气魄，让抗拒死亡成为勇往直前的动力！他之所以会这么做，正是看清了局势的危急，明白要想赢得胜利，关键在于一个快字。面对王离大军，兵力上占极大劣势的项羽军如果想取胜，简直是天方夜谭。

如果他此刻不能激发将士快速求战的欲望，不能在短时间内突破秦军的防线，最终还是死！他必须要快，一定得快，要快到秦军主帅完全没有意识过来，快到秦军没有时间部署，快到秦军来不及配合，快到秦军反应过来时已经全军覆没。

除了三日以内战胜秦军外，楚军没有生还的可能，将士们人人誓死决战。

在这样激昂斗志的驱使下，项羽带领楚军步步逼近巨鹿，迅速对王离军展开了猛烈的攻击。本来防备诸侯援军的王离突然听闻项羽领军杀来，大吃一惊。秦军此时阵形松散，王离只好命大将苏角仓促迎战。项羽早作好战术部署，对松散的秦军实行穿插、分割、包围，将秦军冲得七零八落。

随后，项羽带兵直接攻入秦军指挥中枢。对此，《史记》作了精彩的艺术描写，太史公用了艺术化的语言，描述了当时项羽把秦军分割，杀苏角，擒王离，九战九胜的情形。

巨鹿城外烟尘滚滚，楚军将士厮杀声响彻天际，他们挥舞着兵器扑向秦军，身上被鲜血染红了。面对如鬼魅般英勇的楚军，秦军军阵渐渐溃退，秦军军营内逐一起火，昔日所向披靡的秦军将士，此刻一个个身首分离。日出时两军开战，日中时双方相互践踏，战场上血肉横飞，日落之前楚军大捷，王离军的败局已定。

本来畏惧秦军，观望于壁上的各诸侯援军全部目瞪口呆，他们这时方才省悟过来，纷纷开营出军，如倾泻而出的洪水拥向战场，帮助楚军攻击溃退的秦军，加入痛打落水狗的行列。

诸侯军队包围秦军，与巨鹿城的赵军里应外合，最后全歼王离军。后来项羽传令召见各诸侯将领，他们无一不战战兢兢。项羽穿越过尸骨堆积如山、鲜血集流成河的战场，步入王离军损毁的大营。营帐边刀光闪动，战场上的硝烟还未散去，进入军营辕门的各诸侯将领一个个低身膝行，一副诚惶诚恐的模样。当他们来到项羽面前时，没有人敢抬头仰望。曾经灭六国击败匈奴的雄师真的败了，就这样惨烈地退出了历史舞台！

章邯溃败：天下英雄唯霸王

　　追击着抱头鼠窜的秦军，项羽感受到了王者的喜悦。王离军已经彻底败了，剩下的就只有章邯。较之王离，章邯深知项羽的厉害，他早在东阿之战中，就领教过项羽的勇猛。在刚得知王离军节节败退的消息后，他立即命令将领重新排兵布阵，丝毫不敢大意，马上制定了诱项羽军深入的战略，想要聚而歼之。章邯亲率秦军去引诱楚军，一部分秦军深入阵中，他以为楚军中计了，却不料楚军虽然被断了后路，却还能三五成群，各自为战，楚军将士个个以一当十，勇猛异常。仅仅两天之内，秦军就吃了九次败仗，简直是狼狈不堪。

　　王离军在章邯的眼皮底下惨败，但是战争并没有结束，章邯军还有20多万人退居棘原，休整以待再战。就在这时，楚怀王命项羽回师。然而项羽另有打算，他并不愿意听从楚怀王的命令。项羽是志在天下的，他早就想要摆脱怀王灭秦称霸天下了，现在对他来说正是一个绝佳的机会。他没有理会楚怀王的旨意，而是开始使用政治手段，打定主意要先收服诸侯联军，然后收服章邯。要做好这些，并不容易。

　　项羽为了达到目的煞费心机，他先把章邯军牢牢控制在了自己手中，但却不强攻。这样做是为了利用章邯的威胁威慑诸侯，使他能够顺利统率且整合诸侯的兵力。暗地里，他则许诺胜利后分封土地，派出属下去收买诸侯，采用恩威并用的方法获得各诸侯的支持。威逼利诱之后，他将大部分的诸侯联军掌握在了自己手中，让他们心甘情愿上了贼船。

★项羽雕像

收服了诸侯联军后，项羽更有信心了，动起了招降章邯的念头。章邯本来对秦王朝赤胆忠心，在王离兵败后，他承受了极大的压力，一直希望和楚军交战，希望用胜利来证明自己的忠诚，消减秦廷对他的责难。但是这时战局的主动权掌握在项羽的手中，章邯想要大打一场，项羽却不愿意。这会儿的项羽耐性十足，屡次击败章邯却不肯决战，他一点儿点儿消耗着章邯军的实力，使得章邯战不胜退不得。

这一对峙就是六个月，时间飞驰，楚军和秦军已经胶着到了秦二世三年六月。秦廷对于章邯表现出了极大不满，秦二世每隔几天就派人责问章邯为何拖延战事，章邯不堪其扰，派了亲信司马欣到咸阳打探消息。不料赵高认为章邯手握重兵已有异心，命人捉拿司马欣，司马欣仓皇从小路逃回军营。面对主子的责备和小人的陷害，章邯有些心灰意冷了。

不久，他收到了陈馀写给他的信，在信里陈馀讲明利害，劝说章邯投降项羽。章邯有些心动了，却不太甘心，他一边派人和项羽商谈合约，一边准备整顿军备再战。不过章邯这些小动作没能逃脱项羽的眼睛，为了彻底收服章邯，项羽决定再下一剂猛药。他命令蒲将军迅速转移到漳南攻击章邯军，自己则带大军进攻章邯军。章邯见大势已去，只好率领20万秦军投降了项羽。

巨鹿之战，铸就了项羽西楚霸王的赫赫威名，他是最后的胜利者！这场战役是秦末农民战争所取得的一场巨大胜利，经此一战，秦军的主力基本上被摧毁殆尽了。楚军扭转了整个战局，奠定了此后反秦斗争胜利的基础。而项羽以少胜多的傲人战果令无数人对其充满了好奇，楚霸王从此受到了后人万世的景仰。

战典回响

精神力提升战斗力

如果章邯没有遇到项羽，秦王朝的历史或许不会那般短暂。而在项羽出世之前，不可一世的秦军从未知道，他们占据着兵力和装备上的绝对优势，却还会败在农民军的手下。他们到底忽略了什么呢？

这是一场豪赌，毕竟楚军与秦军实力对比悬殊。但项羽就是敢赌，他的赌注是自己的身家性命加上几万楚军，输则全军覆没，身死当场，赢则能得到大秦的天下。

项羽怕输吗？他怕，但是即便输，他赔上的不过几万楚军，与章邯的几十万大军和其身后的大秦江山相比，他需要考虑的因素少得多。他是个不惧死的英雄，在死神面前都能浑身是胆，他从始至终没有臣服于任何人，对于君臣纲常没有像章邯那样有着深刻的认识，他只需要确定自己内心深处的那个信念。是不是要这个天下，是不是要以死来博取此刻的胜利，这个理想是否值得自己付出生命？他一遍遍质问自己，自己心中的回答依然铿锵有力：是！

因此，他豁出去了！就算自己面前有多少不利，他都能不顾一切地冲向前方。人的潜能是无穷尽的，不试一试，你永远无法知道自己能做到何种地步。项羽对自己的精神力很有信心，他目光如炬，战斗力和行动力也都跟随着思想境界的提升而飞涨。自己克服了心理上的恐惧，接下来就是给将士们做政治工作了。

项羽的军队组成是很复杂的。项羽军队的组成要上溯到项梁时代，项梁和项羽早年在江东培养了一支精锐项家军。项羽带着这八千人的子弟兵举事，带领他们渡淮攻秦。这些子弟兵是跟随他时间最长也最忠诚的将士，他很珍惜他们的情谊，这也是为何后来项羽兵败后会说无颜再见江东父老。后来，项梁接受了陈婴的几万起义军，又合并了秦嘉军，一路上又不断地收编各路杂牌义军，渐渐组成了颇具规模的楚军。这也是农民起义必须经历的过程，本是白手起家，自然需要集合各处的力量，只要能为己用，当时的项梁是来者不拒。整个楚军中，各个势力都有自己的军队，保留着原来的领导者，这也是为了稳定军心。项羽则带少量子弟兵和刘邦的部队一起合为一偏师，不与项梁同行，而是在别处打击秦军。他们当时的作战方针和毛泽东打游击战的思路相近，打得赢就打，打不赢就跑，一点儿点儿消磨着秦军的力量。

定陶一战项梁死后，他手下的各路人马汇集到彭城。项羽立刻将项梁残军收入自己的偏师。出兵救赵之前，楚怀王又将项羽军与吕臣军合在一起给他统率，这支军队就是当时救赵的主力。可以看出，这支军队中项羽的亲兵人数并不可观，战斗力很难说。项羽心知肚明，想以少量杂牌军快速击败几倍于己的秦朝精锐，根本是痴人说梦！但项羽是个相信奇迹且能创造奇迹的人。

渡过漳河之后，项羽发表即兴演说煽动将士、鼓舞士气，随后便破釜沉舟了，表现出前无古人的战胜毋宁死的大无畏精神。此刻，坚韧的精神力无疑已经成为提高将士战斗力的法宝。所谓"投之亡地而后存，陷之死地然后生"，项羽成功地把一支向心力不足的军队拧成了一股绳，信念统一了，力量集中了，冲锋陷阵都不用他再多催促了。楚军知道只有向前才能活命，求战欲望高涨。在他们眼里，项羽简直像个疯子，但是不疯不成魔！楚霸王的威名不是开玩笑的，他敢于和自己的将士们共生死，他激发出他们内心最大的能量！

如今看来，项羽的眼光老辣而且战略高明，在破釜沉舟之前他就利用王离和章邯两军之犄角的空隙，大胆地在秦军眼皮底下冲锋陷阵，确保了战局能够朝着他所期望的方向发展，可见他不是仅凭一腔热血就选择破釜沉舟的。他打的是短距离的运动战，而这场运动战玩的就是心跳！迅雷不及掩耳之势，用来形容项羽军队当时的行动力毫不为过，将士们被激发出的强大精神力量成为了助燃剂，他们皆能以一当十，如何能不胜？

章邯的前世今生

时势造英雄，但不是所有的英雄都得偿所愿，称霸那片江湖的。章邯正是如此。文官出身的章邯，一开始并没有想到自己承担起大秦最后的命运，直到公元前209年。这一年，陈胜吴广揭竿而起，在他们的领导下，全国各地迅速掀起了反秦的汹涌浪潮。农民起义军势如破竹，第二年冬天，陈胜所派的周文部队很快西向入关，转眼几十万军队到达了咸阳之东，准备攻入咸阳，对摇摇欲坠的秦王朝发起最后的进攻。就在这个濒临覆灭的关键时刻，原本默默无闻的章邯出现了。

当时的章邯只是秦国少府，掌管着秦朝的山海池泽收入和皇室手工业制造，所在的部门和军事没有任何联系。但正是他这么一个文官提出了那个能力挽狂澜的建议。

在周文之军即将兵临城下时，他突然站了出来，对秦二世胡亥提议道："如今盗贼已到眼前了，他们人多势众，朝廷现在征发邻近各县的兵力已经来不及！要渡过眼前的危难，臣倒是有一个主意。"

"那你快说，是什么主意？"胡亥着急地问。

"骊山上的刑徒很多，如果陛下愿意赦免他们，我们就可以发兵器给他们抗击盗贼。这些囚徒为了感谢陛下的恩典，一定会奋勇杀敌！"章邯语出惊人。

朝堂上的大臣们都感到惊讶，这个主意很大胆，看似荒唐却非常实用，的确能解燃眉之急。胡亥也觉得可行，便即刻赦免骊山刑犯和奴婢之子，让章邯把他们组织成军队。章邯第一次征战，就是带领这支临时由囚犯凑成的队伍向东出击，竟不可思议地打了一连串的胜仗，有效地遏阻了关东之军对咸阳的威胁。此后，周文军队退出关内，章邯乘胜追击，两个多月后再次打败周文，十多天后又在渑池彻底击败了他的军队。周文自刎而死，就这样，咸阳面临的最大威胁解除了。陈胜死后，秦军和楚军对陈地进行了多次争夺，章邯带领的部队给楚军造成了不小的打击。

在名将如云的大秦帝国，章邯的存在犹如一颗耀眼的流星划过夜空，给走向末路的秦朝点亮了一丝光芒。镇压了陈胜吴广起义军后，章邯又在定陶击败了楚军统帅项梁，更加声名显赫，他可谓是战绩累累，秦军将士们一度认为，这位将军定能重建大秦军威。他几乎要成功了。

可悲可叹的是，项羽来了。公元前207年巨鹿之战爆发了，这一战是章邯军事生涯和个人命运的转折点。章邯一直以为项羽他们只敢打游击战，却不料项羽这次发出的是致命一击。项羽的置之死地而后生，是出乎了他的意料的，当时的他并没有作好孤注一掷大决战的准备。他也没有想到项羽真的敢在刀尖上跳舞，敢以差距如此之大的兵力钻到秦军空隙中逐个击破。他早知道项羽是个厉害人物，但还是低估了项羽的能力，等到他发觉王离军惨败时，已经无力扭转战局了。

章邯被项羽逼入了死胡同。他在军事上失利的同时，彻底看清了秦王朝政治的腐败。这个赵高当政的王朝对他没有任何抚慰和鼓励，只有源源不断的责备。入京请示的长史司马欣不仅奏事无门，还沦落到被人追杀的境地。

逃回军中的司马欣失去了信心，对他哭诉道："赵高如今控制了整个朝廷，我们这些在外的人根本不可能有作为。如果作战取胜了，赵高会嫉妒我们的功劳；如果不能取胜，又免不了一死。唉，这不是让我们无路可走吗？"

"看来，我们是该作最后的决定了。"章邯面色沉重。

项羽露出了欣然的笑容，他等到了章邯的投降。章邯降楚之后，噩运仍然没有离他远去。接受了数量众多的秦军的投降，项羽心怀担忧，他认为秦军官兵人数很多，难免有不服者，倘若入关后不听指挥，是非常危险的。思考再三，他在一天晚上下令属下将秦军20多万人坑杀，只带着章邯、司马欣、董翳三位高级将领入关。入关后，他们三人分别被封为雍王、塞王和翟王，与刘邦的汉王等15王同时受封。但因为秦军被坑杀的事件，章邯遭受到秦人的唾弃，无法在关中有效地开展工作。公元前206年冬天，刘邦"明修栈道，暗度陈仓"，佯修褒斜栈道，引诱章邯主力前去堵击。趁此机会，汉军主力从陈仓道出兵，随后攻下大散关，此后屡次击败章邯。

　　公元前205年刘邦在彭城兵败后退守关中，引水灌废丘，章邯在废丘兵败自杀。

★沙场点兵★

人物：项羽

项羽，是中国历史上的最强武将，他力能扛鼎、气压万夫，是人中之龙，令千万英雄豪杰敬畏。秦朝末年，大泽乡起义不久，项羽和叔父项梁在江东举兵反秦，后率军入主关中，联合五诸侯诛灭暴秦，巨鹿之战以后威震四海。他和刘邦争霸天下，册封18诸侯，号为"楚霸王"，权同皇帝。他的出现，为中国的历史掀起了一场风云变化；他的盖世豪情，更给后世留下一段不朽的神话。虽然他在和刘邦的楚汉之争中失败了，没能实现一统天下的夙愿，最后自刎于乌江，但在后人心中，他是一位真正的英雄。而在西方人眼中，项羽是唯一一位可以和迦太基名将汉尼拔相提并论的中国古代将领，他被誉为"东方的汉尼拔"。

武器：戟

《史记·项羽本纪》中记载："汉有善骑射者楼烦，楚挑战三合，楼烦辄杀之。项王大怒，乃自被甲持戟挑战。"由此可见，项羽用的兵器是戟。项羽精通18般兵器，其中最爱的兵器就是戟！传说项羽起兵之前，天有陨石降至会稽郡。听闻了这个消息的项梁请当地铸造兵器的名匠采集陨石，取铁为项羽锻造了兵器，经九天九夜锻造，一杆巨型虎头盘龙戟出世了。这杆戟长一丈二尺九寸，重129斤，仅杆就有碗口粗，项羽称其为"鬼神"。这杆戟需要两人齐力才能抬动，但是项羽单手就能抬起，可见他天生神力。

战术：破釜沉舟

关于破釜沉舟，《史记·项羽本纪》中是这样记载的："项羽乃悉引兵渡河，皆沉船，破釜甑，烧庐舍，持三日粮，以示士卒必死，无一还心。"

"破釜沉舟"这种战术能发挥效果，需要主帅能有超乎常人的决断力和勇气，首先断了自己的退路，让自己和将士在心理上战胜自己，从而更坚定了自己战无不胜的信心。实施这个战术的过程，就是让所有人经历一次思想上的绝望或"死亡"，而后战胜对死亡的恐惧。

巨鹿之战中，项羽以少量杂牌军全歼精锐秦军，可以说是一个奇迹，项羽能创造出这个奇迹，在于他敢于打破常规作战，而心理战术就是打破常规的作战方法之一。临危不乱、力挽狂澜的军事天才几百年能遇一个，项羽算得上一个，他在此次军事谋划中展露出自己优秀的心理素质。面对数倍于自己的敌人时，除了天时地利人和的多方面配合，周详谋划，并且大胆地打破常规，运用一切对自己有利的因素来作战，或许有可能反败为胜。心理因素，其实往往是很多将领会忽略却十分值得考虑的一个条件。项羽在当时的特殊情况下，没有按常理出牌，而是运用了心理战的策略，以弱胜强，赢得了巨鹿之战的胜利，在今天看来依然相当高明。

周密筹划的巅峰对决
THE CLASSIC WARS

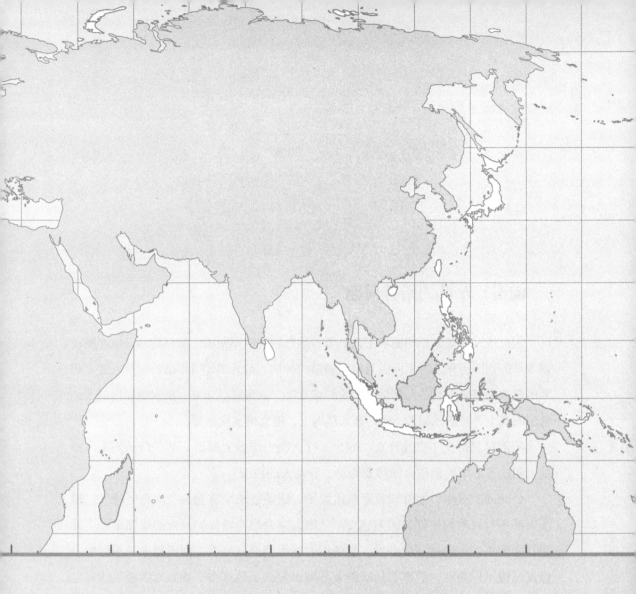

第三章

坎尼战役
——罗马野战军的覆灭之战

▲这场战役被称为军事史上最伟大的以战术取胜的战役之一，它发生在公元前216年意大利阿普里亚平原上的坎尼城附近，作战的双方是冉冉升起的迦太基军队和实力一贯强大的罗马军队。迦太基的著名军事家汉尼拔带领着迦太基人，在此战中大败罗马人，一举击溃了罗马史上最强大的野战军。

前奏：军队的给养问题

汉尼拔站在迦太基的城墙上，凝望着远处的阿尔卑斯山，胸怀激荡。他回顾着迦太基的建国历程，脸上洋溢着自豪骄傲的神情。公元前814年由腓尼基人建立起来的迦太基是繁荣的，尤其是他执政的这几年，人民安居乐业，国家越加昌盛了，他们的海上贸易愈做愈大。作为迦太基的王，他充满了优越感。

但他总觉得少了点儿什么。缺少了什么呢？他披上盔甲，站在自己的军队面前，明白了心中的渴望：他需要的是，罗马人的臣服！

公元前218年，他带领着军队出发了，这场征战被称为第二次布匿战争。很多人都不看好他的出征，因为这支军队绝大部分是西班牙和高卢的雇佣军，士兵相互之间语言不通、习惯各异，装备和训练水平差异极大，指挥起来并不轻松。但汉尼拔不以为然，他率军从新迦太基城出发，不久宣布了翻越冰雪覆盖的阿尔

★迦太基古城遗址

卑斯山的决定。这个策略令将士们感到不解，一路上兵力不断减损，但汉尼拔依然坚持，他出其不意地攻入意大利。罗马人听闻这个消息后集中兵力在意大利中部进行拦截，汉尼拔立刻采用了迂回战术，他率领部队穿越亚平宁山脉，渡过亚努河下游的沼泽地，绕到了罗马人的后面。罗马军队跟踪追击，却在特拉西美诺湖遭遇到汉尼拔的伏击。

接着，汉尼拔引诱罗马军队进入一条夹在特拉西美诺湖和群山之间的狭长道路，待到罗马军队完全进入伏

★迦太基大将汉尼拔画像

击圈以后，他下令埋伏在山林里的步骑兵向正在以纵队行军的罗马军团发动突然袭击。这简直就是化腐朽为神奇，汉尼拔指挥着一支乌合之众组成的军队战胜训练有素、装备精良的罗马军团，并在此后的多场战役中屡次得胜，创造了世界军事史上的奇迹。

特拉西美诺湖一战，汉尼拔将罗马军队分割歼灭，导致罗马军队阵亡1.5万人。此后，汉尼拔继续踏上征途，他一路上寻求同罗马人交锋，不断打击罗马人的自信心。汉尼拔求战欲望膨胀，他想要与罗马军队进行一场决战。

为此，他使用了各种手段。首先，汉尼拔故意派兵在意大利乡村到处烧杀劫掠，激起罗马将士的怒火；然后，进行不同常规的行军和宿营，故意显露弱点，以引诱罗马执政官费边前来攻击。

但费边看出了他的意图，出于整体战略的考虑，他决定按兵不动。迦太基人和罗马人就这样顽强对峙着，转眼过了一年。

意大利的乡村快要经受不住迦太基人的蹂躏了，他们向罗马人苦苦哀求，希望得到援助。罗马元老院终于坐不住了，罗马人主战的呼声越来越高。这时费边一年任期满了，罗马贵族瓦罗和鲍路斯在主战派的支持下，当选为新一届执政官，罗马人开始积极应战。

公元前216年3月，汉尼拔和罗马军队进行了一次小的交战，双方相互试探实力的意图比较明显。就在这时，汉尼拔发现他的粮草补给出现了问题。

由于战线拉得太长，坚持到5月底，汉尼拔军队的粮草发生严重短缺，他准备要出去活动一下了。即便粮草不足，他对军队的实力仍很有信心。因为在春季的那几个月里，他把大量时间用来提高他部队的战斗力。他用前两年打胜仗时缴获的罗马精良武器把自己大多数的将士武装了起来，他还根据罗马战阵的特点有针对性地对步兵进行了操练。

　　"是时候检验一下你们的战斗力了，迦太基的勇士们！"汉尼拔站在部队前面，对士兵们训话。

　　"出战！出战！打败罗马人！"每个战士都高喊着胜利的口号。

　　这年的6月初，汉尼拔已经选定了目标，那就是阿普里亚平原尽头的一座叫做坎尼城的城堡。在这座城堡里，罗马人储备着大量的粮食与物资，但那里的守备力量却很薄弱。这正是一个可以解决其补给问题的良机。汉尼拔果断决定出奇兵，在罗马人发觉他的动向之前迅速占领了坎尼。这个出人意料的举动在罗马人中间引起了极度恐慌，因为他们不仅丢失了给养，而且还有继续丢失粮食的危机。要知道，坎尼的位置处于一个富庶的农业区的中央，那里的作物眼看就要成熟了。任凭汉尼拔坐享其成？罗马人当然不愿意。

　　罗马人的最后一点儿耐心都没了，他们迫切要求与迦太基人一决胜负，罗马军队直接开拔至坎尼。此次罗马集结了八个军团的兵力，约8万之众，行军两天以后，他们发现汉尼拔就驻扎在坎尼城附近。

　　由于罗马人长途跋涉而来，军队数量十分庞大，他们也面临着粮草不济的问题。汉尼拔虽然缴获了坎尼要塞的存粮，但他5万大军的消耗是巨大的，仅靠这些粮草也支撑不了很长时间。大敌当前，汉尼拔也不可能分散兵力去四处打粮，这要求他必须速战速决

　　汉尼拔，这个罗马

★迦太基大将汉尼拔塑像

人遇到的最危险的敌人之一，马上就要施展他的谋略，让罗马人永远记住他的威名！

出其不意：汉尼拔的闪电战

如果在旷野上遭遇一道白茫茫的闪电，会是怎样的结果？被击中的人，没有生还的余地。

坎尼城外，汉尼拔站在山坡上向东北方向眺望，他眉头紧锁，仔细观察着罗马大军排兵布阵。朝阳照耀的战场上，罗马人身披猩红色斗篷，锃亮的头盔和标枪的枪尖在朝阳下闪烁着光芒，他们头盔上红色的羽冠随风飘扬。眼前的罗马大军犹如一片红色的海洋，映红了汉尼拔的瞳孔。

罗马人摆出的阵营中央是55 000罗马重装步兵，这些重装步兵排列出宽仅一公里半、纵深达60行的密集战阵，他们前面布置了15 000轻步兵组成的屏障，6 000骑兵分列两翼。自从罗马立国500多年来，还没有在一次战役中投入七个军团的先例。但是这一次，罗马人居然集结了八个军团的兵力，不仅如此，大多数罗马贵族精英都出现在了战场上，四位现任或前任执政官，一位前任骑兵统帅，半数以上的元老院成员，以及数千名罗马骑士团成员，都成为了罗马大军中的一员。面对汉尼拔，他们摆出高规格的战阵，可以说是充分估计到他用兵如神的大手笔的。只不过，罗马贵族们都没想到，他们真的在这一战实现了为国捐躯的抱负。

无论是谁，看到如此庞大的战阵都会心惊胆

★汉尼拔大军翻越阿尔卑斯山

★行军过程中的古罗马军队

战。汉尼拔身边许多将领从来没有见过如此庞大的战阵，纷纷面露惧色。

一位名叫吉斯哥的将领惊叹道："敌人的兵力实在太惊人了。" 汉尼拔看了他一眼，打趣道："的确如此，不过你没有注意到更加惊人的事情，虽然他们有这么多人，却没有一个名叫吉斯哥。"

众人爆发出一阵哄笑，顿时，紧张的气氛被打破了。此刻的汉尼拔很是沉稳，他在看清了罗马的布阵后反而一脸轻松。他来到缓坡上面，从容地指挥迦太基大军加紧速度布阵。方才，他已经洞悉了罗马统帅的战术意图，心中有了对策。针对罗马阵形的特点，他摆出一个中部军队凸、两翼军队凹的新月形战阵。

采用这个战阵，是为了尽量避免露怯，充分发挥迦太基的优势。因为同罗马大军相比，汉尼拔的步兵处于绝对劣势，迦太基总共的参战兵力大约5万人，其中步兵4万，骑兵1万。这4万人当中有18 000是高卢雇佣兵，有1万人是久经沙场的利比亚步兵，有大约6 000西班牙步兵，以及6 000千的轻步兵。不过汉尼拔手上是有撒手锏的，那就是骑兵，无论是骁勇善战的高卢骑兵、西班牙骑兵，还是神出鬼没的奴米底亚骑兵，都拥有惊人的战斗力。双方布阵完毕，大战开始了。

罗马大军迈着矫健的步子往前逼近，汉尼拔泰然自若地注视着他们，站在迦太基中路阵线后面的山坡上。眼看着罗马人靠近了，他没有下令攻击。他严令部下各就各位，不得轻举妄动。直到罗马大军抵达迦太基阵前数百米，前沿的轻步兵开始交战、互射标枪时，汉尼拔命令迦太基轻步兵行列中的数千巴莱尔弹弓兵快速攻击，一时弹如雨下。

巴莱尔弹弓兵的重点打击目标是罗马两翼的骑兵部队，因为遭受到石弹的密集弹射，不少战马受伤，罗马骑兵的队形开始散乱，战机出现了！

汉尼拔立刻命令左翼的重骑兵排列密集队形，像一道锐利的闪电劈了下去，冲向罗马右翼骑兵。罗马骑兵也不是软棉花，他们策马迎击。一场激烈残酷的骑兵混战在罗马阵线的右翼爆发了。双方骑兵相互追击，迎头而上，人马挤成一堆，落马的士兵们相互拉扯扭打，试图将对手击倒。波利比乌斯曾这样记载："左翼的高卢、西班牙骑兵同罗马骑兵阵列相撞，接下来的混战非常野蛮，根本见不到骑兵惯常的迂回扯动，双方一旦遇敌便扭打到一起，纷纷跳下马来捉对厮杀。迦太基骑兵最终占了上风，在混战中杀死了绝大多数敌人，然后沿河追赶残敌，将他们毫不留情地砍倒。"

汉尼拔快如闪电的用兵策略，让习惯于按照传统步骤规规矩矩作战的罗马人无力招架。

缩短战线：发挥自己的优势

罗马人奋力抵抗，但还是很快陷入了绝境。"冲啊，不要给罗马人反击的机会！"汉尼拔大声呼喊着，给战士们鼓劲。左翼的7 000西班牙和高卢骑兵愈加勇猛，继续和罗马骑兵厮杀。

他们对面的2 000罗马骑兵一开始还在顽强应战，但这时，统率这一侧骑兵的罗马执政官鲍路斯被巴利阿里轻步兵发射的铅弹击中负伤。

★古罗马军队士兵

★迦太基军队士兵

因为受伤，他不得不下马，他的卫兵也跟随下马照顾。其他的骑兵看到主帅下马了，以为这是个命令，也纷纷跳下马来。看到罗马骑兵下马，西班牙和高卢骑兵立即冲锋，结果罗马骑兵瞬间被迦太基骑兵冲得七零八落，混乱不堪。鲍路斯在卫兵的拼死保护下撤到罗马步兵阵线的后面，但他没有下达任何能挽救局势的命令，这使得罗马右翼骑兵只能选择在混乱中作战，且不清楚下一步该如何行动。

事实上，罗马右翼在短暂抵抗以后便溃不成军，排在前列的罗马骑兵拼死抵抗后，后面的骑兵溃散而逃。综观整个坎尼战役，据统计罗马骑兵阵亡1 300人，有将近一半的骑兵逃生了，如此看来他们并非个个视死如归，勇猛拼搏。这些罗马骑兵绝大多数都是贵族出身，每个人自诩是国家栋梁、社会精英，却在面临为国捐躯的时刻胆怯退缩了，实在是遭人鄙视。所以，罗马右翼注定溃败。

"接下来，就是攻击罗马人的左翼了！"观望战局的汉尼拔十分得意，他对于自己突击策略取得的战果相当满意，随后又下达了一个命令。

罗马右翼已经完全被扫清，汉尼拔下令西班牙和高卢骑兵从罗马军阵后面绕到罗马军阵的左翼。罗马人显然没能预料到他的意图，这一侧的4 000罗马骑兵，很快遭到了迦太基人的夹击。

而与此同时，在罗马左翼正面，汉尼拔下令3 000奴米底亚骑兵向3 600联盟骑兵发起攻击。这个策略，是考虑到了奴米底亚骑兵的优势。他们装备轻便，机动灵活，可以轻易登上山坡，而罗马左翼这一侧的地形相对开阔，利于他们从两面夹击敌军。这支奴米底亚骑兵果然不负众望，他们以松散队形逼近敌阵，在投掷标枪以后迅速后撤，循环往复，急速进退，不断给罗马左翼的骑兵施加压力。这种独特的战法，并没有让奴米底亚骑兵占到罗马人的便宜，但也没有遭受伤亡。他们完全按照汉尼拔的设想，从多个方向不断攻击，吸引了罗马骑兵的注意力，使得罗马左翼无法发挥作用，牢牢地控制住了他们的动向。胜利的旗帜，似乎已经倒向了迦太基人一边。

全线压上：罗马人的疯狂反扑

战场上硝烟弥漫，迦太基人和罗马人疯狂交战，上演着一幕幕惨烈的生死绝杀。两翼骑兵混战的同时，两军中路的步兵大战正式打响。看到骑兵被砍杀在地的血腥场面，罗马人激发起斗志，中部的步兵方阵突然发出惊天动地的呐喊声，

★激烈交锋的坎尼战役

在一片震耳欲聋的盾牌撞击声中扑向高卢士兵。就在这个时候，有一个人在战场上由50名骑兵保护着离开了战场，他就是罗马执政官瓦罗。

眼看着罗马战阵失去了两翼骑兵的掩护，似乎处于岌岌可危的境地，瓦罗却在这个时候撤离，是害怕战败吗？其实不然，这时指挥步兵阵列的罗马将帅看到了胜利的曙光，他对于罗马中部的步兵很有信心，他想当然地认为罗马军团已经胜利在望。

因为汉尼拔的新月阵形是有缺陷的，迦太基部队中路步兵力量的薄弱在这时彻底显露了出来。站在山坡上的汉尼拔紧蹙起眉头。

在他眼前，两军阵线前沿的轻步兵进行了短暂交锋，然后迅速后撤，给后面的重装步兵腾出了交战空间。罗马重装步兵向前挺进，一直逼近到距离迦太基阵线30米的地方。迦太基人和罗马人对视着，气氛紧张极了。

随后，罗马重装步兵怒吼起来，位于前排的步兵开始一个接一个投掷标枪，数千支标枪如梭般飞向迦太基阵列。罗马人的标枪齐射极具威力，通常能大量杀伤敌阵前排的士兵，不过此次他们抛出的标枪大多落空了，因为在汉尼拔的新月形战阵里，只有最靠前的中央方阵会承受打击，两侧的其他方阵都在标枪射程以外。

待罗马人投掷完标枪，高卢、西班牙骑兵也纷纷投掷标枪还以颜色。这些高卢人身高臂长，投掷出带着恐怖的三棱宽刃枪尖的标枪。西班牙步兵投出的不仅有铁质标枪，还有点燃的火标枪。

两轮标枪齐射以后，前排的罗马步兵以盾牌猛撞迦太基人，后排的步兵紧随其后。双方的步兵都是近在咫尺，一边的士兵用短剑从盾牌下面猛刺对手，另一边的士兵倒下，后面的士兵拼命向前推挤。这时，罗马方阵的厚度发挥了作用，在罗马步兵强大的冲击力面前，高卢士兵渐渐抵挡不住，陆陆续续往坡上后退。

这是一场你死我活的决斗，即使最勇猛善战的士兵，在连续搏斗几十分钟之后也筋疲力尽了。然而被击倒的士兵不可能被送下前线，他们可能被踩死，也有可能失血过多而死。汉尼拔有些不忍心继续看下去，眼睁睁看着迦太基人接连不断倒在血泊之中的滋味并不好受，他面色凝重地思考着，催促自己赶紧想出一个办法。

新月阵形中，迦太基前面的中央方阵一步步后退着。汉尼拔忽然眼睛一亮，策马冲进自己的中路阵线。他在中路阵线后面来回驰骋，大声呼喊着："不要慌乱，迦太基的勇士们！罗马人虽然厉害，但我们还没有失败！"

接着，他召集迦太基的将领们，说明了下一步的计划。"将军们，战局发生了变化，所以我之前的策略也需要作些调整了。"汉尼拔的呐喊让迦太基的士气受到了鼓舞，他们在将领的带领下有条不紊地慢慢后撤。而这些将领都正确贯彻了汉尼拔的战略部署，严厉命令部下保持阵线完整，只是这时他们也面临着考验，倘若此刻有一个迦太基士兵承受不了心理压力转身逃跑，恐慌就可能传遍全军，从而导致整个阵线的崩溃。但所幸的是，迦太基的士兵都是好样的，他们相信汉尼拔的智慧，没有一个人擅自逃离。

看到迦太基人后退，罗马人以为胜利唾手可得了。罗马将领不断地督促士兵前进，并将后排预备队全部派出去增援中路，想要一鼓作气冲破敌阵，打得迦太基人落花流水。事实真会如此发展吗？

以退为进：汉尼拔打开口袋

罗马人埋头往前冲的时候，没有看到远处汉尼拔的脸上流露出的得意的神情。不久，汉尼拔看到了他所希望的场景。

随着罗马阵线往前不断地推移，罗马人所有的力量都朝新月阵营的中心突击，并且这种态势越来越强劲，他们甚至没有工夫看一看侧面的环境，就全线压上了。如此一来，迦太基原本前凸的新月形阵势很快被压缩成一条直线，慢慢地，随着罗马人阵营的继续压上，迦太基的这条阵线逐渐向后弯曲，不一会儿形成内凹的新月形。中路阵营的交战仍然如火如荼，罗马人只是觉得有些拥挤了。

此刻的罗马军队已然挤作一团，罗马士兵相互拥挤着往前攻击，却连挥动武器都有困难。迦太基方面的情况更糟糕，战线中部最早迎敌的中央方阵伤亡惨重，大部分的将士体力已经透支，阵线面临着瓦解的危机。

"冲过去！冲过去我们就胜利了！"罗马人叫喊着，相互鼓舞着士气。

终于，这条战线中部的罗马步兵如同决堤的洪水般汹涌而出！整个罗马大军汇集成一股巨大的人潮，兵士们都被本能驱使着拥向突破口，每个人都只有一个信念：向前冲，向前冲，冲破了这条战线就胜利了！这时，汉尼拔手中只剩下预备队，而这支预备队也只有刚撤下来的那数千轻步兵而已。他命令他们迎上前去，坚持一阵子，努力堵住缺口，但突破出来的罗马步兵越来越多，几千名缺乏盔甲防护的轻步兵马上抵挡不住。瞬间，前锋突破敌阵的消息传遍全军，原本秩序井然的罗马军团混乱了，本来还规规矩矩的方阵和战线消失了，所有人都争相往前冲。罗马军队冲击着迦太基人最后的防线，这时的罗马人队伍中，将校找不到自己的百人队长，百人队长找不到自己的士兵，一点儿也不像一支即将获得胜利的军队。

胜利之果被汉尼拔挂在了罗马人伸手就能够得着的地方，可惜的是，就是这一点点的距离，罗马人抵达不了。汉尼拔看着罗马人狰狞扭曲的面孔，知道时机已经到了。他笑着对身边的部下说道："你们看着吧，由战神马尔斯留传下来的仅剩的罗马人精神也终将被我征服了。他们已经精疲力竭，马上就要放弃一切自诩勇武盖世的威名了。"

千钧一发之际，汉尼拔下令，将事先安排在两侧的利比亚步兵纵列派了出来，他们投入战斗后迅速向前移动，迅速占据罗马两翼骑兵先前的阵地。然后，利比亚步兵集体转向，猛攻罗马大军的两侧。此时的罗马战阵已经毫无派兵布置的章法可言，完全失去了应变能力。更雪上加霜的是，先前罗马人布置在侧翼的是战斗力最差的联盟士兵，因此很快招架不住，只有三五成群的士兵被动抵抗着敌军的攻击，片刻便土崩瓦解。

与此同时，汉尼拔命令7 000迦太基骑兵运动到罗马大军的背后，这里聚集着罗马人从前沿撤下来的15 000轻步兵。这些装备最差、年纪最轻、根本没有抵抗重骑兵冲击能力的轻步兵，顿时成为了如狼似虎的高卢、西班牙骑兵的盘中餐。罗马战阵柔软的腹部，被汉尼拔插入了一把尖刀。

事半功倍：罗马军队钻进口袋

罗马人惊慌失措地看着眼前的长剑弯刀，顿时蒙了。几乎没有遭遇任何有效抵抗的迦太基骑兵冲进罗马轻步兵行列中间，他们策马践踏，左右砍杀着面前的肉体凡身。

"怎么回事？迦太基人怎么会跑到我们背后去的？"罗马人惊叫着，面面相觑。这突如其来的变故在罗马大军中引起了骚乱，罗马士兵恐慌起来，阵营更加混乱了，中路士兵向前的冲击势头转眼衰竭。汉尼拔马上看到了这个机会，立刻下令："注意！马上合拢战线缺口，不要放走一个罗马人！"

接到命令的迦太基中路士兵迅速靠拢，本来快要崩溃的阵线趁机合拢上了，迦太基人开始反守为攻。至此，利比亚步兵方阵在左右两边分别和西班牙及高卢骑兵衔接起来，迦太基阵线变成一个巨大的U形，将罗马大军团团围住。汉尼拔成功地将新月做成了一个大口袋，让罗马人不知不觉钻入了圈套。

此刻的罗马大军可谓是四面受敌，没有任何有利对策可供选择。在迦太基人的包围圈中，罗马人的空间越来越小，渐渐地，士兵们摩肩接踵，被挤得水泄不通，他们连短剑都无法举起来，更别说怎样奋力反击了。兵力比以往任何一场战争都要充沛的这支罗马大军，现在俨然成为了几万只待宰的羔羊，等待着迦太基人的屠杀。

★最后时刻罗马军队被汉尼拔所击败

"迦太基的战士们，挥舞起你们手中的刀剑，让它们好好品尝罗马人血液的甜美吧！"汉尼拔大笑着，静观着迦太基人将这场大屠杀进行到底。这场世纪大屠杀持续了好几个小时。

迦太基士兵们的盾牌和战袍上都沾满了鲜血，他们不断挥舞着刀剑，直到再也抬不起来，简直是杀人杀到手软。由于汉尼拔将包围圈拉得太大，很多迦太基将士体力不支，已经精疲力竭。许多罗马官兵垂死挣扎，拼死冲开缺口，陆陆续续有数万人逃出了包围圈，可是他们仍然摆脱不了死神，一出来就遭到外围奴米底亚骑兵的追杀，只有少数幸存者逃进罗马大营。

到了傍晚时分，一切真的结束了。

我们从李维的记载中，还能够感受到当时战场上扑面而来的血腥味。"那里躺着成千上万的罗马官兵，人马的尸体相互叠压，是时运将他们的归宿安排在一起。堆积如山的尸体中间偶尔可见血淋淋的身影颤颤巍巍地站立起来，那是在战斗中受伤昏迷的士兵，凌晨的冷风刺激了他们的伤口，剧痛让他们苏醒，但他们很快被掳掠财物的敌兵随手砍倒。还有一些倒卧在血泊中的罗马人依然活着，他们的肌腱和脚筋被敌兵砍断，一些人竭力伸着脖子，袒露咽喉，祈求征服者将他们剩下的血放干；另一些人则挣扎着在地上刨坑，然后将头埋进坑里，试图闷死自己。"即便是修罗地狱，也不过如此吧！

在这块不足一平方公里的战场上，堆积着5万余具血肉模糊的尸体。虽然时隔两千多年，我们依然不难想象罗马军团战死沙场的悲惨情形。当年战死的罗马步兵多达4万，骑兵也有4 000千，留守罗马大营的1万士兵最后也全数被擒。

霍尔沃德在《剑桥古代史》中如此评价汉尼拔在这场战役中的成就：这是"汉尼拔的最高成就。它以其时机选择上的无比精确，骑、步兵战术的高度协调，表现出它是古代战争史上一个无与伦比的军事艺术典范"。只不过，每场盛大的战役的背后，都有数不尽的白骨，堆积在胜利者的脚下。

战典回响

罗马史上最庞大的野战军覆灭

倘若用数据来说明罗马人在坎尼战役中的失败,他们无疑会痛哭流涕。这些数据也表明,汉尼拔丝毫没有手下留情。

在西方军事史中,坎尼战役是可以算得上是最辉煌的一次歼灭战。根据历史学家统计,罗马参战部队八个军团经此一战,总共阵亡步兵约45 000人,骑兵约2 700人。

8万余人的罗马大军,最后只有大约14 550人成功逃脱汉尼拔的包围圈和奴米底亚骑兵的追杀。除此之外,罗马军团中的被俘官兵约有19 300人,其中在战场上被俘4 500人,2 000人冲破包围圈逃到坎尼城被俘,另外两个罗马大营的12 800守军次日全部被活捉。

而根据波利比乌斯记载,迦太基人的损失也不小。汉尼拔总共损失了4 000高卢士兵,1 500西班牙和利比亚士兵,以及约200的骑兵。与此数据不同的是李维的记载,在他的记载中,汉尼拔大军阵亡总数高达8 000人。无论哪个数据更加真实,作为战胜一方,汉尼拔大军的损失也是相当惊人的。战斗的血腥残酷,由此可见一斑。

坎尼战役结束后,迦太基士兵一边埋葬着自己的战友,一边将罗马人的尸体弃之荒野。短短几个月,八个军团灰飞烟灭,罗马共和国遭遇灭顶之灾。

此役使罗马丧失了五分之一的青壮年,而罗马贵族的精英几乎凋零殆尽,参战的48名罗马将校阵亡了29名;执政官保卢斯、前任执政官塞维利乌斯、前任骑兵统帅米努西乌斯都战死。当时很多罗马参议员同时也是罗马军团将领,战役过后,300个席位的罗马元老院竟出现了大约177个空缺,可见这一战对罗马的打击有多大。据记载,当年汉尼拔的弟弟马戈奉命返回迦太基,向元老院述职。他的随从抬进一个大筐,将罗马阵亡贵族的数千枚金戒如洪水般倾倒出来,迦太基元老瞠目结舌。

几天之后,罗马军团的残兵败将在坎尼周边的几个城镇汇集,大约有数千人

会战

THE CLASSIC WARS

周密筹划的巅峰对决

逃到加努西奥。不久，坎尼惨败的消息传到罗马城，同时元老院也听到了来自北方的噩耗。在波河前线，司法官波斯图米乌斯统率的两个罗马军团遭到高卢人伏击，结果全军覆没。更惨的是，波斯图米乌斯战败身亡，头颅竟被制作成了饮酒的容器。这段时期，可以称得上是罗马历史上最黑暗的时刻，越来越多的人对罗马的前途丧失了信心。

罗马人用自己的惨败成就了汉尼拔的传奇。

历史学家道奇这样赞叹道："坎尼战役无疑是战争艺术的巅峰之作，整个军事史上无出其右，只有少数战例能够与之比肩。"杜兰特则说："坎尼战役是将道的最高体现，历史上再也无人超越，为以后两千年的军事战术指明了方向。"

坎尼战役中，罗马军队之所以会败得如此狼狈和彻底，与军队的布局和战术有很大关系。有后人评价说，与汉尼拔的精巧布局相比，罗马军队可以说毫无战术可言，虽然拥有优势兵力，却没有充分加以利用。罗马人只是摆出阵势就开战了，没有仔细分析汉尼拔的排兵布阵，他们只知道往前猛冲，便一头栽进汉尼拔的陷阱。

而另外一些历史学家还指出，尽管罗马人数众多，但罗马的将领基本上都只有指挥军团级别战役的经验，根本没有指挥大兵团作战的经验，因此即便给他们足够的兵力，他们也无法采用正确的战术来打配合战。

罗马人觉得憋屈，都禁不住叹息：如果我们有一位能和汉尼拔相匹敌的战役指挥大师，战争的结果决不会那样凄惨！不过，罗马人没有就此一蹶不振。罗马史学家李维写道："世界上还没有哪一个民族，在经受坎尼战役这样巨大的打击以后仍然能够屹立不倒。"

那个能带领罗马人一雪前耻的人，其实已经出现了。就在从坎尼侥幸逃生的罗马贵族中，一个名叫西庇阿的20岁青年。数年之后，他成长为一位杰出的军事家，并成为了罗马的救星，最终力挽狂澜，找回了罗马人的自尊。

★沙场点兵★

人物：汉尼拔

　　迦太基人的军事领袖汉尼拔是一位军事天才，他生长的时代正逢古罗马共和国势力崛起之时。他年少时就追随父亲哈米尔卡·巴卡进军西班牙，并在父亲面前发下一生的誓言，要终生与罗马为敌。为了实现征服罗马的目标，他从小接受严格和艰苦的军事训练，随着年纪的增长他在军事及外交活动上都表现卓越。他继任后开始对外征战，他亲自率领军队从西班牙翻越比利牛斯山和阿尔卑斯山，牺牲了大量雇佣兵，攻入意大利北部；在特拉比亚战役、特拉西美诺湖战役和坎尼战役中巧妙运用计策引诱并击溃了罗马人。

　　汉尼拔用一次又一次的胜利教训了强大的罗马，他作为榜样，让弱小民族和卑微的国家都建立起自信心。面对这样强大的对手，罗马人最终表现出了对他的尊重，他们将汉尼拔奉为"战略之父"。汉尼拔的卓越领导使当时的迦太基超越了马其顿、锡拉库萨和塞琉西王国，直到今天他还是被历史学家称道的伟大军事家和战略家。

武器：长矛

　　矛是一种带有尖锐刃器的长直形刺杀兵器，是世界上多数民族过去在野猎和战争中都曾使用过的刺杀武器或投掷武器。后期的长矛是在矛杆上加了矛头，长度根据情况制造或长或短。迦太基人大量使用长矛，他们的兵种以长矛兵为主，与其相比，他们的肉搏兵种比较弱，当时没有弓箭手只有抛石兵。初期的迦太基的长矛兵的布阵习惯是3~4队低级长矛兵一字排开，第一排的长矛兵缓慢推进，第二排布置的是刀兵，后面是骑兵和大象。作战开始时，在长矛兵和敌人接触前，迦太基人会驱使大象穿越刀兵和长矛兵，正面突击敌人阵营，待大象冲乱敌人后，长矛兵立刻列队攻击敌人。

战术：改变阵形

　　坎尼战役中，汉尼拔之所以能获得最后的胜利，主要依靠其灵活机动的阵形布置。

　　起初汉尼拔的战术原则，就是想方设法削弱罗马军团的正面攻击力，然后寻找破敌机会从侧面和背面克敌。这种方法，在此前的战役中得到过有效验证。在特拉比亚战役中，汉尼拔诱使罗马军队渡过冰冷湍急的河流，消耗掉他们大量的体力；特拉西美诺湖战役中，汉尼拔巧妙设伏，使罗马军团连正面强攻的机会都没有。而这一战，汉尼拔在背风的高坡上摆出了一个前凸的新月形战阵，罗马步兵要攻击迦太基人就必须顶风爬坡。他在中路阵线拉开了足够的空间，让迦太基人可以且战且退，能够最大限度地消耗罗马军团的攻击力，并且能为两翼骑兵突破敌阵赢得时间。不过，为了保持同罗马步兵战阵一样的宽度，汉尼拔削减了新月形战阵的厚度。

在这个新月阵形中，汉尼拔在左翼集中了7 000高卢和西班牙重骑兵，对阵罗马右翼2 400骑兵。3 000奴米底亚骑兵被他布置在右翼，对阵罗马左翼的3 600联盟骑兵。他将突破点放在了左翼，是期望占据压倒性优势的高卢、西班牙骑兵，能迅速冲垮罗马右翼的骑兵阵线。右翼的奴米底亚轻骑兵擅长游击，不擅长冲锋陷阵，因此汉尼拔派给他们的任务是吸引罗马左翼骑兵的注意力，使其无暇分兵。

战争的第一阶段，汉尼拔的新月阵形缓解了罗马军队的强势攻击；到了战争的第二阶段，新月阵形里的中路步兵遭到了罗马人的反扑攻击，迦太基人的阵营似乎已经大乱，这时汉尼拔果断地利用起新月阵形的可变性，立刻布置两翼的骑兵快速攻入罗马阵营的后方，将罗马人的锋芒顺利化解，以四两拨千斤之势将中路的罗马军收入U形口袋。改变了阵形后，罗马人成为了套子里的人，怎么也逃不出了。

周密筹划的巅峰对决
THE CLASSIC WARS

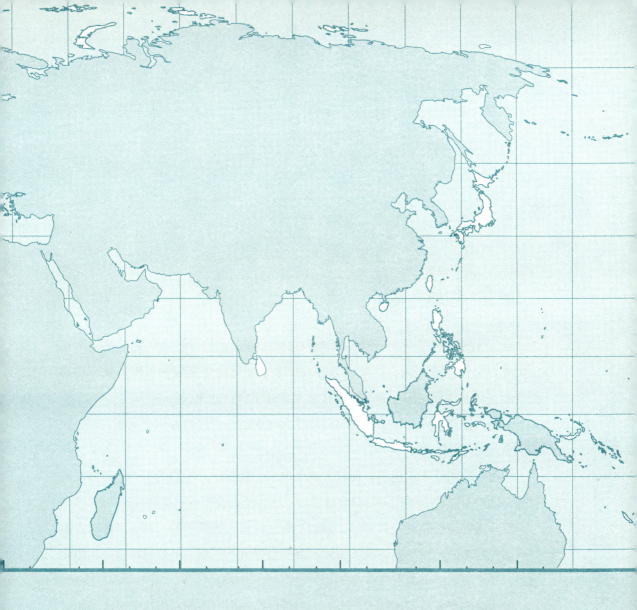

第四章

沙隆之战
——罗马帝国最后的荣光

▲公元 451 年的某一天，法国东北部的小城沙隆因为两支军队的到来而风云变幻，它们分别来自罗马帝国和匈奴帝国，两军在这片平原上展开了激战，最终坚韧的罗马军队赶走了野蛮的匈奴人，守住了罗马帝国最后的荣耀。

前奏：匈奴人来了

公元376年的一天，罗马的国境内忽然出现许多日耳曼人，他们是从多瑙河以北过来的。看起来，这些日耳曼人失去了往日雄姿英发的气概，如今仿佛是受到了什么惊吓似的，为了躲避什么才离开了自己的家园。

罗马人感到十分奇怪，于是对日耳曼人打探道："你们为何要离开家园，到我们这儿来呢？"

"唉，你们还不知道吗？匈奴人就要来啦！说不定，他们的下一个目标就是罗马，这里不知道能有几天的安宁日子。"日耳曼人惶惶不安地回答道。

罗马人的脸色顿时一片煞白，他们是听过匈奴人的威名的，那是个在东方的草原成长起来的彪悍民族，擅长骑射，战斗力强大。只是，他们已经强大到如此地步，竟要踏上罗马的土地吗？

过去他们并不清楚匈奴人的历史，但是现在他们有兴趣知道这个民族是如何强盛起来的。说起来，匈奴是个古老的民族，在中国的春秋战国时期，匈奴人就已经在草原和沙漠中来去自如，形成了一定的规模。一开始匈奴人的扩张目的很简单，就是为了夺取富饶肥沃的土地。为了更好地生存，他们试图攻占草木丰盛的南方。不过在此之前，他们便遭到了强悍的西汉军队的阻击。这段时期的匈奴人被狠狠打压了一番，在西汉军队强大的军事实力面前，他们选择了退守，后来和西汉和解，迎来了一段和平时期。但是到了东汉初期，匈奴上层结构内部产生了分歧，匈奴一分为二，南匈奴臣服于东汉王朝，北匈奴却一直骚扰边境的汉朝居民。东汉军队忍无可忍地发动了军队打压北匈奴，一路驱赶，使得这支力量不得不向西逃走。再后来，新兴贵族鲜卑人在草原上崛起了，匈奴人逐渐没落。

在此后的300年里，匈奴人似乎从历史中销声匿迹了，但是到了公元4世纪，有人在里海北岸的顿河草原上发现了他们的足迹。他们与日耳曼人成为了邻居，在草原上过着游牧生活。虽然日耳曼人在罗马人眼中已经十分野蛮，但与匈奴人相比，日耳曼人其实不算什么。

罗马史学家马赛林记录下了那个时代欧洲人眼里的匈奴："从东方来的匈奴人似乎比欧洲所有的蛮族还要野蛮。他们看起来四肢粗短，躯干壮硕，大脑袋，罗圈腿，十分丑陋。"

但就是这些在欧洲人看起来十分丑陋的匈奴人，看中了东哥特人的富饶土地，发动了一场大战。约从公元374年开始，匈奴人向东哥特人扑杀过来。匈奴人如此凶猛，如野兽一般击溃了东哥特人，最后逼迫东哥特王自杀，一路高奏凯歌。部分残余的东哥特人逃到了西哥特人那里去寻求帮助，结果再次引来了匈奴人，在匈奴人的追杀下，西哥特人也失去了自己的土地，纷纷向西逃窜。这次战争对整个日耳曼部落的影响极大，无家可归的日耳曼人为了躲避匈奴人，只好跨过多瑙河，逃至罗马帝国境内寻求庇护。这正是文章开头出现的那一幕。

此后，匈奴人也没有停下他们的脚步。他们一直打到了波斯和叙利亚，到处烧杀抢掠，在战争中不断发展壮大。在进攻匈牙利草原之后，匈奴人才减缓了扩张的步伐，因为部落内部出现了争斗。不过这种内部的纷争没有持续多久，就在

★马背上的匈奴人

公元433年因一个名叫阿提拉的男人出现而终止了。阿提拉统一了松散的匈奴各部，成为了匈奴王。

阿提拉是个有野心的男人，他拥有和其他匈奴人一样好战的血液，他的理想是侵占欧洲。匈奴人策马驰骋，向周围扩张，他们在色雷斯连续击败东罗马军队，最终迫使曾经不可一世的东罗马皇帝俯首称臣，在付出了每年贡奉2 100磅黄金和多瑙河南岸大片土地的代价后，阿提拉才下令匈奴人撤兵。紧接着，多瑙河南岸的大片土地上，阿提拉的匈奴骑兵继续征战，在降服了东哥特人和其他蛮族之后，建立起了一个东起伏尔加河，西至莱茵河，南抵多瑙河的匈奴帝国。阿提拉统治时期是匈奴帝国最辉煌的时期，由于他威名赫赫，当时的人们称呼他为"上帝之鞭"。

风雨飘摇：罗马已经老去

当匈奴像朝阳一般升起时，罗马已经步入了垂垂老矣的暮年。恺撒、屋大维的英雄时代早已远去，如今罗马帝国全然失去了往日的光辉。罗马贵族过了几百

★象征古罗马辉煌的罗马斗兽场，此时的古罗马帝国已垂垂老矣。

★阿提拉头像浮雕　　　　　　　　★阿提拉画像

年舒适平稳的生活，他们曾以为自己不会为帝国的未来担忧，罗马是无人能撼动的。然而匈奴人来了。

日耳曼人带来的消息早已经传遍了大街小巷，罗马贵族们听到以后终于聚在了一起，他们早就听过"匈奴王"阿提拉的名声，他们知道如果一战恐怕没有什么胜算，可如果屈服，他们又怎么能忍心将大把大把的珍宝送给外来的侵略者？怯懦而又自私的贵族们像热锅上的蚂蚁一样不知道如何是好。

"嘿，不就是一点儿金子嘛！给他就是了，我们一人出一点儿，每个人就不会出很多了。"有人提议。

"可是我听说，阿提拉想要的不只是金子，他最想要的是我们的土地！"见多识广的人讲起了他在外面的所见所闻，讲到了匈奴人是如何对待日耳曼人的。

所有的人又沉默了，他们你看看我、我看看你，然后不约而同地将视线转移到了一个人身上。是的，自从帝国逐渐没落，他们没有力气和精神提起长矛和战刀，就已习惯了在为难的时候等待着他——高登裘斯的儿子埃底乌斯。平日里威武不凡的总督，此时站在一旁，陷入了沉思，根本没有在听其他人的讲话。

对于"匈奴王"阿提拉，埃底乌斯并不是闻所未闻，相反，基于少年时代的深厚感情，埃底乌斯与阿提拉还一直维持着很好的关系。埃底乌斯的父亲高登裘斯有蛮族血统，但是因为在罗马军队中屡立战功，做到了罗马帝国的骑兵统帅，被皇帝封为伯爵。按照当时的规矩，蛮族将领必须将自己的儿子作为人质送往蛮族的部落里去，埃底乌斯先是在哥特人那里做人质，之后到了匈奴人的领土上。就是在匈奴人的土地上，少年埃底乌斯认识了很多匈奴贵族，其中就包括老匈奴王卢阿，和卢阿的侄子阿提拉。就是在那时，埃底乌斯与阿提拉结下了深厚的友谊。

之后埃底乌斯回到了罗马，但每次在政治斗争中受到排挤遭遇挫折时，埃底乌斯总是选择避难于匈奴人的营帐里，卢阿总会抚慰他，并且帮助他夺回自己的权力。不夸张地说，埃底乌斯正是借助匈奴人的力量，才能够在罗马城中迅速崛起，从而成为高卢总督。在高卢，他连克西哥特人、法兰克人，成为罗马城中的一代名将，也因此被后世的史学家尊称为"最后的罗马人"。

对于阿提拉，埃底乌斯一直希望能和他保持友谊，这些年来，两个人也书信不断。为了帮助阿提拉打理外交，埃底乌斯曾把博学的康斯坦丘斯介绍给阿提拉作为私人秘书，不仅如此，埃底乌斯还把自己的儿子送到阿提拉身边去学习骑射。从心里说，埃底乌斯并不愿意与自己的这位童年好友兵戎相见，罗马如今江河日下，要应付日耳曼人已经力不从心，怎么能再和匈奴交恶呢？

当然，埃底乌斯与阿提拉保持着良好的关系，还有着更深一层的意义。埃底乌斯少年时作为人质游历各国，他对各个民族的文化、生活等都有所了解，在埃底乌斯看来，匈奴人游牧气息太浓，喜欢打仗而不注重修养，虽然现在猖獗，但是恐怕不会太长久。倒是日耳曼人更为危险，他们一直在吸收着罗马文化的养分，并且迅速提高着自己的文明程度，加上他们本身体质强悍，从长远考虑，他们才是帝国真正的心腹大患。正是基于这一点考虑，埃底乌斯努力维持着与阿提拉之间的关系，匈奴人近年来对东罗马数次用兵，但是却一直和西罗马和平相处，这些，无不浸透着埃底乌斯的心血。

可是正因如此，埃底乌斯比谁都了解自己的朋友，阿提拉从来就不是一个安于太平的人，他一直都在多瑙河岸上虎视眈眈眺望着这里。对于匈奴人来说，罗马是一块无比鲜美的肉，没有野兽不喜欢吃肉，更何况是阿提拉这样凶猛的巨兽！地中海的风吹来了东方的乌云，虽然匈奴人并未追随着日耳曼人杀过来，但是埃底乌斯心里明白，这一战已经在所难免。

入侵罗马：阿提拉进兵高卢

公元447年的一天，阿提拉坐在城堡内，感觉到了大地忽然颤动起来。虽然颤动很短暂，他还是派人出去打探。不久，城外传来了消息：东罗马帝国境内发生了大规模地震。阿提拉抿嘴一笑，赶紧打开面前的地图，把罗马的版图圈了起来。

"太好了，罗马终结的日子终于到来了！"他激动地呼喊着，并立刻召集将军们召开会议。

"您认为现在真的是好时机吗？"有的将军提出了异议。

阿提拉心情很好，悠然地说："你们听过一个传说吗？传说罗马建城时曾出现了12只秃鹫，每只秃鹫代表100年，这表示罗马的气数一共有1 200年。掐指一算，现在罗马人已经历经1200年的风雨沧桑，如今该是罗马气数终结的时候了！"

听闻此言，将军们纷纷点头，"这么说来，难怪东罗马帝国会发生地震呀！"

"没错，此刻就是我们出兵的最佳时刻！"阿提拉一边兴奋地说着，一边攥起了拳头。

阿提拉率兵从多瑙河上的布达城（今日的布达佩斯）出发了，他觉得自己顺应了天意，自己一定能够取罗马而代之。不久，阿提拉的军队与东罗马军在乌图斯河上相遇，双方展开决战。此战匈奴军取得了胜利，但阿提拉的损失也不小。继续策马向前，阿提拉发现君士坦丁堡城防坚固，实在难以攻占，于是在和希腊人试探性地交战后，他决定暂时退兵。看起来，东罗马帝国这块骨头不如想象中容易啃，阿提拉不想苦战，便将目光转向西方。

这时的西罗马帝国远比东罗马帝国要弱小许多，有大片领土被哥特人、法兰克人及汪达尔人占领，看起来支离破碎。如果能先消灭西罗马，再攻占东罗马就比较容易了，到时统治整个欧洲也是有可能的了。阿提拉如是认为，便打起了西罗马的主意。让他更有信心的是，此时西罗马帝国的当权者是阿提拉从小一起长大的老朋友——埃底乌斯。

他和这位老朋友的关系很不错。早在公元445年，阿提拉第一次入侵东罗马帝国的时候，埃底乌斯就没有阻止过他，这位好友甚至奉送给他"士兵大统领"的头衔。他不确定埃底乌斯这么做是否出自真心，但他知道埃底乌斯不讨厌匈奴人，也从不害怕因为和匈奴人交好而引起同胞的非议。如果阿提拉果真出兵西罗马帝国，这位老友会作何反应呢？阿提拉相当期待看到他的表情。阿提拉只等着一个出兵的契机。

这个机会很快就来了。高卢东北部的法兰克部落发生了分裂，他们内部出现了两派争权，一派向匈奴称臣，一派则向罗马纳贡。征服法兰克人吧，这看起来是个不错的主意！阿提拉决定入侵高卢。当然，他的胃口一点儿也不小，小小的法兰克只够塞牙缝的，他的下一步计划是以帮助西罗马帝国的名义西进，顺便消灭割据高卢西南的西哥特王国。他认为，以自己和埃底乌斯的交情，罗马人不会存有戒心，高卢和西哥特会顺利落入自己的囊中。然后，他想要最后征服意大利也易如反掌了。为了早日作好准备，阿提拉甚至还联络上北非的汪达尔人，约定届时一南一北，夹击西罗马帝国。但此时出现了一桩意外。

这件事打乱了阿提拉起初的部署。多年前，在意大利的拉韦纳出了一桩宫廷丑闻。西罗马皇帝瓦伦提尼安三世的妹妹霍诺莉娅公主16岁时怀孕了，孩子的父亲是她的侍从官欧格尼。瓦伦提尼安三世砍了欧格尼的脑袋，把公主幽禁了起来，这一关就是十几年。

霍诺莉娅渴望有一天能逃出牢笼，思前想后，她认为全世界只有一个人敢做出违背罗马帝国的事，那就是阿提拉。这年是公元450年，阿提拉意外地收到了霍诺莉娅公主的戒指，顿感兴奋异常。因为公主许诺，只要阿提拉救她出来，自己便以身相许。这个诱惑实在太大了！因为这位霍诺莉娅公主是拥有继承王位权利的，并且早就享受了"奥古斯都"的尊号。

有美人还有江山，这样的好事谁会拒绝？

阿提拉准备去罗马迎救霍诺莉娅公主，他先礼貌地派人向西罗马皇帝表达了自己的意愿，不出所料地遭到了回绝。他也不生气，只是马上组建了一支庞大无比的军队，这或许是历史上最大的"迎亲"了，匈奴帝国属下的各欧亚民族都全副武装起来，浩浩荡荡开向西方，据说总数超过了50万人。这个说法也许夸张了些，但这支队伍的数量肯定相当可观。

行军途中，阿提拉派人到拉韦纳的罗马宫廷去下最后通牒，希望他们能主动交出公主。瓦伦提尼安三世依然没有同意，他怎么可能同意呢？这个男人是要求半个帝国作为公主的嫁妆呀！既然如此，阿提拉只好对西罗马帝国宣战。他向高卢进军了。

曾以为阿提拉的目标只是西哥特王国的罗马人，此时得知阿提拉的真正意图后，西罗马人赶忙在高卢地区组织起防御。可是谁能抵挡"上帝之鞭"阿提拉呢？

尽管有着担忧，罗马人内心挣扎了许久，还是挑选了埃底乌斯。他被任命为高卢的前线司令官，即刻负责整顿军备，抵御匈奴的进攻。

风卷残云：无人能挡的匈奴骑兵

美丽碧绿的多瑙河的宁静被阿提拉的一声号令打破了。从伏尔加河到多瑙河的匈奴部落和蛮族藩邦倾巢出动，因为他们接到了阿提拉的动员令。这些部落很有效率，马上派兵开往莱茵河畔。

当阿提拉率领大军渡过莱茵河时，匈奴联军的人数据称已经达到70万。匈奴人和蛮族人所到之处，高卢名城逐一陷落，有的还惨遭屠戮和焚毁。在攻陷法兰克城市梅斯以后，阿提拉派出一路军队沿塞纳河向西进军，而他自己则率领一支部队南下，前往名城奥尔良。手拿着战报，听着将士们述说着匈奴人的彪悍和肆虐，埃底乌斯深深叹息着。他不想与阿提拉作战，但是照这种情形来看，两人之间的友谊在国家大义面前，终究还是显得单薄了。

"看来，我们要去求西哥特人了。"他愁眉不展，但心里已有了策略。

"可西哥特王是我们的老对手呀，他会帮助我们吗？"部下的表情更加惆怅。

埃底乌斯点点头又摇摇头，说道："不管怎样，这是抵抗阿提拉的唯一途径，不然西罗马帝国真的等着他来宰割吗？"

听闻此话，部下退了出去，按照他的指示前往西哥特。西哥特王提奥多里克和埃底乌斯打了20多年的仗，埃底乌斯此次是要请求他和自己联合起来，组成一支联军。这看起来是个下策，但匈奴军队实在非常强大，埃底乌斯深知单凭西罗马的力量难以与之抗衡。唯一的解决之道，就是同西哥特人等蛮族联合起来，同自己一生的敌人摒弃前嫌，一同来对抗自己一生的老友。这不是一件容易的事，但他必须这么做，因为埃底乌斯和阿提拉其实属于同一类人，他们都是为了一个伟大的目标，可以将个人感情忽略不计的。另外，作为现在西罗马帝国的实权人物，埃底乌斯也不甘心成为昔日老友的臣属。

目前的难题是，怎样说服西哥特王提奥多里克，打消他对罗马人一贯的警惕心理。埃底乌斯的使者苦口婆心，向西哥特王说明了"唇亡齿寒"的道理，但还不能让他下定决心。偏巧这时，阿提拉也派人到来，劝说提奥多里克和他合作。两边都想拉拢，提奥多里克有些无所适从了，他一时半会儿无法断定是非曲直，只好暂时按兵不动。

公元451年春，正当提奥多里克举棋不定时，阿提拉率军渡过了莱茵河。这支匈奴大军被阿提拉分为了三部分，右翼从今天的比利时境内攻入阿拉斯，左翼

★西哥特王提奥多里克画像

从摩泽尔河上的梅斯进攻，中央兵力经巴黎攻向奥尔良。这些匈奴人大多野蛮残暴，一路上烧杀抢掠，兰斯、梅斯、阿拉斯等各罗马城市都被摧毁。

阿提拉围攻军事重镇奥尔良，让提奥多里克见识到了匈奴人的厉害和残忍，他有些害怕了。埃底乌斯看准时机，派出和提奥多里克有故旧之情的元老阿维图斯抵达了西哥特。

"你今日是来劝我和埃底乌斯合作的吧？"提奥多里克倒很直白。

阿维图斯轻轻摇着头，说道："我不是来劝您的，我只是想告诉陛下，不要忘记当年西哥特人是如何被匈奴人击败而被迫西迁的。今天匈奴人更加凶残了，他们在所到之处无恶不作、倒行逆施！如果您还想要保卫国土，那么就应当知道如何做才是正确的。"

提奥多里克脸色凝重，他终于下定了决心。"我明白了！你说得对，我们西哥特人会与匈奴人决一死战，洗雪百年国耻！这不是为了罗马，而是为了保卫我的国家和人民。"

联合了西哥特这个强大的同盟后，埃底乌斯四处奔走，施展他高超的政治才能去游说被匈奴人蹂躏的西罗马帝国的所有蛮族。他的目的是要建立一个抗击匈奴的统一战线。

因为大家都意识到单凭自己的力量无法对抗匈奴，于是一个接着一个加入了阵营。高卢和西班牙各地的日耳曼蛮族，和不列颠的凯尔特部落都派兵来援。埃底乌斯的罗马联军如今已经达到50余万人，他们终于有能力和匈奴人决战了。

盾牌防线：勇猛的西哥特人

阿提拉得到了罗马联军逼近奥尔良城的消息，他立刻下令撤围北去，同时命令在高卢各地劫掠的匈奴部队即刻向香槟高原集结。埃底乌斯率领大军尾随阿提拉直至马恩河畔的沙隆附近，两军相遇，一场大战即将开始。

望着脚下一望无际的冲积平原，和不远处蜿蜒流过的马恩河，以及河岸两边高大的白杨树，埃底乌斯心情复杂。他整理着自己的情绪，告诉自己，真的要和阿提拉兵戎相见了。

这是一场匈奴人和罗马人之间的战争，双方动用的兵力都超过了10万，规模相当惊人。但令埃底乌斯和阿提拉都备感尴尬的是，他们彼此军队的组成其实大同小异：将士们大都是欧洲各蛮族的雇佣军，真正的匈奴人和罗马人只占了很小一部分。

阿提拉将瓦拉米尔指挥的军队布置在了左翼，把阿尔达里克指挥的军队放在了右翼，阵营的中部布置的是最精锐的匈奴人及阿兰人。另一边，埃底乌斯率领的罗马联军方面也开始了排兵布阵。埃底乌斯亲率罗马军团组成了左翼，右翼交给了西哥特军队，中部阵线布置的是阿兰人和其他蛮族。阿提拉看到老友埃底乌斯这样的布局，嘴角扬起了微笑。

"你们看出埃底乌斯布兵的问题了吗？"他问手下的将领。

"他好像把实力最弱的队伍放在了中路，如果我们从中心突破，想必很快会把罗马阵线拦腰斩断吧！"一个将领回答道。

"说得没错，那么，你们知道等下该怎么做了吧？"阿提拉笑容满面。

埃底乌斯这样部署的确相当冒险，阿兰人和其他蛮族可以说只是乌合之众，把他们放在战线的中间，非常容易被匈奴军队从中心突破。不过，埃底乌斯的想法是，如果匈奴部队真的从中心突破，只要借鉴坎尼战役的经验，他们也有被罗马人从两翼包抄的危险，说不定就能险胜。面对他的老朋友阿提拉，埃底乌斯没有按照常规布兵，他走出的是一步险棋。

战争的号角终于吹响！阿提拉亲率匈奴精骑居中，迅速发动进攻，在遮天蔽日的箭雨掩护下，匈奴骑兵风驰电掣一般冲入罗马联军的中央，撕裂开由各蛮族的乌合之众组成的中央阵线。没过多长时间，罗马人的中部阵线被匈奴骑兵以楔形深深插入，死伤惨重。

这时，阿提拉下令匈奴骑兵向左旋转，向后包抄西哥特军队。会采用这个策略，是因为他知道罗马军团早已不比从前，战斗力并不强，联军之中也只有西哥特人能和匈奴人匹敌。阿提拉希望能赶紧将其歼灭，如此就能胜券在握了。不一会儿，在他的授意下，匈奴联军的两翼也一起压上来，罗马阵营一片混乱，罗马人岌岌可危。阿提拉没有看错西哥特人的实力，这时，西哥特人开始反击了。

年过60的西哥特王提奥多里克亲率铁甲骑兵冲向匈奴人，结果他不幸中箭落马，瞬时被紧跟其后的西哥特铁骑践踏至死。这下，失去首领的西哥特人出现了慌乱，但慌乱只持续了很短暂的时间，在王子托里斯蒙的指挥下，西哥特人迅速恢复了秩序。

西哥特骑兵作战手法凌厉，他们将匈奴人的冲锋渐渐压了回去。慌不择路的匈奴骑兵往回退，却迎头撞上了左翼罗马军团的盾牌防线，一个个倒在罗马标枪的枪头之下。与此同时，西哥特铁骑对匈奴左翼发起了冲击，东哥特人抵挡不住冲击，纷纷败逃。

负隅顽抗：埃底乌斯的一念之差

阿提拉败走的这一夜，天空格外漆黑，仰头望去没有一颗繁星。由于四周一片黑暗，本来两军的组成就差不多，深夜中更加难以分辨，匈奴人小心翼翼地撤退，罗马人迷迷糊糊地追击，零零散散的冲突和误会经常发生，就这样残余的战斗持续了一夜。在这样的环境下，双方的军队都陷入了混乱，将领找不到军队，军队找不到将领，身边是敌是友都分不清了。黑暗中，乱箭四处穿梭，人仰马翻，哀号震天，久经沙场的老兵们也感到了毛骨悚然。

趁着夜色，匈奴残军撤回马恩河畔的营地，阿提拉下令将匈奴人的大篷车首尾相连，组织弓箭手密布其间，形成了一道相当坚固的防线。但这也只能起到微小的作用罢了。

罗马人一直追击着匈奴人，但是一度异常混乱。据说西哥特托里斯蒙王子被一群人裹挟着，不知怎么被带入了匈奴车城中，他历尽千难万险才逃了出来。埃底乌斯带领着军队想要冲到前方，重建中央战线，结果自己和军队分散了，后来还误入匈奴军中。他发现窘况后，想方设法逃到西哥特人的营地里过了一夜。

这一夜，令匈奴人和罗马人都终生难忘。一位当时在场的士兵感叹说："那是一场凶恶、复杂、顽固和血腥的战争，古往今来，再也没有任何一场战争能够与之相比。"人们终于等到了第二天太阳的升起，双方开始清扫战场，这时放眼望去，结局已经很清楚了。匈奴人失败了。

部分匈奴军被逼回了车城中，罗马联军将车城包围了起来。据说双方各自的死亡人数在15万以上，这个数字显然是被后人添油加醋过的，但是比之罗马人，匈奴人的损失的确惨重。

此时的阿提拉如一只困兽，缩在营垒里负隅顽抗，面对着罗马人的围攻，他却依然斗志不减。阿提拉已经无力突围了，他清楚地知道自己现在处于瓮中之鳖的境地，但车城还非常坚固而难以突破，他还怀抱着希冀。不过罗马联军就算是守而不攻，过几天也可以让匈奴军饿死在车城内。

西哥特人继续围攻阿提拉，想要割断他的头颅，为死去的西哥特王报仇。托里斯蒙王子率西哥特骑兵几次攻击，却都被乱箭射了回来。这时埃底乌斯召开了联席军事会议，大家七嘴八舌地讨论如何攻入车城，有的人主张强攻，有的人主张围困。埃底乌斯一直没做声，他心里在想什么没有人知道，良久，他没有提出有效的攻打车城的方案，而是侧过头对托里斯蒙说了一句话。

"王子，您现在是否应该立刻回国坐稳王位呢？要知道，夜长梦多啊。"埃底乌斯一语惊醒梦中人。

托里斯蒙连连点头，马上率军赶回西哥特。西哥特人离开后，罗马阵营顿时显得有些势单力薄了，大家围困阿提拉的兴趣也没有那么大了。几天之后，在埃底乌斯的默许下，围困车城的罗马联军四散离去。埃底乌斯就这样放过了阿提拉？

他为何要这样做，实在是令人费解。世人都知道埃底乌斯有超出常人的政治眼光，他不会草率作这个决定。其实，埃底乌斯一直认为西罗马帝国的心腹大患

★托里斯蒙在战场上即位

不是匈奴，而是高卢。留着匈奴这个外患可以让西哥特人有所忌惮，从而能和罗马帝国继续合作。

如果阿提拉死了，匈奴帝国势必崩溃，到时高卢蛮族们难免会掉转矛头对付罗马帝国。而且经此一战，西哥特人势必威名远扬，没有了匈奴人的制约，罗马以后会更加难以控制他们。另外，除去政治上的因素，或许埃底乌斯不想将他多年的好友阿提拉置于死地。他放他一马，实际上只是一念之差。

可正是这一念之差，给西罗马帝国带来了后患。沙隆之战是阿提拉生平第一场也是最后一场大败，战后阿提拉回到东方草原上重整旗鼓，积极整顿军备。

第二年，阿提拉便率军越过阿尔卑斯山，意大利北部城市几乎都被夷平。这一次西哥特人再也不想出兵，埃底乌斯此时也无计可施了。不久匈奴人兵临罗马，西罗马皇帝仓皇逃走，阿提拉攻入皇宫，罗马主教利奥一世硬着头皮去请求阿提拉不要伤及无辜。据说，阿提拉居然被他感动而主动退兵，后来还皈依了基督教。从此罗马教权大盛，中世纪的教皇制度就此兴起。

公元453年，阿提拉迎娶了一位日耳曼族的新娘，他在婚宴上喝得酩酊大醉。第二天，众人见他血管爆裂，已倒在血泊中气绝身亡。阿提拉死后仅仅一年，东哥特人和其他蛮族起兵进攻，没有了杰出领袖的匈奴帝国走向了穷途末路。

埃底乌斯的悲歌

有的人，一生就是一个悲剧；有的人，是由悲剧成就了他伟大的一生。埃底乌斯是前者，还是后者？作为西罗马帝国最后一位名将，埃底乌斯被后人尊称为"最后的罗马人"，不过在他一生的绝大多数光阴里，他都被国人当做半个匈奴人看待。

他的父亲是一位罗马将军，他少年时不幸在匈奴王卢阿的帐下当了人质。虽然他是人质，却在这段时间内得到了卢阿等匈奴领袖的赏识，也正是这个时期，他和年少的阿提拉成为了好友。这两人的个性和处世方式都不太一样，但却惺惺相惜。他们彼此是朋友，也是这辈子最强劲的对手。

后来，埃底乌斯回到罗马，成为了一名罗马军官。他为了西罗马的安定，同在高卢的哥特人、法兰克人等日耳曼蛮族作战。这时，他利用了与匈奴人的关系，联合匈奴从莱茵河的东西两面一同打压日耳曼人，屡立战功。他获得了西罗马皇帝的赏识，一直用身家性命努力捍卫着西罗马帝国岌岌可危的北疆。因为阿提拉的关系，他对匈奴人比较信任，当他在罗马遭到敌对势力的迫害时，他想也不想就到匈奴人那里寻求庇护。匈奴人对他也不错，他们帮助埃底乌斯不断升迁，阿提拉上台的时候，埃底乌斯已经成为了西罗马帝国的"副执政"。

埃底乌斯与阿提拉开始有来有往，他给阿提拉的宫廷里引进罗马精英，此后还送给了他一个行省，他情愿和匈奴保持良好的关系，因此在阿提拉几次进攻东罗马帝国时，他也从未对自己的兄弟施以援手。

公元436年，勃艮第人试图借巴高达骚动侵占更多的领地。当时的埃底乌斯招来了匈奴人干涉，约20 000勃艮第人被匈奴人屠杀。公元440年，埃底乌斯基本都忙于应付高卢与西班牙地区的麻烦。他在几十年的时间里，一直都是西罗马帝国真正的执政者。后来将埃底乌斯推上了事业巅峰的，正是沙隆之战。

沙隆之战后，埃底乌斯的事业如日中天。在大家的赞美声中，他有些飘飘然了，丝毫不掩饰对年幼的皇帝瓦伦提尼安的蔑视。瓦伦提尼安即位时年纪很小，人格卑劣，是个心胸狭窄的人，早就不满埃底乌斯的轻慢态度。原本，埃底乌斯的儿子和瓦伦提尼安的女儿订有婚约，公元454年的一天，瓦伦提尼安却提出要毁约。埃底乌斯觉得奇怪，便亲自面见瓦伦提尼安，认为皇帝应当履行诺言才对。面对埃底乌斯的严厉措辞，瓦伦提尼安被怒气冲昏了头，他一剑刺入埃底乌斯的胸膛，血溅当场。见此情景，宫廷的佞臣们也一拥而上。一代名将埃底乌斯就这样被杀死在罗马宫廷。

这个消息很快传开了，整个欧洲为之震惊。埃底乌斯的朋友和敌人都扼腕叹息，纷纷为他的离去而感到惋惜。特别是西罗马帝国的大臣们，他们为埃底乌斯感到愤怒和悲伤。在瓦伦提尼安面前，一位大臣直言不讳地说："我不了解陛下和埃底乌斯的过节，我只知道您刚刚用左手砍掉了右手。"瓦伦提尼安迷茫地瞪着臣下。一年后，瓦伦提尼安被一个匈奴族侍卫刺杀身亡。而失去了顶梁柱的西罗马帝国，苟延残喘了20年，最终被西哥特人灭亡了。

阿提拉的身后事

阿提拉的死带走的不仅仅是匈奴人的眼泪和叹息，他还带走了匈奴的盛世辉煌。阿提拉突然离世后，他的几个儿子开始争权夺利，一夜之间匈奴陷入分裂混战。这次混战持续了许多年，也没能有一个结果。不到十年内，在缺少杰出统领的情况下，庞大的匈奴帝国终于土崩瓦解，匈奴的辉煌跟随着阿提拉的灵魂消散在了风中。失去了伟大帝国归属的匈奴人，将去往何方呢？

四分五裂的匈奴人一部分融合在欧洲各国，另一部分退回到了亚洲草原，去寻找他们最初的梦想了。历史舞台上盛极一时的匈奴人很快销声匿迹，再也没有对欧洲形成任何威胁。

紧随着匈奴帝国的崩溃，西罗马帝国也显露出衰败之态，迅速走向了灭亡。西罗马帝国国内早就没有了安宁，瓦伦提尼安皇帝心胸狭窄，他对在沙隆之战后居功自傲的埃底乌斯毫无好感，两人矛盾日益激化。在阿提拉死后，匈奴人的威胁消失，瓦伦提尼安便开始琢磨着如何除掉埃底乌斯，他在公元454年得偿所愿，借故将埃底乌斯杀死，干了斩断自己手臂的蠢事。次年，皇帝本人便被刺杀。从此罗马政局大乱，混乱的局面无人可以收拾。

趁此机会，日耳曼蛮族势力扩张，汪达尔人洗劫了罗马，西哥特人南下攻入西班牙，法兰克人也在莱茵河两岸扩张领土，如此一来，帝国的土地渐渐被各个蛮族瓜分殆尽。公元476年时，一个哥特酋长奥多亚克得到了东罗马皇帝的默许，废黜了最后一位名义上的西罗马皇帝罗慕路斯·奥古斯图卢斯。表面上，整个罗马帝国从此归于东罗马皇帝统治。但事实上，西罗马帝国就此灭亡了，这片领土上的文明渐渐被人遗忘，蛮族统治了整个西欧。

世间万物发展皆有因果联系，匈奴和西罗马的陨落，其实从沙隆之战开始就已埋下了伏笔。沙隆之战遏制了匈奴帝国的西扩，阻挡了阿提拉的脚步，但却间接促进了西罗马帝国的灭亡。

这场会战并非为了正义而战，它并不像许多西方学者宣称的那样，是一场文明对野蛮的保卫战。因为即使阿提拉在当时取得了胜利，最后的结果也不会变得比此后更糟。高卢即便落入阿提拉之手，匈奴也仍然距离征服西方帝国有很长一段路。退一万步来假设，即使阿提拉能够征服欧洲，建立大一统帝国，这个帝国也不可能持久。

阿提拉终究会死，在他死后，匈奴帝国照样会随之分崩离析。四散的匈奴人仍然会融入欧洲的各个国家中，同其他蛮族一起逐渐接受基督教和古典文明的残余。最有可能的不同，大概就是阿提拉的后裔会居住在今天的法国、德国和其他欧洲各国的土地上罢了。可见，无论当初沙隆之战的结局如何，会随着历史尘埃灰飞烟灭的东西，一样也不会少。伴随着沙隆之战中匈奴人的战败和阿提拉的死去，欧洲的匈奴人从此消弭在滚滚尘土中。

★沙场点兵★

人物：阿提拉

阿提拉是古代欧亚大陆匈奴人最伟大的领袖和皇帝，他被西方史学家称为"上帝之鞭"，曾一度成为野蛮和残暴的代名词。当年27岁的阿提拉与他的兄弟布来达一同继承了帝国的王位，直到公元436年他无情地谋杀了自己的胞兄，登上了皇位。阿提拉很有野心，更富于侵略性，而且头脑灵活、才智超群，他年轻时作战就很勇猛，称王之后则依靠头脑和武力，完成了对北方的征服。此外，他也拥有高超的政治外交手腕，能够迷惑自己的敌人。据记载，他身材矮胖，双肩很宽，脖子粗短，头颅硕大，有着粗硬的黑发和稀疏的胡须，鼻子扁平，长着一双锐利的黑眼睛。可正是这样一个人，亲自率领军队两次入侵巴尔干半岛，包围君士坦丁堡，远征至高卢，并攻向意大利，在公元452年攻陷了西罗马帝国首都拉韦纳，赶走了皇帝瓦伦提尼安三世。他一生辉煌，后世的匈奴人无人能及。

武器：标枪

标枪是人类历史上有据可考的最早的远程兵器之一，它一般由镖头和枪杆组成，有些装有起平衡作用的尾翼。标枪的镖头由金属打制而成，有锥形和长水滴形等形状，使用时，镖头需要套装在枪杆上。标枪的枪杆通常用硬木、竹竿或金属制成。标枪常常与盾牌配合使用，它的出现弥补了近身武器的不足。后来随着弓弩的出现，标枪开始渐渐退出历史舞台。但14世纪之前，标枪一直是许多国家军队的制式装备。

世界上著名的古罗马兵器中的一个就是重标枪，它跟短剑一样出现于公元前3世纪。而此战中，罗马军团的步兵就配备了标枪和盾牌，两者联合起来使用，对匈奴人的骑兵阵营造成了不小的打击。

战斗开始后，当西哥特骑兵冲锋成功之后，无数的标枪便会被罗马军团的步兵投掷出去，在匈奴人的阵营中打开突破口并打击他们的士气。除了此战，古罗马军队还曾使用过其他类型的标枪，但是用到最后的也就是这种重标枪。这种标枪容易投掷，它一半是金属杆，一半由木头制成，穿透力很强，其总长度约为七英尺。据说重标枪最大投射距离约60英尺，但实际上往往没有人能投出这么远。

战术：骑兵冲锋

骑兵在战场上的最大作用，就是冲锋。在战场上何时派出骑兵冲锋，如何冲锋，是一个战术问题。在此战中，西哥特王提奥多里克亲率的铁甲骑兵则充分发挥了骑兵冲锋的作用，将这个战术运用在抵御匈奴人的进攻上。

最好的防御就是进攻，西哥特骑兵显然很明白这一点。对于这些骑兵而言，速度就是生命。一般情况下，西哥特骑兵一次成功的冲锋就能让敌人阵形混乱，一旦敌人阵形混乱，他们便迅速撤离，让标枪兵冲入敌阵，他们在旁边协助攻击。

而此战中，由于匈奴骑兵的战斗力也很强，西哥特骑兵适当地采用地正面攻击的骑兵冲锋战术。因为高速冲击能够给予敌人强势的打击，所以他们一次冲锋不够，还会接着进行几次冲锋。遇到较为狭窄的阵地，或者面对比较厚的匈奴人阵线时，西哥特骑兵的冲锋是存在拨次的，第一拨冲击和第二拨冲击需要间隔约50米，这样能保证第一拨冲击后为第二拨让出冲击通道。另外，每个拨次的西哥特骑兵之间的间隔约保持在五米以上，第一拨骑兵负责撕开防线，第二拨负责穿透阵线，如果不成功还有第三拨、第四拨紧随其后。

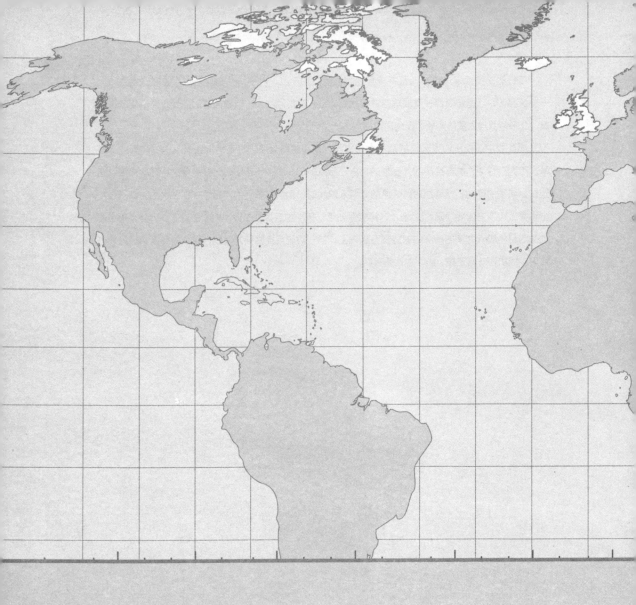

周密筹划的巅峰对决
THE CLASSIC WARS

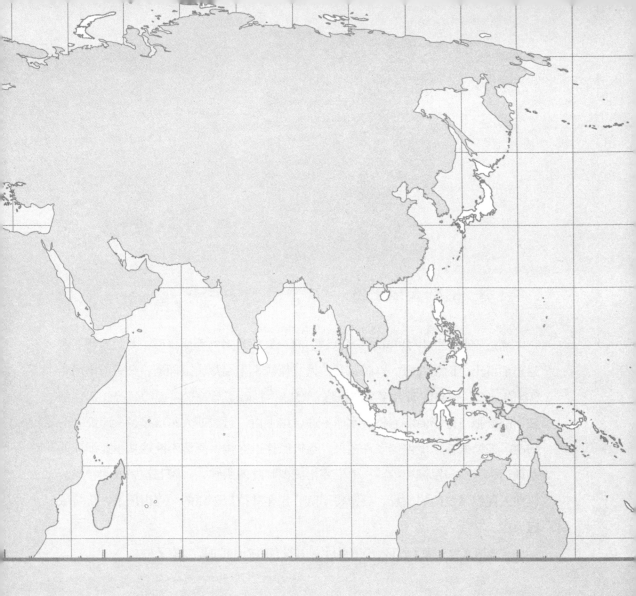

第五章

马拉松战役
——希腊人的崛起

　　▲公元前 490 年一队波斯军队打破了爱琴海边马拉松平原的宁静，企图从这里开始征服希腊，他们遭遇到了希腊人的顽强抵抗，虽然在兵力上占据绝对优势，却没能突破希腊军队坚固的防线。最终希腊人以少胜多，赶走了不可一世的波斯人。

前奏：波斯大军来袭

　　靠近雅典东北42公里的爱琴海边，有一处新月形的秀丽平原，希腊人背靠着这里的群山，面朝大海，春暖花开。盛夏流转，幸福却转瞬即逝，公元前490年9月的一天，一支波斯大军突然在这里登陆，打破了马拉松平原的寂静。六百艘波斯战舰把月牙形的海湾挤得水泄不通，岸上由三万波斯大军筑起了一座庞大的堡垒。波斯人在这里停留了许多天，运输船往返穿梭，源源不断地从小亚细亚的基地运来人马、军械和给养。他们露出虎视眈眈的眼眸，睥睨着希腊人的脊梁。雅典人闻到了危险的气息，赶紧将军队驻扎在马拉松平原的一座山顶上，纷纷皱起眉头。

　　"波斯人怎么来了？这一次的海上风暴没有阻挡住他们，实在不妙。"

★ 今天的马拉松平原

"让他们来吧，我们是不会给他们土和水的！"远处的斯巴达的战士们高昂起头。

在他们眼里，波斯人并不值得畏惧。这缘于波斯人引以为耻的一个笑话。公元前492年，波斯曾派遣使节到希腊索取"土和水"，态度骄横无礼。希腊人本生性骄傲，自然不愿屈服，甩手便将波斯使节投入井内，叫他们尽情取用"土和水"。波斯皇帝立刻派出第一批问罪之师沿色雷斯海岸南下，但他们在海上遭遇飓风，几乎全军覆没。波斯骄横之师竟在阴沟里翻船了，希腊人的嘲笑让波斯人面露青筋。

于是，波斯皇帝大流士带领着波斯人卷土重来。公元前490年，大流士派出600艘舰队攻入厄立特里亚。说起大流士此人，他不是单纯的军事家，而是个依

★波斯皇帝大流士雕像

靠阴谋夺取了王位的奸人，为人狡猾凶狠，在波斯帝国一个人说了算。对内他不断排除异己，对外他有一颗狼子野心，对于波斯帝国仅用28年就从小国寡民发展到帝国的霸业仍不满足，还没把版图上的小亚细亚、叙利亚、巴勒斯坦、埃及、色雷斯等广大地区看熟悉，就打起了希腊的主意。

有了这样一个皇帝做总指挥，希腊城邦好日子到头了。波斯军队采用跳岛战术，占领了爱琴海上几个具有战略价值的岛屿，准备好了后勤补给，就迅速挥师北上攻入厄立特里亚。尽管奋力抵抗，厄立特里亚这个小城邦还是在叛徒的出卖下陷落了，城市被焚毁，居民沦为奴隶。波斯人尝到了鲜血的甜美和掠夺的快感，马不停蹄地来到了雅典东北部的马拉松平原。五万之众的波斯军队气势如虹，根本没把眼前不过万人的雅典部队放在眼里。虽然雅典人背后有斯巴达的勇士，但是勇士们此时鞭长莫及，援军迟迟不到，这样实力悬殊的形势，令波斯人早早露出了胜利的微笑。

此刻的波斯人并非轻敌，而是胸有成竹。他们实际上早就谋划出很高明的战略：

★雅典城遗址

谋略者和雅典城里的主和派早已取得了联系，利用这些主和派想要夺取雅典的统治权的政治阴谋而达成合作关系，所以波斯军队没有在雅典附近登陆，而是在离雅典有一段距离的马拉松海湾登陆。他们的目的是把雅典军队引出城，再让波斯隐匿在雅典城里的第五纵队占领城市，然后在野战中消灭失去根据地的雅典军。

当然，雅典人里存在着主战的中坚分子，而波斯人连这点也考虑到了。如果他们坚守不出，那么波斯人可以从容不迫地兵临城下长期围困，这样雅典人只能坐以待毙；如果雅典人出战，那么就不得不跋涉40公里来到波斯人选定的战场，打一场波斯人擅长的野战。要知道，马拉松平原开阔的地形非常适合波斯骑兵的迂回战术。看起来，无论怎么算，都是波斯人技高一筹。

雅典士兵焦虑不已，他们居高临下俯视整个平原，每日观察波斯军队的一举一动。看着山下的波斯人一脸悠闲不急于出战的模样，雅典人更加忧惧，因为拖的时间越长，波斯海军运来的部队就越多，如果等到爱琴海对岸的小亚细亚那里的十万波斯军队被送过来，雅典军队就真的毫无退路了！情况危急万分，却没有克敌良策，山上的雅典营地里，气氛异常紧张，人人都是一脸的凝重。

雅典军队的首领卡利马什数来数去，身边只有区区一万人，这就是他全部的家底。他愁眉不展，犹豫着是否应该决战，这时，一位面色坚毅的将军走到了他的面前，朗声道："现在整个雅典的命运握在您的手上，您必须决定是甘愿被波斯人奴役，还是奋起抗争。波斯人很强大，但我坚信雅典人胜过波斯人百倍，胜利一定属于我们！"

这番话终于让卡利马什坚定了决战的信心，他紧紧握着这位将军的手，并将雅典军队的未来交给了他。这个人没有让雅典人失望，他就是雅典的英雄——米太亚得。

天降大任：米太亚得横空出世

"我们兵力还是不够啊，还是向斯巴达人求助吧！"米太亚得思考着。对于波斯人的实力，他心里十分明白，也深刻地意识到单凭雅典人自己的实力很难与其较量，多番考虑过后，他还是决心派人去向斯巴达求援。大战开始的前一天，他悄悄派出擅长长跑的士兵菲迪皮茨向斯巴达求助。这位勇士要是在今天肯定能成为奥运会长跑冠军，他在48个小时里跑了150英里的距离抵达了斯巴达人的军营，斯巴达人同意出兵援助，但由于他们正在举行卡尔涅亚祭祀，所以在满月后才能出兵。

得到这样的消息，米太亚得十分惆怅，他们怎么可能坚持两个月呢？"看来，我们只能靠自己了！"他拍案而起，向众将士宣告道："即便面前有再多的波斯人，我们也必须和他们决战！"发出如此豪言壮语，米太亚得并不是在干吆喝，他是有抵抗波斯人的信心的。

米太亚得出生于雅典一个最古老的家族，他的家族非同一般，年轻时他还曾经作为藩属参加过波斯的军事行动。他既帮波斯人作过战，也和波斯人作过战，因而他对于波斯军队的组织和优劣十分了解。

另外，米太亚得与波斯人和希庇亚斯存有深仇大恨，因为前者夺取了他的城市，后者杀死了他的父亲。如今他的两大敌人走到了一起，就在敌人的阵营中等待着他。现在，正是他报仇的时候了！

在整个雅典城里，只有米太亚得最了解波斯，也只有他有一个完整清晰的战略计划。毫不夸张地说，他是马拉松战役的设计师。排兵布阵前，他仔细观察了波斯军队，将他们的弱点分析给属下们听。

"你们看，波斯军队虽然声势浩大，人多势众，但他们中的大多数士兵是被胁迫参战的，这些番邦士兵士气低落，协同作战能力远不如正规军！帮忙壮大一下声势是可以的，但如果站在真正需要以死相拼的战场上，他们极有可能丧失斗志，在危难时刻溃不成军。"

"这么说来，他们不一定拥有绝对的胜算。"有人表示了认同。

米太亚得继续说道："另外，你们知道吗？几年前被驱逐的雅典国王希庇亚斯投奔了波斯，现在是大流士的高级顾问。这个老匹夫不仅向波斯人献上完整的希腊地图，还为此次的波斯远征军出谋划策！马拉松这个登陆点，就是希庇亚斯这家伙选定的。这样可耻的叛徒，我们怎么能放过他呢？"

"好，既然如此，大家就拼死一战吧！无论结果怎样，我们都会跟随您的步伐的！"将士们群情激奋，都攥紧了拳头。米太亚得顺利地激发了将士们的斗志，随即率领军队奔往山下的战场。

众望所归：布拉的的援兵

"看，那边是什么人？"军队中，有人冲着后方嚷道。米太亚得抬头眺望，脸上露出了欣喜的笑容。"太好了，那是布拉的人啊！"

原来，一支援军出人意料地到达了。他们是来自希腊小国布拉的的军队，由于多年前雅典曾经帮助他们打退了邻国的侵略，布拉的一直心怀感激。这次当他们得知雅典有难，立刻发兵前来支援。不过布拉的的援军只有一千人，尽管人数很少，但也极大地鼓舞了雅典人的士气。

"波斯人欺人太甚，我们会和你们共同作战，您尽管差遣我们的将士吧！"布拉的的将军对米太亚得说道。

"你们的到来太及时了！"米太亚得握住他的手。

走上战场，雅典人要开始布置阵线了。至此，雅典这方参战的人数共有一万一千人，全部是重装步兵，按照惯例他们应当在西侧排出八行纵深的密集方阵。观察一番不难发现，马拉松平原中间地势较高，但此时正逢雨季，只有中间地带没有积水，而战场两边都是泥沼地。这样的环境看似不利于双方对阵，但其实可以善加利用。为了使雅典的阵线不被波斯骑兵从两翼迂回，米太亚得作出决定：削弱中央方阵的力量，将雅典阵线向两侧延伸，让两边的泥沼地成为天然屏障。

会如此布置，米太亚得是考虑到希腊重装方阵的威力很大，如果希腊人靠着其紧密的队列和全身精良的装备进行正面冲锋，肯定锐不可当。但如此一来，希腊人的两翼会是其致命弱点，如果自己的军队能对希腊人的两翼进攻或者包抄，他们的阵形就极容易崩溃。因此，米太亚得不惜削弱了自己的中央方阵，加强两翼的实力。

这样布置下来，雅典阵线中间只有四行纵深的厚度，而两翼有八行纵深。米太亚得将希腊人放在了右翼，命令卡里马什统领，将布拉的人布置在了左翼。两

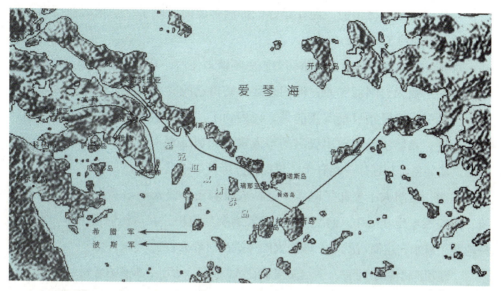

★马拉松战役示意图

方的阵线在战场上排开，面对面地站好。在雅典人的对面，波斯军队迅速展开，果不其然，他们阵线的中间布置的是重装步兵，两侧布置的是弓箭手和重装步兵混合在一起的方阵，有十行的纵深。

波斯人威风凛凛的军队很有气势，但这没有吓倒米太亚得。他对自己的军队的战斗力很有信心，在他的眼里，波斯的强大远程火力以及混合方阵并不比希腊人的重装方阵更加出色。此刻他需要考虑的，是如何快速地解决这场战争。

雅典人的时间并不多。在米太亚得坚毅的表情下面，其实也隐藏了担忧。就当时的局势而言，战争时间只能缩短不能加长。因为并不是所有的雅典人都有坚强的斗志，据可靠消息显示，已经有许多雅典人慑于波斯帝国的军威，沦为了内奸。

就在波斯舰队前往马拉松的路上，一直有人在岸上用青铜盾牌反射阳光，为他们指引航向，以便让波斯人顺利通过曲折复杂的航路。米太亚得深知，自己不能和波斯大军对峙的时间太长，不然雅典的政治局势将会变得越来越复杂。他迫切期望，在马拉松战场上快刀斩乱麻，迅速解决掉波斯人。

飞蛾扑火：近距离搏杀

波斯人看到雅典人虚弱的中间阵线，一脸的鄙夷。他们没有提高警惕，丝毫没有把米太亚得放在眼里。此时，雅典军队与波斯阵线大约相隔有1500米。一切都准备妥当，波斯人首先向雅典阵地发起进攻，希腊步兵也开始前进。

"冲吧！雅典将士们，现在是你们挥洒鲜血的时候了！"米太亚得高声呐喊。他下令冲锋了。

雅典人的冲锋会有多大的杀伤力？先不谈杀伤力，希腊人首先要避免被波斯人强大的弓箭火力削弱实力，他们必须提高自己的突击速度。根据米太亚得的命令，希腊人一开始只是缓步前进，直到到了"击败地区"时，他们才开始狂奔。此刻，希腊步兵表现出极高的军人素质和训练水平，每个士兵都背负着沉重的武器装备，却还能一路狂奔，且保持阵形丝毫不乱。

"切，希腊人不要命了吗？"波斯人看着飞扑而来的希腊人，不禁觉得好笑。他们根本兵力悬殊，何况雅典人还没有骑兵掩护，在这种情况下雅典步兵疯狂地冲了过来，这简直就是一群扑火的飞蛾在自取灭亡！

"嘿嘿，可怜的希腊人，马上就要倒在我们的箭下了！"波斯人志得意满。

面对着雅典人的飞扑，波斯步兵严阵以待，直到雅典人冲到三百米距离时，前排的士兵开始齐射弓箭。这些细密的箭如飞蝗一拨一拨落在雅典方阵之上，却没有出现波斯人想象中的场景。波斯人的箭纷纷在雅典步兵的盔甲和盾牌上弹开，居然没有给他们造成任何伤害。

"该死的，怎么会这样啊？"波斯人张大嘴巴。

其实这一点，米太亚得早就料到了。虽然波斯人的弓箭齐射时遮天蔽日，对敌军有相当强的威慑力，斯巴达将领迪埃尼斯还评价说："波斯人放的箭遮住了太阳，正好让我们在阴凉下作战。"

★波斯士兵

★雅典战士

但这些箭存在着致命弱点。当时波斯大部分士兵使用的是普通的直木弓，先进的曲弓装备得很少。而这些箭采用的是一种三棱宽刃箭镞，青铜质地，带倒钩，虽然杀伤力强大，但可惜的是穿透力不足。因此，波斯人的箭雨没能阻止希腊的重装步兵前进的步伐。

波斯人放出几轮弓箭过后，没看到雅典人倒下，反而让他们转眼冲到近前。双方的步兵开始交战了，希腊方阵中密集如林的长矛猛烈冲击波斯人的盾牌，两支军队搏杀到一起。

战场上，震耳欲聋的金属碰撞声响彻云霄。不一会儿，波斯人发现情况不妙了。他们两翼的盾牌防线根本承受不住希腊密集阵的猛烈冲击，开始出现溃退的迹象了。

米太亚得微笑看着这一幕，得意地笑了。"哼，果然不出我所料！骄傲的波斯人马上就要为自己的不可一世付出代价了。"

意志动摇：希腊人的阵形

马拉松平原上的天空，被波斯人的嘶吼声遮蔽了，希腊人的呐喊声也越来越大。米太亚得策马前进，继续观望战局的发展。

"看来，波斯人支持不了多久了。"他的心情变得愈加愉悦了。

波斯方阵抵抗不住希腊人的冲击，这件事显得很不可思议，但事实上的确如此。由于波斯方阵的队形比希腊方阵疏松许多，这原本是为了给轻装步兵足够的空间弯弓射箭，但这样的布置在希腊的密集阵面前显得漏洞百出。

希腊人不受弓箭的阻挡冲了过来，与波斯前排每一个持盾的队长发生冲撞。因为队形疏松，他们每一个人面对的是希腊两个纵列16名步兵的合力冲击。以一敌百的勇士可不是随处都有，这种冲击简直是无可抵挡的！转瞬，波斯的盾牌防线在猛烈的撞击下崩溃了，波斯人一个接着一个被希腊长矛刺穿。尸体一具压着一具，那些波斯队长力战以后悉数阵亡，他们不是不想逃，而是根本来不及了。波斯前排垮塌后，他们身后的轻装步兵立刻暴露在了雅典人的长矛面前。

任人宰割，足以形容目前这种场面。不过，波斯人真的勇气可嘉。这些波斯步兵毫不畏惧，纷纷拔出弯刀与雅典人打在一起，他们拼命用弯刀拨开雅典人的长矛，展开了肉搏。与此同时，轻装步兵身后的士兵仍然坚持不懈地放箭，企图用箭雨压制住雅典人的进攻。

★马拉松战役场景图

　　雅典人没有给他们机会。他们的密集阵前四排的士兵举起长矛都刺了过来，波斯人瞪大眼睛，用尽力气拨开了第一排长矛，可紧接着，雅典人的长矛又刺了过来，闪烁着刺眼的寒光。波斯人面色惊恐地举着弯刀，下一瞬，身子往后一仰，倒了下去。接踵而来的后三排长矛，将波斯人逼入了绝境。波斯轻装步兵的脸上、身上、脚下都被鲜血遮蔽，最终没能逃脱被长矛刺穿的命运。

　　局势已经变得难以掌控了，看到这种情形，波斯骑兵想要迂回到雅典阵线后面进攻，但雅典方阵的两翼几乎是紧贴着平原两边的泥沼地。这个想法，由于缺乏行动空间，根本没有可能实施。

　　"这样不行，大家聚集起来抵抗吧！"波斯人相互靠拢。

　　这也属于无奈之举，他们想要以紧密队形反击雅典人的方阵，但看看身上，没有盔甲保护呀，几轮拼杀下来，波斯人还是倒在雅典人的长矛下。一时间，波斯士兵的战斗意志开始动摇了。

　　"不要泄气，我们不能就这样认输！"突然，有人在波斯阵营中呼喊起来。

　　那是波斯阵营中的老兵的声音。波斯人阵线最中央的阵营是由身经百战的波斯老兵组成的，他们的战斗力很强，具有大战的经验。这些老兵奋力冲击，渐渐逼退了雅典中央方阵的四行纵列。毕竟雅典阵营中央力量的冲击力不足，于是双方在这里胶着起来。

跟随着这些老兵的反击，波斯步兵一度突破了雅典人的阵线。米太亚得立刻下令让中央方阵后撤，以求保持完整的队形。本来以为能够反击成功的老兵，这时看到了波斯两翼此时的溃逃之势，顿时心里一凉。紧接着，雅典两翼的军队开始向波斯的中央阵营包抄，形成夹击态势，与此同时，雅典中央阵营乘机杀了个回马枪。

至此，人数方面完全不占优的雅典军扭转了战局。由于米太亚得将中部方阵后退的兵力补充在两翼上，使得两翼向前的进攻速度更快，从而从波斯军的尾部向中心收拢，形成了两面包围的阵形，把波斯人玩弄于股掌之上。波斯军队的溃败已成定局。

"大军撤退吧。"波斯主帅达提斯虚弱地下达了撤退的命令。

听闻撤退，波斯士兵赶紧放弃阵地，拼命向海边的波斯战舰逃去。雅典士兵在后面紧紧追赶，逃得不够快的波斯兵便被长矛刺杀。此时的波斯人简直狼狈不堪，为了保命，海边的战斗与战场上相比更加残酷。雅典战士为了不让敌船逃跑，跳到水里紧紧抓住敌人的船尾。波斯人为了逃跑操起斧头砍断了他的胳膊，结果这个雅典人仍然毫不退缩，又用另一只胳膊拉住那条敌船。雅典人和波斯人杀得天昏地暗，海边尸横遍野。

据记载，经此一役，波斯人中有6 400个成为了亡灵，他们丢失了7条战舰。雅典人只损失了192人，其中包括了卡利马什和几位将军。双方阵亡数字的悬殊，足以说明希腊密集阵的巨大威力。

★希腊关于马拉松战役的壁画

★希腊关于马拉松战役的绘画

战争结束：迟到的斯巴达援军

当天晚上，米太亚得正指挥着战士们清扫战场，一转身，看到了远处飞扬的尘土。暮色中，斯巴达2 000名前锋部队赶到他的面前，惊讶地张大了嘴巴。

"天哪，你们胜利了？"他们有些不敢相信。

"是的，我们胜利了，欢迎你们的到来，现在你们刚好能参加我们的庆功宴。"米太亚得高兴地说道。

斯巴达人其实比原定计划提前到了，但他们抵达时，这场大战已经结束了。月光下血流成河的战场在黑暗的包围下，显得恐怖阴森，数不清的波斯人的尸堆如棉絮浸泡在血河中，惨败的面孔一张一张拥挤着，灵魂已经抽离了身体，只剩下空洞的躯体。

"简直太不可思议了，这称得上是一个奇迹呀，恭喜你们！"斯巴达人由衷佩服打赢了波斯人的雅典人。

米太亚得邀请斯巴达人列队在战场绕行一周，观看雅典的战果。战场上波斯人尸横遍野的血腥场景让斯巴达战士们唱叹和悚然，他们恭贺着雅典人的胜利，自己也增长了信心，对波斯人的看法发生了一些改变。斯巴达人还对布拉的人的仗义表示了赞赏，所谓患难见真情，就是需要这种危急关头前来援助的决心。布拉的人赢得了雅典人的敬重，日后他们也将受到雅典人更多的帮助。打扫完战场，清理完尸体，雅典给援军客人们准备了丰盛的食物。雅典还授予所有布拉的人雅典公民资格，从此，布拉的正式成为雅典大家庭的一员。

这一战，让希腊人的信心急速高涨。而这样的信心支持了希腊人三个世纪的发展，让希腊文明得以繁荣。不过，不得不承认的是，波斯人的战略和希腊人的战术都很出色。著名希腊史学家希罗多德精确描述过希波战争时期波斯帝国的军队：波斯帝国海军有1207艘战舰，官兵57万人；陆军包括步兵170万人，骑兵8万人，骆驼及战车兵2万人，共计237万人。这还只是亚洲地区的部队，波斯帝国在小亚细亚、色雷斯和马其顿的欧洲附属国必要时还能提供30万陆海军。这样庞大的军事实力，足以使任何民族腿软。

当初波斯人选择进攻雅典，目的是支援其中的第五纵队，并希望内外配合消灭雅典的陆军。这个策略是很高明的，一旦波斯人得手，斯巴达人就只能靠自己的陆军死守科林斯。这时如果波斯人凭借着强大的海军力量，轻易绕过科林斯，是极有可能吃掉希腊的。因为希腊没有能与波斯媲美的海军来抗衡。但是这个计划最终夭折了，因为希腊人在马拉松战役中打败了波斯人。米太亚得的半月形的包抄，展示出很高的战术水平，也反映出希腊步兵高超的军事素质。希腊密集步兵方阵，发挥出强大的威慑力，此后也令波斯人胆寒。

曾有一位英国军事家这样评价马拉松战役，说这是"欧洲出生时的啼哭"，可见此战的重要性。马拉松战役是希腊人和波斯人交锋的第一仗，在断断续续打了半个世纪的希波大战中，它的意义是巨大的。米太亚得带领希腊人获取的胜利，在极大程度上鼓舞了所有希腊人为自由和独立而战的斗志。

战典回响

微末的挫折被人遗忘

此战之后，希腊人收获了前所未有的自信，民族自豪感和文化优越感也开始水涨船高。不久之后，雅典在希腊半岛威名远扬，成为希腊联盟的盟主。在那个战火纷飞的年代，一个民族的自信心一向都是打出来的。两千四百多年以后中国的一位巨人曾豪气干云地宣告："帝国主义都是纸老虎。"希腊人对此早有深切的体会，他们撕破了波斯帝国这个纸老虎，自己则成为了真正的老虎。

这一战让希腊人获取了信心，却没能让波斯人铭记住教训。很少有人会像波斯人这样，不会因为战败而产生畏惧心理。对于波斯帝国来说，在马拉松战败只不过是个微不足道的挫折，它就像微小的尘埃一样存在于波斯人的历史中，几乎从来没有引起过波斯人的重视。撤出马拉松战场后不久，波斯人便试图在雅典附近登陆，企图卷土重来，但他们发现沿岸设有重兵把守，于是作罢。没有了波斯人的捣乱，古希腊的土地总算获得了数十年的平静。直到十年以后，新即位的波斯王薛西斯率领百万大军出发，展开了征战。这位皇帝早就不记得马拉松战役了，十年前的挫折丝毫没有影响他进攻希腊的兴奋心情。

公元前481年，薛西斯率领着庞大的波斯军队在希腊北部的塞萨利省登陆了。为了抵御凶悍的波斯人，希腊伟大的军事城邦斯巴达被选为最高统帅。但当时的斯巴达人并不太在意希腊北部发生了什么。斯巴达又没有遭到侵犯，斯巴达人没有对打击薛西斯表现出很大的热情，他们派出了军队，只是忽视了在进入希腊的隘口上布防。

这天，在莱奥尼达斯的率领下，一支斯巴达小部队负责防守从塞萨利通往南部各省的高山和大海间的羊肠小道。莱奥尼达斯忠于职守，一直坚守着这条小道，对抗着波斯人的攻击。这时，一个叫做埃费亚特斯的人带着一支波斯军队穿过丘陵地带，他熟悉马里斯的山间小路，他背叛了自己的国家，让波斯人从背后袭击莱奥尼达斯。这两支军队在温泉关——即德摩比勒山隘附近，进行了一场残酷的战斗。夜幕降临时，莱奥尼达斯和他的战士们纷纷战死沙场。进入希腊的隘口失守了！

波斯人如洪水般拥入，希腊的大部分国土落入了波斯人手中。薛西斯杀进雅典，消灭了守军，并下令焚毁了这座城市。雅典人慌忙逃往萨拉米斯岛，没有人能力挽狂澜了。直到公元前480年9月，在阻隔萨拉米斯岛与大陆的狭窄海峡中，泰米斯托克利在几个小时内就摧毁了波斯舰船的四分之三，才挫败了波斯人的气焰。薛西斯被迫撤退了，但他坚定地说，来年就来决一雌雄。他的话并未成真。相反，在此后的一系列战役里，波斯军队都在希腊密集阵前撞得头破血流。

马拉松长跑的诞生

波斯人战败的那天夜晚，雅典的人们都焦急地注视着马拉松平原的方向，这晚的天空由于燃烧着的船只的火焰而变得通红。在通信方式极为落后的那个年代，他们迫切地想得到战争的消息，但这个过程是十分艰难的。

终于，翘首企盼的人们看到一小团尘土出现在了从北方通向这里的那条路上。那团尘土，其实是菲迪皮茨奔跑时带起的。仅仅几天以前，这位赛跑者刚刚从斯巴达出差回来，又匆忙赶去加入米太亚得的军队。这天早上，他还参加了战斗，已经非常疲倦。他为何会出现在这里呢？原来，雅典人在马拉松战役中胜利了，米太亚得便立刻派他返回雅典，传递胜利的喜讯。菲迪皮茨从战场下来时已经受伤了，但他还是一路不眠不休地跑回了雅典的中央广场，此时的他气喘吁吁、筋疲力尽。

菲迪皮茨向广场上的市民高呼着："庆祝吧，我们胜利啦！"言毕，他一头栽倒在地，再也没有醒来。后人为了纪念他，将他最后所跑过的这段路程定为"马拉松"长跑比赛最初的距离。

这是马拉松长跑诞生的最广为流传的版本。还有一种更可靠的说法，来自于同时代古希腊历史学家希罗多德的记载：了不起的传令兵菲迪皮茨所跑的并不是马拉松平原至雅典中央广场的那段距离，而是开战之前由雅典向斯巴达求援时的距离。两城之间距离两百公里，雅典统帅米太亚得原本的要求是在两天内赶到斯巴达求援，但心急如焚的菲迪皮茨却只用了一天多的时间就跑到了。菲迪皮茨并没有在战后奔跑回雅典报捷。但无论是哪一种说法，马拉松长跑都是因马拉松战役和菲迪皮茨所产生的。

★ 沙场点兵 ★

人物：米太亚得

　　米太亚得出身不凡，他来自雅典一个最古老的家族，又因祖父曾取得了一个色雷斯小国切索尼的宗主权，成为了切索尼的王子。他具有卓越的军事才能，在大流士率军越过多瑙河攻入南俄草原受挫时，就展现出独到的见解。当时，他建议将多瑙河上的一座浮桥拆毁，阻断兵败的大流士的后路。可惜希腊城邦首领无人有这样的胆识，他只得眼睁睁地看着大流士安全返回。很快大流士听说了这件事，将米太亚得定为波斯帝国头号通缉犯，他不得不逃到雅典。

　　刚到雅典的他，就主持收复了陷入敌手多年的两个爱琴海岛屿，立刻成为雅典人崇拜的对象。在马拉松战役中，因为他曾作为藩属参加过波斯的军事行动，对波斯军队的组织和优劣了如指掌，因而能应付自如，找到波斯军队阵形的弱点。

　　马拉松战役以后米太亚得在雅典如日中天，受到所有希腊人的崇敬和爱戴。但遗憾的是他晚节不保，错误地选择去征服一个希腊岛国，却屡屡受挫，还受了重伤，最后在众人的非议声中孤苦伶仃地死去。

武器：铠甲和盾牌

　　希腊的步兵大多数为重装步兵，他们戴着青铜头盔，穿着坚固的胸甲和肩甲，躯干的其他部位披上了鳞片甲。他们作战时会使用一支长约三米的矛，如果遭遇近战，一柄约60厘米长的短剑也足够保证攻击强度，一面直径约一米的浅碟形圆盾则是防御武器。这样的一整套装备很重，但非常适合阵形攻击时所需的攻击和防御要求，攻守皆可，保证了希腊军队强有力的陆战实力。一旦他们遭遇波斯的弓箭，这些厚实的盔甲不会被轻易射穿。相对的，波斯步兵方阵前排只有一层盾牌，如果希腊密集阵突破了这一层防御，波斯步兵方阵后面轻装步兵根本无力招架。

战术：阵形攻击

　　在马拉松战役中，雅典能最终赢得胜利，仰赖著名的长矛密集阵战术。雅典军队的主力是重装步兵，战斗时组成密集的方阵，通常有八行纵深，前四排士兵持矛水平向前，后排的长矛叠在前排长矛之上，而后四排则将矛竖立。

　　这种密集阵战术成为了波斯步兵方阵的克星，且在马拉松战役中得到了充分体现。马拉松平原呈喇叭形，两侧有两条小河穿流入海，只有中间地势较高，没有积水，两边都是泥沼地。还为了避免雅典的阵线被波斯骑兵从两翼迂回，当时米太亚得不惜削弱中央方阵的力量，将雅典阵线向两侧延伸，使两边的泥沼地成为天然屏障。

　　波斯的中间阵营则全部是重装步兵，两侧是弓箭手和步兵，骑兵布置在步兵阵线的侧后。由于马拉松平原的地势特点，雅典军队如果主动进攻，两翼就会失去地形的保护，于是米太亚得选择按兵不动。终于波斯人失去耐心开始进攻，马拉松平原变得越来越狭窄，碍于沼泽的阻挡，波斯步兵阵线和骑兵部队都被挤到阵线的后面去了。

这样一来，波斯人两翼的盾牌防线被希腊密集阵的猛烈冲击冲垮了，又由于阵形松散，很多波斯人死在了雅典人的长矛之下。至此，波斯军队在人数上和阵营上的优势被彻底削弱，成为了强弩之末。

周密筹划的巅峰对决
THE CLASSIC WARS

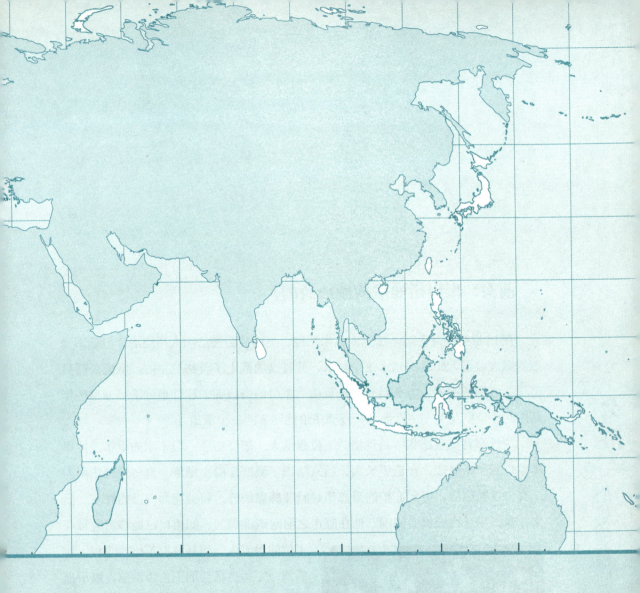

第六章

黑斯廷斯会战
——最后一次入侵英国

    ▲这是一场由英国王位继承疑案引发的战争，对战的双方是法国诺曼底的威廉公爵带领的法军和英国哈罗德二世带领的英军。两军在 1066 年 10 月在英国的黑斯廷斯地区发生激烈交战，最终法军赢得了战争的胜利，将威廉公爵扶上了英国国王的宝座，拉开了诺曼王朝统治英国的序幕。

前奏：来自诺曼底的威廉公爵

在11世纪中叶之前，法国人从未想过，英格兰会被法国人所统治，但是诺曼底的威廉公爵大胆地提出了这个要求，并且真的戴上了英格兰皇冠。威廉公爵只是诺曼底的统治者，怎么具有继承英格兰王位的资格呢？这件事缘于威廉早些年认识的一位朋友——"忏悔者"爱德华给他许下的一个承诺。

"忏悔者"爱德华本是英格兰王位继承人，却经历了一段不幸的童年。他早年流亡到了诺曼底，在这里长大，后来结识了威廉公爵。威廉一直将爱德华奉为上宾，以礼相待，得到庇护的爱德华对威廉感恩戴德，将他视为自己的好友。后来，爱德华寻找到机会回国，他在临走之前向威廉保证，如果自己能够击败篡夺王位的丹麦人，重新掌握英格兰政权，死后就一定将英格兰的王位传给他，以示报答。威廉点点头，告诉他一定能成功，顺便记住这番话。不久，爱德华真的如愿以偿复辟了韦塞克斯王朝，继承了皇位。这下威廉有了盼头，他对于成为英格兰国王很有兴趣，于是一直耐心等待着这个诺言的实现。

1066年1月4日，爱德华去世了。威廉听闻这个消息时欣喜大过悲伤，他等待着英格兰人通知自己去继承王位，可是威廉却没有如愿以偿。登上英格兰国王之位的，是爱德华的大舅哥，也就是王后的

★ "忏悔者" 爱德华画像

哥哥，"韦塞克斯之鹰"哈罗德·葛温森，他被称为哈罗德二世。看起来，他的国王的宝座是坐不稳了。

"可恶，英格兰的王位是我的！哈罗德是什么东西，我一定要杀了他！"威廉非常愤怒。他对哈罗德二世继承王位感到十分震怒，决定夺回属于自己的王位。

其实，除去爱德华对他的承诺，他和英格兰没有半点儿关系。但是威廉就是看准了这个王位，他的个性决定了他接下来的行动。威廉是个严厉而残忍的人，他精力旺盛，行事作风和诺曼贵族不太一样。也或许是由于他的私生子身份。他的父亲，是绰号为"魔鬼"的罗

★威廉公爵画像

伯特，当年这个男人和拐来的农家姑娘阿莱特生下了一个儿子，也是他唯一的儿子。虽然是私生子，但罗伯特还是很看重他，费尽力气说服了诺曼贵族，最后才确立了威廉的继承权。1035年，威廉即位时才八岁，因为他是私生子，所以从小到大他经历了比其他人更多的嘲讽、歧视和挑战。他亲身经历了三个监护人和老师被人杀害的事情，渐渐变得冷酷、多疑。他对于权力的控制欲很强，他一直希望自己更加强大来堵住那些该死的贵族的嘴。英格兰他要定了。但在出征前还需要作一些准备。

威廉不是没有头脑的人，他很懂得运用外交手段。他对哈罗德略知一二，知道他不是好对付的，于是想要争取同盟者。他先派使节前往罗马，游说当时在欧洲最有影响的罗马教皇亚历山大二世和神圣罗马帝国皇帝亨利四世，把爱德华许诺给他的故事讲得绘声绘色，努力争取他们的支持。结果，教皇居然听信了威廉的话，十分支持威廉的行为，还赐给他一面"圣旗"，表示他同意威廉去讨伐哈罗德。既然教皇都点头了，亨利四世也不好反对，他马上出兵帮助威廉。得到了最有实力的盟友之后，威廉又去说服他的邻国丹麦的国王。他没有花费太大工夫，只给他讲了讲哈罗德对丹麦的敌视，又许诺在胜利后会和丹麦结成友好同盟，丹麦国王就同意支持威廉了。如此一来，威廉很快就组成了一支反对哈罗德的欧洲联盟军，作好了攻打英格兰的准备。

诺曼登陆：兵临英格兰岛

1066年9月的一天，威廉公爵带领着他的军队出发了。天不遂人愿，这支军队在英吉利海峡遭遇飓风，行程延迟了一段时间，后来，他们抵达英格兰南岸的村庄佩文西，在没有遇到任何抵抗的情况下顺利登陆。

看了看周围，没有发现英格兰士兵的踪影，威廉心中暗喜。指挥军队上岸之后，他高兴地踏出了在英格兰的第一步。可没想到刚走两步，他就一个不小心摔倒在沙滩上。周围的骑士都蒙了，转身过来搀扶他。威廉觉得一跤实在是摔得丢脸，但他好歹是大风大浪里闯过来的，他赶紧双手捧起沙子，抬起头大喊道："我现在拥有了英格兰的土地了！"这下，骑士们都以为公爵是为了捧沙俯身的，听闻领袖的呼喊，他们也激动起来。

"是的，公爵！你一定会登上英格兰的王位的！"将士们纷纷高喊。威廉呵呵笑着，偷偷呼了口气。

诺曼人登陆英格兰的消息，很快传到了哈罗德的耳朵里。现任英格兰国王哈罗德二世马不停蹄地召集他所能找到的所有军队，急忙南下御敌。而在此之前，他刚刚赶走北欧挪威人，带领的是一支疲劳之师。

这个敌人，和威廉一样，是听闻爱德华死讯而来的，那就是北欧挪威海盗侵略军。和威廉相比，哈罗德认为北欧人的实力更为强大一些，对自己的威胁可能更大，不过刚刚上岸的海盗们会放松警惕，容易被击溃。于是他组织起自己著名的精锐部队"白衣禁卫军"，以迅雷不及掩耳的速度在十几天内强行军上千公里，凶猛地扑向刚上岸的挪威人。挪威统帅根本没有料到哈罗德会在这么短的时间里赶来，因此毫无准备。

当一片白衣军人冲进他的营帐时，这位将军惊慌失措抬腿就跑，一时间

★博物馆内的挪威海盗船

会战

THE CLASSIC WARS

周密筹划的巅峰对决

096

挪威军队喊叫连天，士兵们慌不择路，你推我赶，神色惊恐地往后撤退。主力部队由于行动太慢，没能跟上撤退的速度，这些士兵被尾随而来的那片恐怖的白色队伍吓得面无表情，他们掉落了手中的兵刃，相互拖拽着进入了一个小山谷中。没过多久，他们的眸子被惊惧的乌云笼罩了，死神终究带走了他们。他们被屠杀了。

遭到重创后，挪威统帅判断英格兰军队经过长途奔袭，此时也该疲惫不堪了，于是马上组织军队进行反击。但哈罗德的士兵们迅速占领有利地形，精力旺盛地迎击敌人。挪威人一拨拨地倒在英格兰的白衣军面前，最终被彻底击败，幸存者哭喊着逃回小船。但他们很不幸地遭遇了海上的大风暴，这支挪威远征军最终全军覆没。

在打击挪威人的这一战中，哈罗德尝到了甜头，充满自信地指挥部队杀向诺曼人。

★哈罗德二世统率的士兵

在路上，一位将领劝阻他说："陛下，我们现在过去非常冒险啊！我们刚刚经历了一场生死较量，现在还要跑这么远的路，绝对是自杀行为呀！"

"住嘴，你要动摇军心吗？现在将士们的士气正高，我们趁热打打铁，定能将那些诺曼人一举拿下！"哈罗德摇着头，根本不为所动。

在喜悦心情的影响下，他只看到自己禁卫军坚毅的眼神。此刻的哈罗德被保卫祖国的热忱冲昏了头。事实证明，他所犯下的这个错误的代价是巨大的。

哈罗德开始布置他的军队，在距黑斯廷斯六英里的森拉克山丘上排兵布阵。他的后方是安德里达森林，前方是一个山谷。他的军队在八千人以上，全部都是步兵。其中有正规兵和皇家卫队。他们有的手持长枪，或者拿着威力强大的丹麦斧，身穿锁子甲，手持圆盾。前面是一排用盾牌结成的盾墙，身后是正规军，阵线的最后是农民。这些农民是属于这附近男爵的部队，他们是被哈罗德强行征来的，他们装备奇差，缺乏训练，不少"士兵"就是手持草叉的纯粹平民，难以与精良的白衣军相比，更别说协同作战了。另外，由于哈罗德的部队刚与挪威人打完仗，战斗力下降了很多。这些问题，都为接下来的战局发展埋下了伏笔。

在开战之前，威廉决定先礼后兵，他劝说哈罗德二世让出王位，否则就立刻宣战。哈罗德冷笑一声，讥笑道："威廉，你是在做梦吗？"

威廉怒气冲冲地回营，准备第二天凌晨开战。

他整顿着自己的军队，这支军队包括了威廉自己的诺曼军团、盟军布列塔尼军团、法国与佛兰德的军团，甚至还有来自意大利的诺曼海盗。他在渡海之前就向所有盟友和诺曼贵族许下了承诺：事成之后，你们将会得到英格兰的土地和封号。步兵、骑兵和弓兵是主要兵种，还有弩兵，战争开始时，弓兵和弩兵会站在战阵的最前列。诺曼人和英格兰人都等不及要挥舞起手中的武器了。

首战不利：坚固的英格兰盾牌

战场上气氛凝重，英格兰人身穿锁子甲，一只手拿着宝剑、长矛或硕大的斧子，一只手高举盾牌护住身体。他们浑身上下散发出杀气，严阵以待。

就在开战之前，哈罗德刚刚夺走了威廉早就看好的一块阵地。他早就敏锐地发现了威廉的意图，于是神速派兵，抢占了黑斯廷斯的一个重要山包，派出军队在山顶摆开阵势。这是一个正面地理位置险峻的小山包，易守难攻，哈罗德把自己的白衣军布置在了这里。往左边看，则是另一个丛林密布的小山包，丛林前还有一片沼泽地，能够有效地防御敌兵，但却极不利于展开攻击。哈罗德把最容易溃散的男爵的农民兵们放在了这里，为的是增强防御能力。往右边看，那里的地势则比较平坦，适合于和敌军展开厮杀。哈罗德在主山包的背后放置的是骑兵，如果主战场上形势有利或出现危机，这些骑兵能够成为奇兵。

眼见有利地势被哈罗德轻松夺走了，威廉气得哇哇大叫。现在在他面前的英格兰阵形非常严密，除了正面进攻，他已经别无选择。诺曼军队展开的是经典中世纪阵形，三个军团中诺曼军团布置在中心，布列塔尼军团放在了左翼，法国和佛兰德的军团布置在了右翼。威廉将诺曼军的步兵排在最前列，其后是弓箭手，骑兵则布置在了最后一排。

这一天是10月14日。早9点，威廉完成了军队阵营的布置，宣布开战。

"前排的将士们，发射你们的弓弩吧！"威廉一声令下。

瞬时，诺曼军人举起弓弩发射出弩箭，密密麻麻地向英格兰人射去。这些弩箭的射程不是很远，威力也欠佳，箭簇都纷纷被英军的盾牌抵挡住。英军大部分都没有受伤，但因为战前的准备不充分，他们的阵营里没有弓箭手，所以只得任由对方射击，直到他们没有弩箭为止。弓箭齐射后，威廉下令诺曼军的骑兵、步兵马上冲锋，两军立刻在正面厮杀起来。

双方士兵在战场相互搏斗，兵器的撞击声充斥着人们的耳蜗，人仰马翻的景象随处可见。威廉身后，一个和他容貌相似的人策马而来。

"看起来情形不太好啊！"他担忧地说。

此人是除了威廉以外，担任指挥官的厄德。他是威廉的同母异父的弟弟，自幼便受哥哥威廉指派，目前担任巴约主教的职务。除去这个身份，他其实更像一名骑士，而不是神职人员。在威廉的同意下，他也参与了英格兰的军事行动，载乘军队的船只便是他负责督造的。

拍了拍弟弟的肩头，威廉蹙起眉头，"这话还言之过早，战局会如何发展还不一定呢！"

这时，诺曼人又冲了上去。由于英军前排使用的是坚硬的盾牌作防御，手拿着威力无比的丹麦斧，诺曼人一靠近就遭到了迎头痛击。另外，英格兰人的阵营

★登上英格兰岛的诺曼骑士

在山丘上，诺曼人想上前去还要跨过壕沟和栅栏，如此一来诺曼骑兵的冲击力被抵消了一部分。

第一轮攻击，诺曼军弃尸一片。见此情形，威廉下令让布列塔尼军团发起冲锋。布列塔尼军团被布置在左翼，他们与威廉的直属部队一样，刚冲上去就败在了英军的盾牌和长斧之下。挥舞着斧头，英军高声呐喊起来："诺曼人滚出去！滚出去！"

展开冲锋：与铜墙铁壁的碰撞

接连的重创没有打击到威廉的信心，他策马飞奔在阵线中呼喊着："一定要征服英格兰！"鼓舞着自己的将士。他的野心依旧在熊熊燃烧，他不想放弃。这时，传来了一个好消息，他的后备军终于赶到，原本兵力就和诺曼人有差距的英格兰人，这下优势更弱了。

威廉哈哈大笑起来："太好了，明天我就要哈罗德臣服在我脚下！"反攻的时机来了。

威廉仍然选择首战中采用的阵形，将弓箭手摆在最前面。但是这次他将步兵摆在了弓箭手和弓弩手身后，他命令弓箭手和弓弩手将射角抬高，从而提高

★黑斯廷斯会战（油画）

射程。诺曼人的弓箭、弩箭像密林一样，在天空中划出一道道刺眼的弧线，呼啸着扑向英格兰人。与上一次不同，这次很多英格兰人被射中眼睛，凄惨地叫起来。

随后，步兵看到时机来了，不顾一切冲上山与英格兰人展开肉搏。手起刀落，四溅的鲜血从士兵们的手臂上流淌下来，他们的眼眸中只剩下了一片猩红。威廉下令进行又一轮冲击，英军毅然坚守阵地，让诺曼人在壕沟前再一次吃了大亏。

★黑斯廷斯会战场景图

"哼，这一次再换个策略玩玩好了！"威廉在阵线后方冷笑道。

他冷静思考过后，决定再次改变策略，下令骑兵循环往复地冲击敌阵，只要和敌军稍有接触就马上逃跑。这是利用了英军士兵喜欢无意义追击的心理，威廉告诉各个阵营的首领，让他们带领诺曼骑兵重复使用"诈败"战术，尽量拖垮英格兰人。

于是，诺曼骑兵在这一天当中，在英军防守阵线前多次进行了攻击和溃退的表演，演出非常成功。每次，诺曼骑兵都会引诱一部分士兵出来追击自己看似溃败的队伍，但等到诺曼骑兵一回头，这些小部分英格兰人都被分批歼灭。

诈败战术取得良好的效果后，诺曼军终于停止了攻击并重新集结。威廉和厄德一致认为，现在是时候从正面攻击敌军了。现在的英格兰人已经疲惫不堪了。诺曼人开始正面全力攻击英军盾墙，他们不断冲撞过去，盾牌发出轰轰的撞击声，刺激着士兵们的耳膜。英格兰人手举着盾牌腿脚发软，紧咬着牙关继续坚持，他们时不时大吼一声，蹬出一脚，用肩膀支撑着即将倒下的盾牌。

就这样，每一次的攻击过后，盾牌组成的防线就会减弱一些。几轮冲击下

☆ 黑斯廷斯会战 ☆

最后一次入侵英国

101

来，阵线上留下了大量英军和诺曼军士兵的尸体。哈罗德的士兵们的体力已经达到了极限。他们不断踉跄着往后退，在和诺曼人的肉搏战中，无法再坚持了。

"看吧，哈罗德就要倒下了！"威廉傲视着战场，神情比之前更加自信。

在诺曼人的持续冲击下，英军的防线几乎要崩溃了。威廉远望着被仅剩的五千白衣军簇拥着的哈罗德，微微扬起了嘴角。这些白衣禁卫军非常忠心，他们始终挡在威廉面前，诺曼的士兵们冲上去就阵亡了，再冲上去接着又倒下了。威廉露出钦佩的表情，如果有可能，他很想留下哈罗德手下这些勇猛的禁卫军。可是，他清楚这些人不会为他所用，那么就只有消灭他们了。也许该下一剂猛药了。

死神马上就要降临到英格兰人头上了。从成功击败挪威人入侵这一点可以看出，哈罗德算得上是个优秀的军事家，但是这一回他作了一个错误的决定。诺曼人又一次使用了诈败的伎俩，可怜的哈罗德看到诺曼骑兵"逃走"便下令士兵追下山坡。双方军队都进入平坦地带后，由于阵形散乱，英格兰人的盾牌无法发挥应有的威力，诺曼骑兵很快将他们冲得七零八落。片刻，英格兰人撒腿便往回逃，诺曼骑兵追着他们的屁股跑。紧接着，哈罗德构造的壕沟和栅栏失守了。英格兰人的尸体堆积成了小山，哈罗德几乎已经看到了自己的坟墓。

最后一搏：英王哈罗德阵亡

威廉不会错过痛打落水狗的机会。在哈罗德中计的同时，诺曼军乘势展开全面进攻。

"天色好像不早了。"威廉喃喃自语着，他于是有所担心：当夜晚来临时，诺曼疲惫的军团必须休整，这样就必须全部回到船上，到那时他们将极有可能成为英国海军的猎物。他不能等到第二天再战了。

顾及这一层，威廉准备作最后的攻击，诺曼军将进行孤注一掷的最终冲锋。深思熟虑后，威廉命令弓兵和弩兵再次站到了前列，这一次他们再次调整射击角度和方向，大部分弓箭向英格兰后方农民军的头顶射去，惊起一片哀号，敌方阵营的伤亡继续扩大。

与此同时，诺曼步兵和骑兵往前推进。突然，哈罗德被弓箭射中，受到了致命伤。据说，哈罗德二世的一只眼睛被流矢射中。他血流不止，骑士们只得赶紧把他搀扶住，禁卫军保护着他撤退，但是他们眼前早已没有了道路。这时，英

格兰左右两翼的队伍也被冲溃了，中央军队受到的威胁巨大，防线快要守不住了。受伤的哈罗德体力渐渐不支。

又有诺曼骑士冲杀上了山头，他们一路拼杀，终于杀到了痛苦中挣扎的哈罗德二世面前。手起刀落，哈罗德被砍死。听到国王阵亡的消息，英军士兵开始惶惶不安，他们惊慌失措地逃出战场，只剩下哈罗德的皇家卫队"龙旗军团"和"战斗者军团"战斗至了最后一人，在哈罗德尸体周围形成了一个圆圈。杀人杀到红了眼的诺曼骑士继续往里冲，他们看到哈罗德二世的尸体时只感觉怒气冲天，纷纷上前又给了他几刀。哈罗德死后也没能得到片刻安宁。哈罗德二世在位仅几个

★ 哈罗德二世阵亡

月，却死得如此之惨，这也使他成为了英国历史上大名鼎鼎的短命国王。英格兰人不想等死，他们拼命逃向身后的森林，看到的却是一片黑暗。

突破防线：英格兰兵败如山倒

"哈罗德已经死了吗？"威廉向将士们问道。

"是的！我们都冲上去给了他一刀呢！"将士们一一应答，脸上展露的是杀戮过后的激动神情，他们眸子里的杀气还没有退去。

"太好了！就让我们把面前的敌人斩草除根吧！"威廉的表情令人不禁毛骨悚然。

诺曼军的最后一轮的冲锋冲垮了英军左翼和右翼的防线，英军的中央防线在猛烈的冲击下也开始崩塌，不一会儿，他们的盾墙防线就已经有多处被诺曼士兵突破。本就无力抵抗下去的英军的正规军在得到了英王已死的消息后，如退去的潮水般从战场上往后撤退。

气势高昂的诺曼军终于占领了山头，并开始有秩序地追击近在咫尺的逃兵。后来无人保护的哈罗德的尸体，也不知被丢弃到哪里去了。追的追，逃的逃，战

★加冕为英国国王的威廉一世

场上喊杀声十分凄厉，风声仿佛在哭诉着战争的残酷和血腥。直至下午3点，黑斯廷斯战役终于宣告结束。

威廉得到士兵的战报：只有一小部分英军成功退入了森林，我方诺曼士兵追击他们进入了森林，大部分英军在黑暗中被我们伏击并歼灭，极小部分的敌军逃脱了。

"很好，不愧是诺曼人，英格兰人和我们相比还是差远了！"威廉坐稳了胜利的宝座，他的心情非常愉快，即使后来听到了自己这方的伤亡统计，也没有表示出多大惋惜。

经此一战，诺曼人这方伤亡了大约两千人，英军方面损失要多得多。无论从哪方面来看，诺曼军都取得了决定性胜利。整顿好军队后，威廉风风火火地展开了征服工作。而他的弟弟厄德更加兴奋，他把战斗场面织成了著名的贝叶挂毯，目的是将此战的"丰功伟绩"永传后世。

此时的威廉意气风发，他不着急进攻英格兰内陆，而是下令在黑斯廷斯进行休整。这样做为的是让征战已久的士兵好好休息一下，另外威廉想借此机会观察英格兰内部的反应，他期望英格兰的领主们能够主动前来投降，那么他就不用动用武力扫清通往王宫的道路了。他耐着性子等待着，可是等了两个星期也不见个人影前来投降。

这下威廉真的怒了，他起兵杀向伦敦。在路上，他还听到一个更令他生气的消息：哈罗德二世死后，英格兰的领主们推选了一位新国王——埃德加二世。这位新国王正在组织军队抵抗威廉军队的入侵。威廉气愤不已，下达了不得到王位不罢休的命令。

这一年的11月，诺曼军队里流行起了痢疾，军营内大量兵士死亡，不几天连威廉也病倒了。有人劝他放弃征战，回诺曼底算了。他立刻坐了起来，顽强地说道：“英格兰的王位本来是属于我的，我为什么要放弃？进攻，我必须进攻！”

威廉不顾虚脱的身体，病没有好彻底就继续向伦敦进军。他将诺曼军兵分三路，一路上击溃了英军的几次失败的抵抗。随后，他带领着诺曼人雄赳赳跨过泰晤士河，准备包围伦敦。

在伦敦附近，英格兰贵族们组织了几次小规模的抵抗，然而面对强敌，他们没有一个人具备信心去打退诺曼人。这时的英格兰的领主们没有思考如何退敌，而是闹起了内讧，为是否该投降大伤脑筋。

“这下糟糕了，诺曼人真的打来了！如何是好啊？”英格兰的贵族们惊惶极了。

“必须拼死抵抗，再怎么说，我们不能让一个诺曼人做英国的国王呀！”有的人主张一定要死守。

但有的人胆怯了，用微弱的声音说道：“死守也守不住的话怎么办？唉，现在这也是没有法子了，不如就投降算了吧。”

贵族们放弃了抵抗，连加冕仪式都没有完成的国王埃德加二世带着爱德温和莫尔卡两位伯爵，以及伦敦州长艾瑟格，向威廉投降了。威廉得意扬扬地走进了英格兰人的王宫。到了圣诞节这天，西敏寺响起了庆贺的钟声，威廉在这里举行加冕仪式，正式被加冕为英格兰国王，世人称为威廉一世。

至此，盎格鲁－撒克逊人在英格兰的统治宣告结束。身体里没有一滴英格兰血液的威廉统治了英格兰，建立起诺曼王朝。这一历史事件正是世界史上著名的“诺曼征服”。

战典回响

多军种的联合作战

随着战术和战略思想的发展，战役中各个兵种之间的配合显得尤为重要起来。威廉一世显然比哈罗德更加清楚地认识到了这一点，在他的战略部署当中，从一开始就考虑到了利用自己联盟军队中兵种多样化的特点，设计了一套合理的作战方针。

黑斯廷斯会战在世界战争史上是具有很高地位的，它被许多历史学家看做是运用"联合作战理论"的典型例子。威廉选择登陆作战，又在陆地战中充分发挥了各个兵种的优势力量，在他的部署下，诺曼步兵、骑兵和弓箭手联合作战，相互配合，彼此弥补了缺点，从而让数量相当、装备相仿的哈罗德军队不敢轻易突击而只能防守。威廉还根据英军的战斗力和优势调整了策略，想方设法痛击对方的软肋和弱点，在每一次策略的变化中，他都注意到调动各个兵种进行联合作战。战局发展到最后，诺曼人极大地限制了英格兰人的战术行动，这也证明了多兵种的军队的确优于单一兵种的军队。

尽管当时的联合作战，无法和现代的海陆空联合作战相提并论，但是也发挥出了极大的威力。联合作战的战术一直不断发展着。现今的联合作战理论核心，是联合战役理论。联合作战理论对于现代战争，具有实践性指导作用。这既表现在战术级，又表现在战役级上，而更多更主要的是表现在战役级。所以，从一定程度上来说，联合战役是联合作战的主要形式，联合作战理论实施起来，就是筹划和实施联合战役。

英法冲突的原因

英格兰被诺曼人统治的那些年，他们是觉得十分委屈的。英国人与法国人的纠葛开始了。

威廉一世是一个外来者，他用武力征服了英格兰当上了国王，心里也是十分忐忑的。他不是没有看到英格兰人难看的脸色。为了给自己壮壮胆子，1067

年，威廉在伦敦市区内，在俯瞰泰晤士河的高冈上修建了一座城堡，并非真的是要将其作为堡垒用于实战，而是为了给伦敦城内的人制造一些精神上的压力。这城堡就是今天著名的旅游景点伦敦塔。

但是这并没有让英格兰人放下对他的偏见和鄙视，在统治英格兰的初期，威廉遭到了英格兰人的坚强抵抗。英格兰各地都出现了反对他的声音和军队，威廉只能残酷镇压。在他残酷镇压了各地反抗的同时，他还着手铲除了各地反对他的地方力量。这些行动，为他实行集权统治作好了准备，1171年，英格兰各地的抵抗基本平息了。威廉觉得时机成熟了，便下令没收英格兰贵族的地产，将其七分之一收归给了自己，把其他的部分分封给了随他来到英格兰的诺曼贵族。随后，他仿照诺曼底公国的制度改组了英格兰的中央行政机构和司法机构，俨然是在照搬诺曼底的统治制度。与此同时，威廉顶着罗马教皇的压力，强制性地保留了自己对英格兰各主教的任命权。

黑斯廷斯会战的历史意义，到此完全显现了出来。这次战役，是历史上最后一次对英国成功的军事入侵，在此之后再也没有人成功征服过英国。威廉一世当上英格兰国王后，将诺曼底传统的集权统治和军事立国政策带到了英国，这对于英国来说是一次重大的变革。在此之前，英国一直是个被入侵、被征服的对象，但自从被威廉一世统治之后，英国不再是过去那个孱弱的羔羊了。英国的军事实力开始变得逐渐强大，也开始入侵别国的领土了，再后来英国甚至成为了世界上屈指可数的殖民大国。

所以，可以这样说，尽管英国人不喜欢威廉，但他还是给英国带来了一些好运。威廉对英格兰内政方面影响很大，他最大的举措是临终前两年所完成的两件事。

首先是1086年"索尔兹伯里盟誓"的出现。当时，威廉要求英格兰的各级封建主都必须向他本人行臣服礼，确立了"我的附庸的附庸还是我的附庸"的原则，目的是加强集权制。接着《末日审判书》出台了，威廉为掌握全国的土地、财产和收入状况，他派人到全国各地清查。这一举措是为了给征收赋税提供依据，确保王室收入。他派出的调查员很负责任，一个个看起来面相凶恶。这些人工作做得很到位，调查内容极为细致，这使得那些被调查者感到恐慌，每日如履薄冰，仿佛是在接受上帝使者的末日审判一样。这次的调查结果被写成《土地赋税调查书》或《温彻斯特书》，它还有个更广为流传的名称叫做《末日审判书》。类似这样大规模的"刮户运动"，在中世纪的欧洲是极为罕见的，不过威廉实施了，而且达到了提高王室收入的目的。

其实，威廉一世完全是把英格兰当做了自己的孩子在管教，虽然严苛，却也合乎情理。

渐渐地，英国大地上出现了一件很有趣的事，那就是英格兰的国王和贵族们说着法语统治英国和诺曼底。在诺曼王朝统治的这段时期，由于诺曼人充斥在英格兰的宫廷中，所以古法语作为英国统治阶级的官方语言将近三百年之久。这无疑是一个奇特的现象，而这个现象也导致现代英语中的很多单词都能看到法语的影子。看来，英国人和法国人注定继续纠缠不清。

也就是从这一时期开始，英、法两国的关系变得极其复杂，很多英国国王还兼有法国贵族的身份，导致后来英国国王也有权利争取法国王位。这个问题，后来成为血雨腥风的英法百年战争的起因之一。

1087年，英国与法国发生了冲突，战争的起因是和法王腓力一世的领土纠纷，也正是此战揭开了英法两国未来数百年纷争的序幕。威廉一世亲率军队攻占了巴黎附近的要塞芒特，本来再踏出一步就可以胜利了，英勇一生的他却意外堕马而死，令人扼腕叹息。如果这位传奇的国王晚死几年，也许对历史的影响还会更大。

★沙场点兵★

人物：威廉一世

威廉一世也就是诺曼底的威廉公爵，他是英格兰诺曼王朝第一任国王，被人们称为"征服者威廉"。他出生于1028年，八岁时继承父亲的公爵位，15岁时被封为骑士。他在1046年至1055年间多次平息贵族的叛乱，于1054年至1060年间反对国王亨利一世与安茹的马特的同盟。

他在1063年征服了曼恩。1066年，他向英格兰开战并于同年9月引兵渡海，攻占了佩文西和哈斯丁斯镇。这一年的10月，他出兵抵达黑斯廷斯，击败了英格兰国王哈罗德。威廉一世是以"征服者"闻名于世的，但他一生其实只做了一件大事，那就是诺曼征服。

同年圣诞节，威廉在威斯敏斯特大教堂加冕为英格兰国王。威廉一世在当上国王后，为了确保边疆的安定，于1072年入侵苏格兰，1081年入侵威尔士，并在边境设立特殊的居民地。他一生的最后15年都住在诺曼底，把英格兰朝政交给友人弗朗克主教掌管。他于1087年死在诺曼底。

武器：盾牌

在此战中，英国军队的盾牌防线给人留下了深刻的印象，11世纪的英国军队常常让士兵手持盾牌组成步兵阵营的首要防线，在一段时间内宛如铜墙铁壁一般坚不可摧。但可惜的是，这一次法国军队让他们尝到了苦头，虽然英国人的盾牌十分坚固，但是最终无法阻挡住法国骑兵的猛烈攻势。盾牌是从很古老的年代就出现的防御性兵器，作战时英国士兵一手持盾用以隔挡，同时用它掩蔽身体，抵御法国士兵的兵刃、矢石等兵器进攻。

战术：联合作战

联合作战是一种古老的作战概念，在古老的年代就有军队采用了。最开始的联合作战不过是将海军、步兵和其他辅助兵种结合起来进行作战，讲究的是战术配合和合理调动，其中包括了登陆作战。在此战中，威廉公爵的军队就采用了联合作战的战术，派出海军和步兵协同进行登陆作战，在英军到来之前就抢占了地形上的优势，为战争的胜利埋下了伏笔。虽然威廉公爵的军队在联合作战方面只是初次尝试，但是取得了良好的效果，为后人提供了可供参考的经验。

此战后，联合作战不断发展，登陆作战被广泛应用。到了现代，人们一提到登陆作战就会想到海陆空三军联合作战的模式化场面。但是，联合作战不仅仅如此，它不是单纯的由不同兵种的人员或是装备参加的作战形式，它的实现也并非是各个兵种部队相互打几个电话就能搞定的。联合作战要想成功，需要各兵种之间实现行动统一、战斗力凝聚和相互信任。

周密筹划的巅峰对决
THE CLASSIC WARS

会战

第七章

坦能堡战役
——条顿骑士团之殇

▲ 15 世纪初期，十字军时代的记忆已经远逝了，但是条顿骑士团继承着骑士团的荣耀发展壮大起来，并建立起一个骑士团国，对立陶宛和波兰两国造成了极大威胁。为了将条顿骑士团的黑手斩断，立陶宛和波兰联合起来，组织起一支强大的联军对条顿骑士团发动了一场战争。两军在坦能堡附近地域不期而遇，展开了激战，最终条顿骑士团惨败，从此走向了衰败。

前奏：条顿骑士团的发展

1198年，一面白底黑十字旗帜在耶路撒冷附近的一家医院上空飘荡着，40多名身穿白色长袍的骑士仰望着它，脸上露出虔诚而激动的神情。

"条顿骑士团终于成立了，我们的骑士们，你们将光耀这片土地！"骑士团团长萨尔扎发表着激昂的演说，让在场的骑士们顿时热血沸腾。

他们从今天开始，成为了神圣罗马帝国皇帝和教皇的骑士，这真是件不容易的事。他们身处的这家医院，是1190年由德国商人组织成立的，当初的目的是救助圣战中基督教战士的病患。直到1198年，这家医院接受了这40多个德意志贵族骑士的加入，得到了神圣罗马帝国皇帝的认可，仿照医院骑士团的医护制度和圣殿骑士团的军事规章，建立了骑士团。这是一件多么值得骄傲的事情，要知道他们正好赶上了圣战骑士团的末班车，成为了三大骑士团中的一员！

从此，他们的任务不再只是照顾医患，也拥有了拿起长剑，执行"帮助、救治、守卫"基督教的神圣使命了。他们的忠诚之心得到了赞赏，不久就从皇帝那里取得了大量地产，从教皇那里取得了大量的特权。不过，他们为自己没有建功立业的机会而感到忧虑，圣城时代已经过去，第三次十字军东征都结束了，他们似乎没有了用武之地。更何况在此之前，还有圣殿骑士团和医院骑士团这两个闪烁着金灿灿光辉的骑士团，想超越它们看起来毫无可能。不过，机会还是降临在他们头上了。

★条顿骑士团旗帜

1211年的一天，匈牙利国王安德雷斯二世的使者找到了条顿骑士团，带来了国王的一个请求：希望骑士团能帮助匈牙利抵御中亚好战的库曼民族入侵。这不正是建立功勋的好时机吗？骑士们纷纷点头，立刻集合起来前往匈牙利。

没过多久，骑士们在匈牙利高奏凯歌。似乎是品尝到胜利的美酒有些得意扬扬了，虽然他们一口气拥有了五个属于自己的城堡，但还是有些不满足。看着白底黑十字的旗帜飘荡在城堡之上的情景实在是太美好了，骑士团团长萨尔扎派人对匈牙利国王提出了一个要求。

"既然我们帮了这么大一个忙，不如就让条顿骑士在这里建立一个独立的州吧？呵呵，您应该会同意的对吧？"

匈牙利国王打了一个冷战，头摇得跟拨浪鼓似的，"这，这，这怎么行呢？"

条顿骑士们不高兴了，他们认为匈牙利国王太小气，于是开始从德国招募农民作为帮手，准备强行行动。这个露骨的企图立刻遭到了强烈反对，一夜之间，在匈牙利国王派兵攻击骑士团，经过一段时间的交战，骑士团还是被迫从匈牙利退了出来。萨尔扎和骑士们都憋着一口气，心想总有一天他们会拥有属于自己的领地。

也许是上帝听到了他们的愿望，几年过后，又有人来请求骑士团的帮助。

这一次的求助者来自波兰，波兰的

★条顿骑士团骑士

★条顿骑士团的城堡

玛佐维亚公爵康拉德请求骑士团去帮助镇压异教徒普鲁士人的反抗。听到这个消息，团长萨尔扎没有轻易显露出欣喜的表情。他故作深沉，先让波兰人回去等消息，然后马不停蹄地派人去罗马皇帝和教皇那里进行了报告，没过几天，他得到了皇帝的保证，更得到了教皇的认同。

这下，他放心了。1230年，萨尔扎派巴尔克率领一支小股部队去征讨普鲁士。一开始，骑士团的征服路非常艰苦，这场仗一直打了50多年，骑士们孜孜不倦地攻城略地，打压着凶猛的普鲁士人，无论鲜血干涸了几次，他们始终坚持，在战场上拼杀。到了1285年，条顿骑士团终于获得了胜利。他们不仅完全占领了普鲁士，还意外地将波罗的海东岸的利窝尼亚收入囊中，这使得条顿骑士团的实力大大增强了几倍。趁热打铁，条顿骑士团立即在这片土地上建立了一个强大的政权——骑士团国，普鲁士成为骑士团国的中心。

有了自己的王国作为支持，条顿骑士团开始准备对东方进行殖民活动，与此同时，骑士们在小亚细亚也一直保持了旺盛的活力。直到1291年骑士团的总部阿科陷落了，骑士们没有跟随圣殿骑士团和医院骑士团一起前往塞浦路斯，而是前往了威尼斯。经过多年努力，他们于1309年将骑士团总部迁到了普鲁士的马林堡，真正将骑士团国建立成了一个独立的国家。那些年的条顿骑士团，一直是波罗的海地区组织最完善、权利最丰富的一支力量。

条顿骑士团在半个世纪内的突然强大，令不少人感到了恐惧。

由于骑士们在波罗的海地区的嚣张活动，东北欧一些国家的利益受到了极大的损害，其中的波兰和立陶宛，尤其对骑士团国产生了极大的恐惧和憎恨。原本，波兰是个四分五裂的国家，不够资格成为骑士团的对手，但到14世纪上半叶，波兰在国王弗瓦迪斯瓦夫一世的领导下团结起来，开始积蓄力量准备对付条顿骑士团。

狭路相逢：与敌人的不期而遇

团结就是力量，这句在很久之前就成为了真理。

1386年的某一天，波兰和立陶宛举国上下都在庆祝一件事，民众张灯结彩，在大街小巷议论着，脸上洋溢着喜悦。因为就在这一天，立陶宛大公亚盖洛要去迎娶波兰女王海德维西了，听说这位女王十分美丽，还掌握了多个国家的语言，想必能成为一个好王后。

"既然我们的国王娶了波兰的女王，那么我们岂不成了一家人？"一个立陶宛人说道。

另一个人点点头，"那当然了，以后波兰人和立陶宛人就是一条船上的啦！"

"那我们以后不用再害怕骑士团国了吧？"其他人插嘴道。

的确如此，通过这个联姻，波兰和立陶宛合并了。这也意味着立陶宛改信基督教了，立陶宛人也不再是什么异教徒了。不久，立陶宛大侯爵加冕为波兰国王，立陶宛和波兰彻底成为了一条战线上的家人。

听到这个消息，条顿骑士团炸了锅。骑士团团长立刻嚷嚷开了，骂道："亚盖洛是个狡猾的骗子！"他们拒绝承认立陶宛为基督教国家。

立陶宛人没有理他。他们和波兰人在一起相处融洽，常常可以坐在一起八卦一下条顿骑士的卑劣行径，过去对骑士团国的恐惧已经越来越少了。然而要对付骑士团并不简单，波兰和立陶宛在等待一个好的契机。

1409年，一个消息同时传入骑士团国和波兰王宫。

条顿骑士们愤怒了，波兰国王却

★立陶宛国王与波兰女王联姻

115

★弗瓦迪斯瓦夫二世画像

★弗瓦迪斯瓦夫二世雕像

笑了。原来，被条顿骑士团控制的赛摩基地亚发动了起义，他们立刻派人向波兰－立陶宛请求救援和庇护。波兰－立陶宛马上同意了这个请求，得知消息的骑士团非常不满，他们于1409年8月14日向波兰－立陶宛正式宣战。波兰国王骑在战马上，指挥着眼前的部队，他以抵抗侵略者的名义，已经召集了数万人马。对于骑士团国的恶性，他容忍很久了，现在是反抗的时候了。双方展开了10个月的试探性交战，在此期间，骑士团得到了西欧一些贵族骑士的支持，而波兰－立陶宛则找来了罗斯人以及鞑靼人做帮手。

1410年7月3日，波兰国王弗瓦迪斯瓦夫二世亚盖洛亲率波兰－立陶宛联军进入骑士团领地，直指骑士团总部驻地马林堡。此刻马林堡的会议大厅里，坐满了穿着缝有黑十字的白斗篷骑士，团长荣金根已经热血沸腾。自他上任起，他就渴望像自己的前任那样建立辉煌的功勋，但一直就没有大战斗发生，如今命运把他推向了风口浪尖，他不愿错过。

"召集军队，出击！"他大手一挥，带领骑士们上马。但他怎么也没想到，这是大多数人最后一次坐在这里开会了。与此同时，波立联军的大营外面风雨大作，暴风还掀翻了帐篷，这里的许多人都是刚刚信奉基督教，对战前这些现象迷惑不解。他们看了看弗瓦迪斯瓦夫二世沉稳的表情，觉得不可思议。为了稳定军心，走出营帐前，弗瓦迪斯瓦夫二世作了简单的战前动员。

"基督教已经不需要十字军来传播了，我们有权利在自己的土地上生活，所以十字军的存在已经没有必要了！战士们，让我们将他们赶出去吧！"

"没错，十字军时代结束了！"立陶宛的魏陶德公爵跟着呐喊道。

7月15日中午时分，双方军队在坦能堡附近摆开阵势。开战之前，荣金根派人给弗瓦迪斯瓦夫二世送去了两把剑，这意思是想要进行一场骑士之间的较量。弗瓦迪斯瓦夫二世和魏陶德公爵看了看这两把剑，相视一笑。

臼炮齐射：预料之外的波兰骑士

"你看，我这三条阵线的部署怎么样？"弗瓦迪斯瓦夫二世问道。魏陶德看着眼前蔓延了大约三公里的第一线士兵，眼神平和地点着头，"没有问题，不过我还有个建议。"

听了他的建议，弗瓦迪斯瓦夫二世立刻下令，让几个营的步兵悄悄进入联军身后的密林，他自己和他的禁卫军也在这支队伍中，另外还有一个立陶宛小分队也跟随上去。他们埋伏在附近，弗瓦迪斯瓦夫二世决定就在这里直接指挥战斗。

阵前的骑士团团长荣金根仔细观察了敌军，忽然觉得有些不妙。因为意识到可能会被包围，他赶紧将原来的三条阵线分成两条阵线，还在第一线配置了发射石弹的臼炮。当发现对面联军的大炮没有自己这方多时，荣金根马上喊道："全部臼炮准备，发射！"

瞬时，骑士团的臼炮齐齐发射，隆隆的炮声震耳欲聋，可片刻，本该出现的炮弹在敌军中炸开花来的场景却没有出现。骑士们回头一看，好嘛，因为天上下起了雨，火药被雨水淋湿了，炮火的威力小了不止一半。

★条顿骑士团的重要进攻武器——臼炮

荣金根傻了眼，迟疑了一会儿，再抬起头时感到十分惊讶。联军右翼的立陶宛骑兵攻过来了！这是魏陶德发出的命令，早在两军布阵时他就清楚地认识到，光靠上帝的保佑是不能赢得胜利的，骑士团的优势在于重骑兵，而他们只有机动灵活的弓射骑兵战斗力还不错，所以还是扬长避短比较好。这个行动好像是在自杀，就像是古代蒙古骑兵不顾对方密集的炮火和弓箭不断向前冲似的，根本不要命嘛！

但是，接下来发生的事让荣金根继续傻眼。绝对是意料之外的，几分钟后，骑士团的士兵们纷纷被头顶上方突然而至的箭雨惊吓到了，他们脸色煞白，刚要策马躲避，箭头已经逼近，嗖嗖嗖，带着凄厉风声的箭头插入了他们的胸膛和手臂。立陶宛骑兵们趁机冲进了炮兵阵地，没有多少肉搏近战经验的骑士团炮兵一个个血肉横飞，倒了下去。

"可恶，李奇斯坦公爵呢？要他带领他的重骑兵赶紧给我冲啊！"荣金根气急败坏地吼道，对左翼的部队下达了进攻的命令。

镇守左翼的李奇斯坦公爵亲率自己的所有骑兵冲了上去，朝立陶宛人发起了冲锋。立陶宛轻骑兵一看敌人的重骑兵来了，立刻慌张起来，如同老鼠见了猫，马上四散逃跑。条顿骑士们心里正憋着怨气，这下抓住机会了，逮着人就一锤子抡了过去，惊叫声和哀号声一浪高过一浪。条顿骑士们追了一路，个个斗志昂扬，被他们追得狼狈不堪的立陶宛军队溃不成军，据史书记载：只有三个人最后回到军中。

★立陶宛公爵的旗帜和铠甲

"原来大名鼎鼎的立陶宛公爵也不过如此！"荣金根大笑道，转眼恢复了得意的神情。可就在这时，一位骑士策马来报："团长不好了，我军右翼危急！"

胜利的喜悦又被一扫而空，荣金根郁闷极了。原来，趁左翼追击立陶宛骑兵的时候，魏陶德下令左翼的波兰骑士冲了过去，由于派出去的重骑兵回守不及，骑士团的右翼自然难以抵挡。这边的阵地上，炮兵和步兵死的死伤的伤，痛苦的呻吟声此起彼伏；那边的阵地上，势单力薄的白袍骑士被波兰人一拨接着一拨的冲击搅得哀号一片。

"拼了！"荣金根大叫一声，带领着自己的右翼军队冲入了混乱的战场。顿时，双方的军队扭打厮杀在一起，互不退让。

连续进攻：不成功便成仁

波兰骑士背后翼状的羽毛装饰在战场上抖动着，不久，一个接着一个颤巍巍地离开主人，被踩入肮脏的泥中。这些羽毛原本是用来防止穿戴者叛逃而作的标记，后来变成了波兰骑士飞速的象征，但在此刻的战场上，面对装备和人员素质都占优势的条顿骑士，波兰骑士们还是抵抗不住了，魏陶德也渐渐离开了弗瓦迪斯瓦夫二世的视线。

看着战局僵持，波兰国王有些着急了，他觉得身为联军领袖，自己必须做点儿什么了。他想了想，带着自己的预备队和步兵冲杀了出去，前去援救陷入苦战的波兰骑士们。刚刚进入战场没多久，弗瓦迪斯瓦夫二世的银狮王旗就被荣金根发现了，荣金根不禁喜上心头，大喊道："大家跟我一起上，去取下波兰王的首级吧！"他率着自己预留的重骑兵，朝着银狮王旗飞奔过去。弗瓦迪斯瓦夫二世正带着大队人马杀得天昏地暗，突然听得一声怒号，一片裹着白色斗篷的人浪冲了过来，为首的那个人面貌尤为狰狞。"哎呀，荣金根也出击了！天哪，那边好像是李奇斯坦啊！"弗瓦迪斯瓦夫二世握着马缰的手颤抖了几下。

眼看着荣金根把自己最强大的骑兵投入了战斗，李奇斯坦的左翼军也赶到了，再想不出

★身背翼状羽毛的波兰骑士

什么对策，波兰人和立陶宛人很有可能兵败如山倒。弗瓦迪斯瓦夫二世脸上愁云密布，在心里向上帝祷告起来。而在他对面，荣金根骑在自己的高头大马上，听着冲锋的号角，感觉好极了。他遥想到了当年条顿骑士团最辉煌时，骑士们南征北战、金戈铁马的岁月。现在胜利已经触手可及，荣耀和财富也唾手可得了。

"没有什么人能阻止我，我是最强的！"他直接向弗瓦迪斯瓦夫二世杀了过去。

事实证明，得意忘形是要乐极生悲的，又或许上帝真的听到了祷告，他将战争的天平又不小心倾斜了一下。因为就在这个关键时刻，魏陶德回来了。奇怪了，他的部队不是被击溃了吗？

没错，之前他的部队的确败了，他不得不带着被击溃的残余部队向湖边跑去，他是逃命去的，但更重要的是要保存这么一点儿火星等待机会重回战场，再彻底燃烧一把。他在湖边把逃散的部队集合起来，先前不是说只有三个人逃回军中吗？其实逃回了三个人，并不是只剩下三个人，实际上大多数人逃离了战场，毕竟轻骑兵还是跑得挺快的。在魏陶德的号召和鼓励下，这些败逃的骑兵又重新燃起了斗志，他们起来反身杀回了战场。

弗瓦迪斯瓦夫二世听到了熟悉的号响，顿时精神一振，他知道这是自己人的信

★冲锋中的条顿骑士

★坦能堡激战场面

号。他兴奋地转身一看，嘿，魏陶德这家伙还没死呀，他还带了援军杀回来，这下有救了。

魏陶德和他的立陶宛骑兵们如洪水般冲进了条顿骑士的队伍里。筋疲力尽的条顿骑士惊叫着回身抵抗，他们猝不及防，不一会儿伤亡惨重。形势又朝着不利于条顿骑士团的方向发展了。

荣金根没有下令让重骑兵撤退，而是大声呼喊道："不要慌，只要找到弗瓦迪斯瓦夫二世，干掉他我们就还有希望！"他和所剩不多的重骑兵开始在四周寻觅，他们瞪大了眼睛拼杀着，不知道自己身上沾染的是敌人的鲜血还是自己的，筋疲力尽之际，弗瓦迪斯瓦夫二世的银狮王旗的影子在不远处出现了。荣金根像抓住救命稻草一样抓住了一丝光亮，带领着周围的所有骑士向那面旗子的方向发起攻击。

挽救危局：关键时刻的梭镖骑士队

条顿骑士们前仆后继地冲杀向前，这一瞬间在他们眼里，那面旗子就是必须打败的怪兽，他们必须冲破一切阻碍去砍倒它，杀掉站在旗子旁边的那个衣着华丽的人。

喊杀声越来越大，让大地都在颤抖。突破重重防线的只有少数几个白袍骑士，然而找到波兰国王不是件很容易的事情，不仅需要勇气还需要一些运气和坚强的体魄。最终只有一个骑士冲到了国王面前，波兰王已经近在咫尺，他张大嘴巴举起了长矛一下刺了过去，突然，他身子往后一倒。谁能料到，就在这个节骨眼上，国王的一个大臣情急之下抓起长矛狠狠刺了过来，这位骑士不得不含恨倒了下去。被抓住后，他被国王的卫士就地处死。

尽管条顿骑士们没有成功刺杀波兰国王，但这件事，让联军战士们异常愤怒。

"那些条顿骑士胆子也太大了，竟胆敢刺杀我们的国王？"士兵们怒气冲冲地叫起来。

裹着白袍子的骑士们在波兰人的眼睛里看到了仇恨，挥舞着剑和长矛的手开始使不上劲了。

联军反击的时刻到了。

奥利格尔多维奇公爵率领俄罗斯斯摩棱斯克三个梭镖骑士队杀了过来，尽管人数不多，但他们的出现打乱了条顿骑士团的阵营。战场上，战马嘶鸣、战士哭喊怒号的响声席卷着尘土，扑向士兵们的脸庞，这支联军一直英勇抵抗，牵制着敌方瓦伦罗德的部分兵力。随后，波兰各梭镖骑士队向骑士团的右翼发起了猛烈冲击，他们动作迅速，发挥着轻骑兵速度快的优势，很快突破了利希滕施泰因军队的正面。

波兰人和立陶宛人、俄罗斯人齐心协力，不久就扭转了被打防守的局面，转为主动进攻。紧接着，在俄罗斯、立陶宛各个梭镖骑士队的合作下，瓦伦罗德骑

★条顿骑士团团长徽章

士军被击溃了。只是让人叹息的是，在残酷的对战中，克拉科夫的马尔沁——波兰军克拉科夫军团的旗手阵亡了，波兰军旗被条顿骑士团夺取，给波兰人造成了打击。但波兰人没有气馁，在弗瓦迪斯瓦夫二世的指挥下，左翼的波兰、俄罗斯、捷克军队以及前来增援的立陶宛、俄罗斯各梭镖骑士队合围攻击，歼灭了利希滕施泰因骑士军。

双方都压上了自己最后的兵力，胜败即将揭晓。

而胜利，往往出现在再坚持一下的努力之中。

至此，骑士团和联军都已经耗尽了最后的预备队，谁再多使出一把劲就胜利了。就在这时，条顿骑士团的骑士突然后退了，或者可以形容这种情景为军队溃散。波兰人立刻冲上前去察看发生了什么事，这个消息让他们马上欢欣鼓舞起来。原来，大名鼎鼎的骑士团团长荣金根在之前一个激动冲入了敌阵，非常不小心地遭遇攻击，被某个不知名的波兰士兵手那么一挥，死在了马下。波兰人肆无忌惮地冲向了白袍骑士们的阵营。

溃不成军：没有常胜不败的神话

所谓擒贼先擒王，统帅对于一支军队的重要性可见一斑。失去了主心骨的骑士团再强大，也经不起这个打击。荣金根阵亡的消息在军队中一传开，骑士们便颤抖地裹着白袍准备逃跑，条顿骑士团崩溃了。混乱中，英勇的李奇斯坦公爵吐出最后一口气，也战死沙场，跟随着荣金根一起去了。

硝烟滚滚的战场，在吞噬了几千名战士的鲜血之后，慢慢归于宁静。条顿骑士团的白底黑十字旗帜被狠狠践踏，颓败地落在了惨不忍睹的骑士团骑士们的尸体上。一位立窝尼亚的传记作家曾对骑士团战士被立陶宛骑兵砍杀的情景作了这样的描述：骑士们"像女人一样被纷纷砍倒"。就这样，历史上最大规模的骑士对决结束了，条顿骑士团不得不承认他们的彻底失败。

看着荣金根的尸体，弗瓦迪斯瓦夫二世亚盖洛不禁激动地感谢上帝的保佑。他有理由相信，波兰和立陶宛已经摆脱了条顿骑士团的阴影，能够快乐地生活在明媚的阳光下了，而经此一战，盘踞东欧近两百年的条顿骑士团主力几乎消耗殆尽，难以振作了。据统计，条顿骑士团的成员大约阵亡18 000人，被俘1 400余，几乎全军覆没。

另外，骑士团的700名核心成员仅有15人留下了性命，被俘的核心成员最后全部被波兰人绞死在科拉科夫大教堂。而波立联军这方的伤亡也不小，他们共有大约5 000人阵亡，8 000多人负伤。双方战况的惨烈，让坦能堡战役被称为"欧洲骑士的大屠杀"。

为了进一步打击骑士团国，不久之后，弗瓦迪斯瓦夫二世率得胜之师进攻骑士团首都马林堡。本来，马林堡里的六千守军是不可能抵挡住波兰人的，但是城堡易守难攻，波兰人居然迟迟没能攻下。这时波兰和立陶宛贵族因为分赃不均起了内讧，为了处理这件丢人的家事，弗瓦迪斯瓦夫二世只得收兵。

后来骑士团还是离开了马林堡，因为他们迫于波兰人的势力签订了合约，退到哥尼斯堡，把西普鲁士割让给了波兰。弗瓦迪斯瓦夫二世足以为这次的胜利感到骄傲，因为在波兰的历史中，这次战役可以说是波兰对西方取得的最大一次胜利，这次战役更是斯拉夫和波罗的海沿岸各族人民战斗团结的象征。而可悲的是，在此后的波兰政府都不再有这样的成就。

而对于条顿骑士团来说，这一战的失败促使了它的急速衰落，最终这些白袍骑士成为了一个历史名词，渐渐被人们所淡忘。到了近代，条顿骑士团仅剩下20名贵族成员。再后来，1944年史陶芬堡上校刺杀希特勒的行动中，骑士团12名成员参与了该项计划，最后被抓捕处死，结束了他们在历史舞台上的最后一次亮相。

战典回响

团队作战决定最后的胜利

穿着白底绣着黑色十字长袍的骑士们，在坦能堡战役之前，也许从未想过会有退出历史舞台的一刻。但他们矜持且高贵的头颅，终究被波兰人踩在了脚下，陷入了灰暗的泥土中。他们的灵魂如果能见到上帝，一定会不甘心地问道："我们的失败究竟是因为什么？"一切皆有因果。

在此战之前，条顿骑士们都是自信满满的。从装备上看他们具有明显的优势，骑士团国的士兵主要都是装备精良的重骑兵，而且还配有大炮。相比之下，波兰－立陶宛联军的装备逊色很多：波兰军只有一部分重骑兵，步兵的数量也不够多；立陶宛主要是以轻骑兵为主，虽然也有大炮，但数量很少。

不过在兵力上联军要有优势一些，波兰－立陶宛的军队、斯摩棱斯克的俄罗斯仆从军三个营，再加上此外还有赛摩基地亚起义者以及捷克的志愿者，他们一共有90多个营，约六万多人。而骑士团只有约51个营的兵力，总共约三万五千多人。看起来，也算是各有长短，实力相当吧。

可进入战斗后，骑士团军队的弊端慢慢显露出来，他们的装备很重，行动力较差，士气低落，对于战略和战术的运用不够重视。那么反观波兰和立陶宛的军队，他们又存在何种优势呢？

自从反抗骑士团的13年战争开始，波兰的扈从军的战斗力是极差的，根本不是骑士团的对手，这主要是由于国王对军队的指挥调动能力不够。要知道，在15世纪上半叶之前，波兰和其他许多国家一样，是没有建立常备军的。一旦有战事发生，国王就会临时召集一支扈从军，那些波兰贵族不得不带领自己的扈从应征入伍，为国王作战。而作战的条件是，国王要付出一定的报酬。那时的军队的核心是波兰贵族和他们的扈从军，这样造成的不良后果是，倘若国王无法满足贵族的政治要求，这些扈从军随后可能不听从指挥。尽管扈从军如此糟糕，但波兰还是赢得了战争，这主要得感谢波兰新式常备军的出现。

波兰常备军是由重骑兵、轻骑兵和步兵组成的，每个骑兵营队有自己的番号，各营之间以"同志体系"作为联系，各营的指挥官再招募自己的骑士组建各自的单位，通常从旧军队中和下层人士中选拔。这支军队的优点是，团队作战能力强，各个单位之间有着密切的联系。再来瞧瞧立陶宛的军队。

立陶宛骑兵的装备很轻，他们的铠甲是由皮革和金属片连缀制成的，只有最富有的贵族才会装备西欧骑士的重盔厚甲。这种铠甲的防护功能较差，所以他们有时使用盾牌，主要武器是长矛，机动性很强。

这些轻骑兵中的大多数人是骑士的扈从，由于长期和鞑靼人接触，他们能够骑在马上进行射击，这一特长在攻击骑士团重骑兵时发挥了作用。另外，立陶宛军队有来自不同民族的人，其中由罗斯人和鞑靼人组成的队伍战斗力很强。

尽管立陶宛军队的机动性已经强于欧洲各国的军队，但他们还是非常重视战斗中战略战术的运用，他们从鞑靼人那里学到了不少非凡的战术。战斗开始后，立陶宛人会充分合理地运用战场的地形地貌，各种障碍物、掩蔽体以及气候条件都能成为他们的利用对象。

迅如电，快如风！立陶宛轻骑兵奔驰在战场上扬起遮天蔽日的尘土，他们手中拿着弓箭，时刻准备着给面前的敌人致命一击。

通常，他们会侦察敌军的薄弱环节，然后发动小规模的进攻，以切断敌军各部分的联系。如果遭遇的敌人实力高过自己，他们会假装败退，从而引诱敌军追击，然后寻找时机进行反围歼。他们还会在高速行进中射出弓箭，或者事先下马进行弓箭埋伏。

在坦能堡战役中，立陶宛军队就把自己的战略战术运用得相当充分。更重要的是，他们能和波兰人配合得当，不同的民族拧成一股绳，团队作战能力极强，进退迅速且能一呼百应。发挥了团队作战的优势，是联军能获得最终胜利的关键。

★沙场点兵★

人物：弗瓦迪斯瓦夫二世

在此战中，条顿骑士团之所以会被打败，很大程度要得益于弗瓦迪斯瓦夫二世的联姻政策。正是因为他和波兰女王结婚，将波兰和立陶宛合并，才使波兰和立陶宛团结起来组织起强大的联军对抗条顿骑士团。弗瓦迪斯瓦夫二世是这场战争中的关键人物，他名为亚盖洛，于1377年继承了父亲的立陶宛大公之位，于1386年和波兰女王结婚并继承了波兰王位，建立了亚盖洛王朝。在此战中，弗瓦迪斯瓦夫二世身先士卒，冒着被活捉的危险带领着联军军队与条顿骑士团的骑士们展开激战，虽然战争的胜利没能使他完全收复失地，但他已经达到了阻止条顿骑士团东侵的目的。

武器：臼炮

臼炮最初出现于13世纪，是一种炮身短、射角大、初速低、高弧线弹道的滑膛火炮，因其外形类似中国的石臼，才被称为"臼炮"。15世纪之后，欧洲开始大规模使用臼炮，使用时基本采用前装填，发射的是实心球状钢弹或者石弹。在1453年君士坦丁堡攻城战役中，攻城一方使用的就是大口径臼炮。由于过去金属铸造工艺不精湛，无法铸造长身管火炮，因此19世纪50年代以前的大口径火炮很多都是臼炮。臼炮的射角大、弹道弧线高，因为它的这个特征，所以常被用来轰击距离较近的、中间隔有山脉等障碍物、无法平射的目标。

中国古代也长期使用臼炮，明清时的将军炮有很多就是臼炮，如造于1377年的大口径轰城炮以及1690年所制的威远将军炮等。在后来的日俄战争中，日军对旅顺展开地毯式轰击时用的是280毫米臼炮，还用它击沉了俄国太平洋舰队多艘战舰。到了第一次世界大战时，交战双方军队在欧洲的壕堑战地区广泛使用臼炮，用以轰击对方阵地。直到第二次世界大战臼炮才慢慢淡出战场，在它的基础上逐渐发展了迫击炮，它渐渐被其他火炮取代。

战术：三线阵形进攻

在坦能堡战役中，波兰－立陶宛联军在两公里正面布置了三线战斗阵形。阵线右翼布置的是立陶宛大公维托夫特率领的立陶宛和俄罗斯40个梭镖骑士队，以及鞑靼骑兵；兹比格涅夫率波兰42个梭镖骑士队、俄罗斯7个梭镖骑士队和捷克两个梭镖骑士队组成了左翼。联军阵地的右翼旁边是沼泽地，后方是马尔沙河，左侧为森林，不容被迂回伏击。设计三线阵形的目的是为了留有足够的预备队，在第一线难以控制战局时将第二线压上，最后的第三线队伍能给敌人最后一击。但是这种阵形也存在弱点，那就是中央比较薄弱，毕竟容易被突破。

周密筹划的巅峰对决
THE CLASSIC WARS

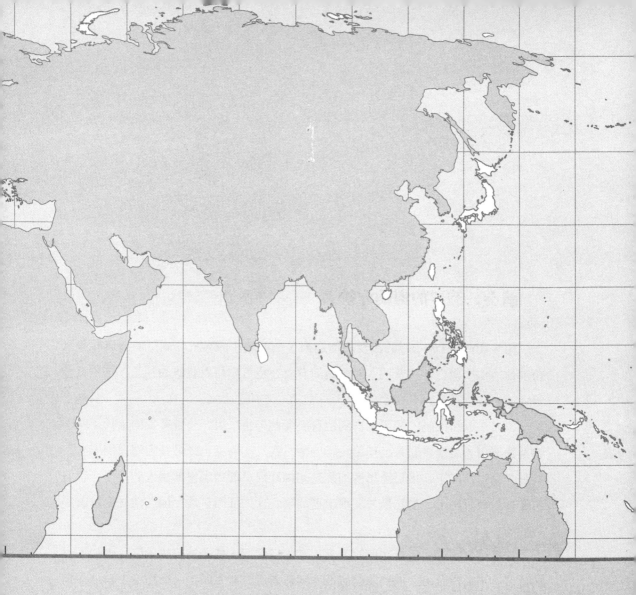

第八章

布莱登菲尔德会战
——古斯塔夫二世的传奇

▲ 17世纪初，作为波罗的海的统治者，瑞典国王古斯塔夫的野心越来越大，他不仅击败了俄军，还敢于在德国人头上动土，决定在德意志战争期间插一脚。尽管德意志军队的统帅提利不想在此时和古斯塔夫一决高下，但布莱登菲尔德会战还是如期爆发了，最后提利的德意志军队遭到惨败，此战造就了古斯塔夫如日中天的声望。

前奏：波罗的海的守护者

阳光和煦，1615年的波罗的海迎来了一些陌生的客人。咸湿的海风吹起队伍前面一位英俊青年的发梢，他飘逸的发丝在空气中打着欢快的卷儿。这位英俊青年叫做古斯塔夫，不过才21岁。

他是来旅游的吗？错了，看到他身后那些神色严肃、整装待发的士兵了吗？古斯塔夫可不是个普通人，年纪轻轻的他，在几年前就已经继任为瑞典国王了。他是个勤奋的国王，平日里思考的都是如何让自己的国家更加强大的大事，带着这么多人离开国土，当然是为了很重要的事，比如征服某片土地。他是来对俄国宣战的。

步伐整齐的瑞典士兵在他的带领下踏上了俄国人曾经拥有的土地，他们不交头接耳，不大声喧哗，他们神情威武地列队前进，时不时抬头仰望一下自己年轻英武的国王，默念着这次征战的目标，目光如炬。

不久之后，这支军队势如破竹，迅速夺取了俄国整个波罗的海周边的领土，士兵们围绕着古斯塔夫欢呼着。从此，俄国成为了一个内陆国家，瑞典成为了波罗的海的主人，直到一百多年后，沙皇彼得大帝击败了瑞典国王查理十二，俄国人才重新获得波罗的海的出海口。

作为波罗的海的统治者，古斯塔夫的野心在不断膨胀，他享受着柔软的海风没有感到丝毫的安逸。他骨子里奔腾的血液还未停歇，征服的欲望在啃噬着他的皮肤。在整顿了瑞典军事制度多年之后，他觉得是时候检验一下瑞典军队的实力了。

1630年的一天，古斯塔夫仅率领一万多的瑞典军在德国登陆了。这时的他，对德国的状况还不太了解，只听说德意志战争已经进行了好多年，作为一

个新教教徒，他一相情愿地认为，德意
志新教诸侯应该都会支持自己的，毕竟
德意志皇帝一直不肯接受新教，这一直
让诸侯不满。如此构想后，他还制订了
在德国招募新兵，组成十万大军，分五
路南下横扫德意志的计划。但是，他不
久便发现自己是太过于乐观了。因为这
时他派出的去勃兰登堡和萨克森的使者
都灰头土脸地回来了，带回来不好的消
息：德意志新教诸侯都拒绝给予他支
持，甚至对瑞典人的登陆表示出了反
感，希望他赶紧出境。古斯塔夫拧着眉
头，铺开地图琢磨着如何给德意志人一

★古斯塔夫二世画像

些教训。瑞典人进攻的消息在德意志诸侯中间引起了恐慌，看到大伙犹豫不决的
样子，萨克森选帝侯首先发了话。

　　"虽然古斯塔夫是个新教教主，一心想要扮演德意志的新教救主，但是他毕
竟是外国人，不该干涉我们的家事啊！他现在大兵压境，也做得太过分了！"

　　"嗯，的确如此，我们还是想好办法让他知难而退比较好。"有人应和道。
大家也纷纷点头，表示如果能在旧教的皇帝和瑞典国王之间，找寻一条"中间
道路"就最好了。但这仗还是不打不行了。德意志帝国军队集结起来，有十万之
众，他们面对瑞典的两万人，禁不住哼了哼鼻子。

　　两军进行了试探性的接触，战局没有什么进展，直到几个月后，一个消息
让古斯塔夫舒展开眉头：帝国军队总司令华伦施泰因被迫辞职了，这一下原本跟
随着这位传奇将领马首是瞻的人也陆续离开，十万人马顿时散了一半。但即便如
此，帝国军队的数量还是比瑞典多。

　　华伦施泰因辞职之后，提利伯爵接任帝国军队总司令，他的才能虽然不如
华伦施泰因，但也是一位经验丰富的老将，身经百战。他还拥有一支由瓦隆人组
成的子弟兵，在帝国的雇佣军部队里是一支可靠的中坚力量。看到对手是他，古
斯塔夫很快调整战略，他先下令军队占领了波罗的海海边的港口要塞什切青，巩
固着自己在德国的波罗的海沿岸的势力，然后决定一步一步沿奥德河向上发起进
攻，往德意志深入。这一年里，古斯塔夫的行动很小心，他沿着奥德河流域慢慢

★提利伯爵画像

前进，占领一个一个堡垒，同时收编其他国籍的雇佣军壮大力量。他不急于带领主力进攻，他的对手提利也不着急。

提利是个老奸巨猾的狐狸，在一旁静观着古斯塔夫的行动，只要瑞典人不是继续向易北河和奥德河上游进一步扩张，提利也不着急现在就和他决一死战。因为他揣测过了古斯塔夫的心理活动，断定古斯塔夫此战不会冒险。毕竟古斯塔夫首先是瑞典国王，其次才是德意志新教的教主。他先要顾及瑞典的国家利益，也就是保证其在波罗的海周边的权益，其次才考虑德意志的问题。古斯塔夫甚至早就有心把瑞典、丹麦、挪威重新合并成一个统一的、以瑞典为首的联合国家，对于他来说，德国的远征成功固然很好，即使不成功瑞典也是没有损失的。但不久之后，他们终究还是面对面遭遇了。

求战心切：急躁的巴本海姆

古斯塔夫最近几天火气很大，凄厉的寒风也熄灭不了他头顶的怒火，只见他攥紧拳头砸向桌面，咬牙切齿地骂道："可恶的提利，我必将为新教教徒们报仇雪恨！"

到底发生了什么事情，会让古斯塔夫如此愤怒呢？这要从1630年的夏天说起，那段时间，在易北河中游的战略要地马格德堡市，新教徒市民举行起义，决心反抗德意志帝国统治，准备迎接古斯塔夫大军进城。听闻这个消息的古斯塔夫高兴不已，认为这是一个向德国纵深进军的天赐良机。但是他又立刻愁眉不展，因为马格德堡位于易北河畔，那里是帝国军队的腹地，本来初期也没有攻入德意志腹地的古斯塔夫这下鞭长莫及，他没有办法在短时间内给予马格德堡支援，更何况提利比他抢先一步带领军队赶了过去，围困了这座城市。马格德堡的市民十分顽强和坚毅，即使没有得到古斯塔夫的支援，他们也努力坚持着，从1630—1631年冬天，他们一直都和帝国军队进行了殊死对抗，不愿投降。

但终究他们还是坚持不住了，马格德堡陷落了，熊熊的烈火燃烧冲上云霄，整座城堡一夜之间变成了人间地狱，殷红的火光刺痛了古斯塔夫的眼。他在心中起誓，要为马格德堡人复仇。他牢记着这个仇恨。

1631年9月17日，复仇的机会不期而遇。提利的德意志军队主力和古斯塔夫的瑞典、萨克森联军

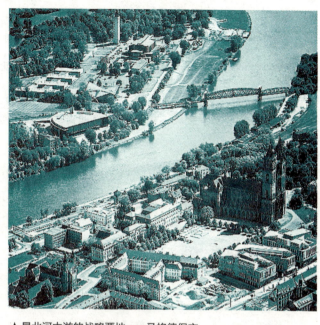

★易北河中游的战略要地——马格德堡市

★ 布莱登菲尔德会战 ★
古斯塔夫二世的传奇

主力在莱比锡附近正面遭遇，看来一场大战即将拉开序幕。

在下达决战命令之前，提利却犹豫起来，他觉得这并不是和古斯塔夫决战的最好时刻，或许先试探一下对方的意图和实力比较好吧。于是，他命令副将巴本海姆前去侦察。巴本海姆这个人脾气有些暴躁，且勇猛绝伦，但是有点儿有勇无谋，行事作风正好和谨慎小心的提利形成强烈对比。巴本海姆麾下有一支精锐的胸甲骑兵，全军黑衣黑甲，军容整肃令人生畏，在作战时十分英勇。但就是由于他的这个个性，导致了提利不得不决定和古斯塔夫决战。

那天，巴本海姆率骑兵外出侦察，当他看到古斯塔夫的军队越来越近时，身体里的血液就不可抑制地沸腾起来，他求战心切，带着手下就冲上去和瑞典军发生了冲突。短兵相接，刀剑无情，黑衣黑甲的士兵们策马向前，敌军的身影在他们面前幻化成了狰狞的野兽，正等待着将他们一口吞下。这种形势下想要全身而退十分困难，巴本海姆只得请求提利立即率主力前来接应。这样一来，提利只能正面迎战古斯塔夫，在战场上摆出阵势。

提利亲自指挥的17个步兵大方阵部署在了德意志军队战线中央，他在左右两翼摆开骑兵，其中布置在左翼的，是巴本海姆统领的约五千精锐黑甲轻骑兵，正对着瑞典军右翼巴纳尔元帅。这次他身后的德意志军队人数并不算多，总数在三四万，但是他们占据了地理优势，身处顺风地带且背向日光。

在背后阳光的映衬下，提利骑着一匹纯白色战马来到战线中央，四周缓缓跟随

的是他的瓦隆亲兵。万众瞩目中，他的脸色自信傲然，威风凛凛。看着他高大的身影，帝国全军爆发出大声的欢呼声。这些将士的眼神中充满了崇拜和爱戴，因为他们的"提利老爹"从没有在任何重大战役中失败过，帝国士兵相信他，就像相信自己手中的兵刃。几轮欢呼过后，帝国士兵们眸子中升起浓烈的杀气，仿若已经站在战场上，双手浸满了瑞典人的鲜血。古斯塔夫观望着德意志军队，脸上的表情出奇的宁静。

瑞典军总共有五万五千左右，战线中央由古斯塔夫亲自坐镇，右翼布置的是巴纳尔元帅的队伍，左翼由霍恩元帅统率，中央和右翼前方还部署着炮兵，由炮兵司令托尔斯滕森带领。在霍恩元帅的左边，是阿尼姆指挥的萨克森军。瑞典军的步兵和骑兵是混编在一起的，步兵中包括了火枪兵，这样的编制有利于将军队的机动性和火力配合起来。但就目前的对阵来看，谁也没有必胜的把握。

试探虚实：打破平衡的瑞典炮兵

清晨的薄雾打湿了瑞典骑士们的脸颊，他们轻抚着鼻翼上的水珠，眼睛仍然傲视前方，身下的马匹抖动着身体，想要让自己更加清爽一些。另一边，步兵阵营中，火枪兵们仔细检查着手中的枪杆，手脚麻利地分装着袋中的火药，时不时看一眼身旁的伙伴有没有准备好，然后继续进行手上的工作。这时，各营将领走了过来，检查大家的军容和装备，进行了简单的战前训话。

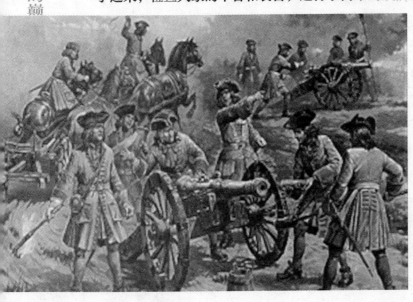

★战斗中的瑞典炮兵

"今天一战，将士们拿出你们12分的力量和勇气！火枪兵听从指挥，然后统一发射，一刻也不许慢，一刻也不许快！步兵们，你们要在火力的支援下尽快接近对方的阵营，但要保证你们的速度和气势！都听明白了吗？"

"是的！"士兵们高声回应。

不远处的古斯塔夫满意地点点头，表示可以开战了。布莱登菲尔德会战，正式开始了。

双方都发出开火的命令，炮火抢先一步，在战场上绽开一个个的响雷。先是零零星星的几个大坑在两边阵营的附近裂开，随后，炮声陆陆续续变得密集起来，炮火的攻势加强了。

火光冲天的战场上，士兵们被炮灰和灰尘呛到了喉咙，他们保持着军姿严阵以诗，尽管炮火已经映红了眼睛，但冲锋的命令还未下达，他们岿然不动。

"继续进行炮火攻击，再等一会儿，提利就要撑不住了！"古斯塔夫沉稳地坐在战马上，对身边的将领吩咐道。现在双方都在试探对方的虚实，很显然，古斯塔夫对自家的火力攻击非常自信。

没多久，两边的炮火更加密集了，一发接着一发，没有停顿。借助炮火的掩护，提利和古斯塔夫派出了小股骑兵冲向战场。短暂交锋之后，彼此都不恋战，纷纷又撤了回来。他们的目的，只是为了试探对方的薄弱环节，现在还不是拼死搏斗的时候。渐渐地，提利那方的炮火减弱了。

古斯塔夫微微一笑，继续下令："让炮火再猛烈些吧，我的战士们！"

震耳欲聋的炮声响彻天空，德意志军队阵营里的士兵有的刚听到炮声，就被脚边炸裂的泥土模糊了视线，还有运气不好的，躲避炮弹不及，一瞬间就陷入了血肉被撕裂的疼痛中，仿若被巨兽啃去了一块肉皮。但为了保持阵形不变，即使知道有可能被炮弹击中，他们也不能躲避，只能站在自己的位置上，静静地忍受着死亡带来的恐惧。

激烈的炮战已经持续了两个半小时之久了，瑞典的大炮却还在不断地喷射出炮弹。原来，德意志军队这边只有26门大炮，瑞典的火炮比之要多出一些，关键的而是瑞典炮兵的素质更高，在他们的快速填充炮弹的动作下，瑞典火炮的射速和火力密度几乎是帝国火炮的三倍。

帝国阵线中几乎每打出一发炮弹，等待下一枚炮弹填好的空隙，就要遭受三发瑞典炮弹的回击。双方的步兵骑兵阵线都被打出许多缺口，德意志军队阵营里的伤亡较为惨烈。

一马当先：巴本海姆揭开战幕

"不行，我们不能继续忍耐了！"巴本海姆大吼着，脸已经憋得通红。

"可是，还没有让冲锋的命令呀！"一个下属提醒道。

"不管了，有什么后果我来承担好了！现在，大家跟着我往前冲啊！"他一声令下，他统领的德意志军队左翼的骑士们，像一阵黑色的旋风冲到了炮火之下。

眼瞅着巴本海姆冲了出去的提利气得跳脚，顿时在马上大叫起来："我的荣誉和威名在今天都被这混小子夺去了！他怎么这么愚蠢哪！"

巴本海姆一马当先，尤为英勇，他的黑衣黑甲胸甲骑兵跟随其后，一个个气势汹汹，恨不能立刻张大嘴巴，豪饮瑞典人的鲜血。他就这么鲁莽地冲锋了。

可是，帝国骑兵的火力远远不够，根本给予不了什么火力支援。就在巴本海姆一腔热血迎头冲锋时，瑞典的炮弹嘭嘭嘭发射了出来，它们就像长了眼睛一样，盯着他的脚下砸了过来。不知是哪里飞溅出来的石块还是弹片，击中了巴本海姆。他啐了一口唾沫，摸了一把汩汩流出的血，骂道："该死的，我就不信这点儿火炮就能把我弄死了！冲啊！"

不信邪的巴本海姆又冲了上去，完全不顾第一次冲锋被击退的失败，毫不畏惧。就这样，巴本海姆一连发动了七次冲锋，火炮的轰鸣声、骑士们的厮杀声一浪高过一浪，相互混乱纠缠在一起，他们躲避着战场上被炸出的坑洞，跟跄着挥舞马鞭。这七次都在巴纳尔的火力网中，巴本海姆受了伤，撞得头破血流。当他发动最后一次冲锋的时候，瑞典这方的巴纳尔将军被激怒了，他对这个傻瓜式冲锋的巴本海姆嗤之以鼻，决定给他一次教训，发动一次反攻，将这支溃不成军的帝国骑兵赶出战场。巴纳尔将军带领了麾下的士兵冲向了巴本海姆，两位将领眼睛都瞪得溜圆，死死拼杀在一块儿。

至此，帝国左翼骑兵被打得灰头土脸，不得不往后撤退，此刻的古斯塔夫觉得形势对自己极为有利。

弄巧成拙：提利错过最好的机会

"这是逼得我全线攻击啊！真是的，气死我了！"生气的提利叫嚷着，只能派兵出击，去解救这个两次破坏掉他计划的巴本海姆。

他下令，帝国右翼骑兵对联军左翼萨克森军队发起冲击。一时间，战场上双方的骑兵碰撞在一起，马蹄声阵阵，兵刃相接的响声夹杂在其中，如果不是旗帜分明，真是很难在混乱中分辨哪是敌人，哪是同伴。遭遇敌人攻击的萨克森军衣甲鲜明，他们举起武器抵抗了一会儿，便纷纷缩回了阵营，难道是在假装败逃吗？看着他们逃走的帝国右翼骑兵们迟疑了片刻，最后还是追击了上去。而事实证明这根本是一支不折不扣的混饭吃的队伍，萨克森军在追击中一哄而散，溃不成军，甚至连一次像样的抵抗都没有组织。败退下来的他们没有夹着尾巴远离战场，而是跑到了瑞典阵线的后方，他们瞧了瞧，相互使了几个眼色，没有在心里作过多的挣扎，就厚颜无耻地伸出手，顺手牵羊地抢走了瑞典军后方营盘的辎重。

营盘的留守部队，原本不是瑞典人，都是德意志各邦的雇佣兵。他们看到萨克森军突然跑到后方来抢夺辎重，心说不好，莫非是瑞典人要败了，不然怎么会发生这么奇怪的事情，于是无心抵抗，顿时作鸟兽散。这下可不妙了，古斯塔夫完全没料到自己的后方会先出现问题，他下令将士们赶紧稳住自己手下的部队，不要让更多的士兵溃散。就这样，被萨克森军的不抵抗行动牵连，瑞典这边一下就丧失了三分之一的兵力，丧失了原本的优势。瑞典人的脸色由晴转阴，变得异常难看，他们纷纷望向古斯塔夫，此刻这位统帅的神情更加凝重。

因为更糟糕的事情发生了，由于先前巴纳尔将军带领麾下部队冲了出去，这时联军的左翼部队完全裸露出来。如果德意志军队在这个时候从左翼的空隙攻入，势必会片刻席卷瑞典全军。

身经百战的提利一眼就看出这个机会，心中大喜，马上下令从战线中央调主力向联军左翼移动，准备一举击溃古斯塔夫部署的战线。他要集中兵力给瑞典人致命一击，但德意志军队没有预备队，所以他必须把中央的方阵步兵集结起来，全部投入到突破口。

德意志军队的步兵们大声怒号着，迈着整齐快速的步伐向前挺进，犹如黑压压的一片钢铁机器，挥舞着手中的利刃企图将面前的一切障碍物砍杀在地。杀气腾腾的他们，就将逼近了。

就在这个危急时刻，古斯塔夫眼珠子一转，立刻作出了反应。在他的果断指挥下，瑞典军队在体制和士兵素质上的优越性在此时发挥了关键作用。

他命令霍恩元帅把左翼兵力向侧面旋转呈直角，让攻击阵营换了个方向，从而能面对突破的德意志军队，这样就在瞬间形成了一道新的防线掩护中央。原先的左翼阵营布置能够继续发挥作用，他的步兵、火枪兵和骑士们都作好了迎战的准备。与此同时，古斯塔夫自己亲率部分中央二线兵力驰援左翼，以保证战斗力的加强。由于瑞典军队的机动性和服从性相当高，完成整个部署只用了大约15分钟，而相对应的，德意志军队中央的步兵大方阵行动起来比较缓慢，等他们赶到突破口时，瑞典军已补上了突破口，提利唾手可得的战机就这么消失了。煮熟了的鸭子飞了，德意志军队的将士们一个个恨得牙根痒痒的。

力挽狂澜：瑞典人的反击

德意志军队中央的步兵大方阵背着沉重的甲胄来到了目的地，可惜的是，他们面前的瑞典人个个脸色坚毅，丝毫没有慌乱和惊吓的模样。瑞典人见到他们的敌人才像是受到了惊吓，觉得十分过瘾，火枪兵立刻发动了火力攻击，在火力的掩护下，他们的步兵冲向了敌人的步兵大方阵。

本来就行动力不够的德意志军队步兵，一下子被突如其来的火力震慑到了，厚重的甲胄突然成为了阻碍他们躲避火舌的妨碍，不一会儿，他们就被轰退拥挤到一起，不然就是被冲上前来的步兵刺倒或砍倒在地，嗷嗷叫饶。瑞典左翼阵线总算是稳定了，和德意志军队的步兵大方阵进入了僵持阶段。

见此情形，古斯塔夫又回到了中央，迅速命令右翼和中央部队向德意志军队发动反攻，倾巢调出了中央步兵主力的德意志军队这时没有兵力可以抵挡。可怜那些留守在阵营里的孱弱之兵，他们只能拼死迎接着瑞典骑兵们的铁蹄，抱着脑袋慌乱逃窜。解决完这些没有战斗力的敌人，瑞典的所有部队往提利的主力步兵压上，没有给他们撤退或者扭转战局的机会。

德意志军队士兵们的哭喊声震天，他们相互推搡着，身上的甲胄不断丢失，精疲力竭地劈杀到队伍的边缘，面对的还是瑞典人得意扬扬的面容。就算提利有多么的不甘心，就算巴本海姆有多么后悔，他们必须接受失败的现实。

在这次的战斗中，古斯塔夫赢得了一边倒的胜利。根据统计，德意志军队方面死伤约七千人，受伤被俘的达六千多人。提利拥有的本就不多的大炮和九面军旗被缴获，在脱离战场的过程中，提利本人也受伤了。反观古斯塔夫这边，即使加上扶不上墙的萨克森军在内，瑞典军队的损失也不过只有三千人。

战典回响

机动性与火力的完美结合

如果说古斯塔夫是个善于利用战术的军事奇才，那么提利就是个老奸巨猾的沉稳谋士，他们的军事才能不相上下，IQ也都不低，但为何在布莱登菲尔德会战一役中，提利会败得如此彻底呢？这不能不让我们从更深层次来挖掘其原因。

在这次战役中，双方的左翼都被对方所击溃，而在左翼溃败后，提利和古斯塔夫的策略还是有所不同。但从军队组织上来分析，我们应当承认的是，瑞典军队的机动性和纪律性比帝国军队更胜一筹，加之统帅古斯塔夫的应变能力很强，这使得他能及时弥补萨克森军造成的不良后果。本来遭遇这种变故，如果是其他任何一支军队，这场战役就以失败告终了。但瑞典人凭借着自己的优势克服了困难，关键在于在瑞典优良的军事体制下，军队的机动性和火力进行了完美的配合，这使得古斯塔夫掌握了有利的克制帝国军队的条件，从而获得了胜利。

那么瑞典军队机动性和火力的完美配合，是如何建立且顺利实现的呢？这要从古斯塔夫对瑞典军事制度的改革说起。当年征战波罗的海，与俄国的战争告捷之后，有五年时间瑞典没有军事行动，这一段和平时期十分珍贵，趁此机会，古斯塔夫抓紧时间整顿瑞典军队，不但练兵，还推行了许多军事制度改革。

为了建立一支在欧洲与众不同的军队，克制传统欧洲军队的优势，古斯塔夫所进行的改革，涉及了各个兵种，包括了体制和技术的各个层面。他最重视的有两个部分，一项是炮兵的改良，一项是训练部队增强联合兵种作战的能力。

他认为火力在战场上的作用是巨大的，但火力口径再大的火炮，在当时情况下如果没有机动性，跟不上作战的节奏，也无法发挥优势。于是，炮兵的作战效率至关重要。1629年他组建了第一个炮兵团，提拔了年轻有为的27岁军官托尔斯滕森担任指挥。这个炮兵团拥有四个炮兵连、一个野战工兵连和一个特种爆破连。由此开始，炮兵在瑞典军队中首次成为一个独立正规的专门兵种。炮兵出现的意义就像希特勒在德国首次组建装甲师一样。除了尽量提高发射炮弹的速度之外，古斯塔夫最关心的是如何提高炮兵的机动性。因为如果炮兵能够和步兵骑兵联合作战，整个瑞典军队的机动性会增强很多。

在他的建议下，瑞典火炮口径被统一为3磅、12磅、24磅三种，放弃了那些炮身太重的火炮，全团以最轻便的3磅火炮为最多。在战场上，只要有一匹马或者两三个人就能拉走一尊3磅的火炮，非常适合跟着步兵一起行动。这样一来，炮兵能够随时给予步兵火力支援，将军队的机动性和火力完美结合在了一起。

另外，古斯塔夫提高了火枪兵的射击效率，这也极大提高了整个瑞典步兵阵营的火力。他先让炮火攻击敌军阵营，打乱敌军的步兵阵线，等到他们逼近自己阵营时命令火枪兵加强火力支持，这一连串的火力打击所造成的效果不容小视。

而在联合兵种作战方面，古斯塔夫的眼光也是高人一等。发明大炮和火枪的不是瑞典人，但是古斯塔夫通过合理搭配各个兵种，最大限度地发挥了瑞典军队的作战威力。也因为有了联合作战的能力，瑞典人才将机动性和火力的配合完成得这样出色。可以说，机动性与火力的结合是和联合兵种作战方式相辅相成的。由此可见，古斯塔夫后浪推前浪，比提利还要技高一筹。

一代名将的终点

红衣主教提利伯爵元帅在德意志30年战争中，是位和华伦施坦因地位不相上下的人。他戎马一生，将自己的青春和暮色年华都奉献给了滚滚硝烟，这是他最大的幸事，因为他获得了无数次胜利和德意志将士们的景仰；这也是他最大的不幸，因为他终将在战场上画上生命的终止符。

提利战功卓著，早在1585年荷兰和西班牙的战争中，他便参与了安特卫普围城战。1594年，他奉命参加神圣罗马帝国皇帝鲁道夫二世的军队，发起对土耳其的战斗。到了1610年，应巴伐利亚公爵马克西米利安的要求，提利为巴伐利亚创建了一支精锐的军队，这支军队以雇佣兵为主，后来在30年战争中发展成为帝国军队的中坚力量。

在1618年，由于德意志30年战争爆发，他受命出任天主教联盟军总司令，两年后获得白山战役的胜利，后来征服了波希米亚和帕拉亭。1626年，他更是带领军队在吕特战役中击碎了丹麦军主力，接着和帝国军队总司令华伦施坦因齐心协力，征服了整个德意志北部。

他是个战无不胜的将军，直到在布莱登菲尔德会战遇到一生中最大的敌手古斯塔夫。经过布莱登菲尔德会战的失败，提利显露出垂垂老矣的疲态，帝国军队和巴伐利亚军队主力在此战中遭到极大挫败。

此后，提利决定退入德意志腹地进行休整，静待着一雪前耻的时机。当时的德国大地满目疮痍，家园被烧毁，土地被侵占，很多人无家可归，四处游荡。为了扩充军队，没过多久，提利就招募了不少无家可归的人，麾下军队达到三万人左右。但是这支部队的战斗力，和过去他一手训练出来的子弟兵根本无法同日而语。他期待以这支军队作为主力对古斯塔夫实施报复，着实是有些勉强了。

而此时古斯塔夫的威望如日中天，德意志的诸侯听到他的名字都要战栗不已。经过休整，他作出了下一个行军部署，让人意外的是，他没有攻击德意志王宫的打算，而是决定派出萨克森军和瑞典军兵分两路：萨克森军向东去打捷克，攻入波希米亚王国领地，恢复那里的新教势力；瑞典军向西去攻打莱茵，以及莱茵河流域的图林根、美因茨诸邦。

听到这个消息的提利觉得再不和他交战，就没有机会了。于是他立刻与巴本海姆的部队会合，把军队带向了北方，大张旗鼓，一路上大肆宣扬，想要引诱古斯塔夫前来。古斯塔夫没有上当。

他在探查了提利大军的情况后，挥军指向巴伐利亚。1632年4月，两个仇人隔着列克河见面了，双方军队展开了对峙。提利这一次选择的阵地三面环水，一面是堡垒，作为后方其防御能力非常好，唯一的缺陷是他这侧的河岸比较低，暴露在了对方的炮火之下。

看到提利这般部署的古斯塔夫哈哈大笑，说道："他吃我的炮灰还没吃够吗？"瑞典人中爆发出一阵哄笑。

古斯塔夫对自己的炮兵和工兵极有自信，思虑不久，他便作出了一个在那个时代没人敢作的决定。他下令部队强渡列克河，同时向对岸发动炮火攻击！炮火隆隆作响，瑞典人的耳朵就快被震聋，步兵在工兵的身后迅速前进，高喊着口号相互鼓励。他们毫不害怕对岸会发出炮火伤害到自己，因为他们身后的炮兵是当时欧洲最棒的，有着这样同伴的支援，炮火声在他们听来就像是悦耳的音乐。

炮火和烟幕遮蔽了提利的眼睛，等到他看清楚河面的情形，不禁大惊失色。瑞典人居然强渡成功了！他们如黄蜂一般扑了过来，一举击溃了帝国军队，提利一个失神，大喊一声倒了下去。他的腿被炮弹削断了。

听到了提利受伤的消息，英雄惜英雄的古斯塔夫派去了自己的宫廷私人医生，但这也无法改变他的命运了。两周以后，一代名将提利永远地闭上了眼睛。

★沙场点兵★

人物：古斯塔夫

古斯塔夫从小就表现出非凡的才能，他精通拉丁文和德文，也懂一点儿希腊文和英文，他对神学、政治、军事等具有高人一等的理解力。他在11岁就被准许参加国务会议，和大臣们头头是道地议论国政。作为一个王太子，他拥有浓重的贵族气质，但并不骄纵，从小他就受到了很全面的军事训练，对于战争的荣耀十分渴望。

1611年古斯塔夫17岁了，这一年他在国王的允许下参与了瑞典与丹麦的战争，率五百骑兵伪装成丹麦军奇袭了克里斯汀堡。紧接着，他即位成为了瑞典国王。1615年，21岁的古斯塔夫带兵进入俄国，不久就占领了俄国整个波罗的海周边的领土，成为了波罗的海的霸主。与俄国的战争告捷之后，古斯塔夫抓紧时间整顿瑞典军队，不但练兵，还进行了多次军事制度改革。

此后，他发动了三次小规模的战争，总共八次大的会战，六次对波兰，有两次对丹麦和俄国。每次战争中，古斯塔夫都亲自带队冲锋陷阵，受过好几次伤，有两次冲锋陷阵时还险些被俘。1630年，古斯塔夫举兵入侵德意志本土，这时德意志30年战争的第二阶段已经结束了，当时新教惨败，丹麦国王还被占去了大陆领土。于是36岁的古斯塔夫以新教救主的面目出现了，那时他的精力、智力、经验都处在巅峰时期。他带领着的是一支和欧洲各国完全不同的新型军队，就是依靠这支军队，他赢得了一系列会战的胜利。

武器：火枪

火枪最早起源于中国，后来传到欧洲，经过改进发展，到17世纪时出现了燧发枪。这种火枪的基本结构如同打火枪，是利用击锤上的燧石撞击产生火花，引燃火药。燧发枪当时采用的前装填方式，这对当时的弹药装填技术作了很高的要求。装填弹丸时，需要将火药或者弹丸放到膛口，用木榔头打送弹棍，推火药或者弹丸进膛，非常费时间。后来，美国宾夕法尼亚州的枪械师创造了一种加快装填法，使用浸蘸油脂的亚麻布或鹿皮片包着弹丸，装入膛口，不仅加快了装填速度，还起到了闭气作用，从而提高了发射的精度和射程。

在此战中，瑞典军队运用的就是经过改良的火枪，填充速度快，这使得瑞典的火枪兵能有效地使用火枪对德意志军队展开攻击，为最后赢得胜利创造了有利条件。

战术：机动性配合火力

瑞典军队是一支完全由征兵组成的军队，军纪严明，服从性比较好。古斯塔夫参照荷兰奥兰治亲王莫里斯的方法，对军队的方阵战术进行了改革。他要求火枪兵的弹药采用纸质弹壳，还命令士兵们在出战前要精确量好火药并分好份，这样就省去了发射程序中的一大步骤，从而提高了火枪兵在单位时间内的发射速度。这个措施，也为他实现机动性配合火力的战术提供了有力支持。另外，他还对炮兵进行了改良，这也极为有利地增强了这个战术成功实施的可能性。

瑞典步兵的组织结构也有利于这个战术的实施：步兵的基本战术单位是中队，共由408人组成，其中长矛兵有216人，火枪兵有192人。为了让军队的机动性和火力配合得当，增加战斗力，古斯塔夫把中队的队形正面拉长，纵深减少为六列，如果是采用滑膛枪的队伍，他还会让士兵更密集地排列，将纵深减少为三列。这样一来，作战的时候，三列火枪兵可以按照传统方式一排一排以连续的方式齐射，也可以三列队伍进行一次齐射。当所有的火力一齐发射时，所产生的震撼力和杀伤效果将是惊人的。战斗开始后，在步兵发起冲锋高潮前逼近敌人的几分钟内，火枪兵发动猛烈的火力攻击，攻击效果是非常理想的。然后，配合炮兵的攻势，加之骑兵配合，机动性配合火力的战术就得到了充分发挥。

周密筹划的巅峰对决
THE CLASSIC WARS

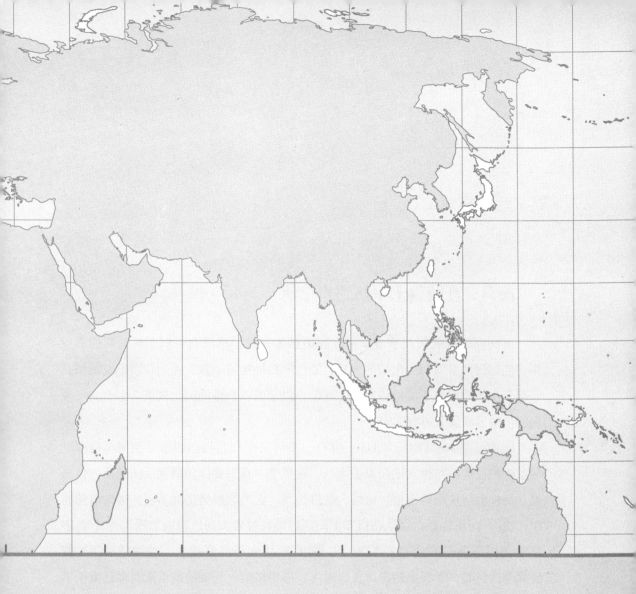

第九章

三皇会战
——让神圣罗马皇帝作古

　　▲这是一场世界军事史上著名的战役，因为有三国的皇帝参与了此战而使得这场战争别具意义。作战的双方是拿破仑带领的法军和库图佐夫带领的俄罗斯－奥地利联军，两军在奥斯特利茨村附近燃起了战火。此战中拿破仑显示出天才般的军事指挥才能，率领法军大败俄奥联军，促使第三次反法同盟彻底瓦解。

前奏：在普鲁士军队到来之前

当法西联合舰队几乎全军覆没的消息传来时，拿破仑正沉浸在胜利的喜悦中。他惊讶地看着门口报信的士兵，脸色煞白地接过战报，而后一言不发地倒在了椅子上。他简直不敢相信自己的耳朵：自己引以为傲的海上舰队，怎么会一夜间就化做了海面上的泡沫呢？

昨天，也就是1805年10月21日，拿破仑刚刚在乌尔姆接受了奥军投降。乌尔姆战役的胜利极大地鼓舞了士气，这对于一直想要撕裂俄奥反法同盟的他来说，是件值得庆祝的事情。可惜，他没想到，面前的形势仍然不利。因为与此同时，法国-西班牙联合舰队在直布罗陀西口的特拉发加角，同纳尔逊海军上将率领的英国舰队进行海战，失败了。海面上战火还没有熄灭，惨败的法国战舰静静地摇晃着，甲板上的尸体血肉横飞，那些被炮火炸飞的断手或断脚已流干了血液。这一战，几乎赔上了法西联合舰队的全部身家。拿破仑想要争夺海上霸权的计划，彻底夭折。

为了挽救声威和确保欧洲大陆事态的稳定，拿破仑决心赶紧争取陆战场上的胜利。他擦亮眼睛，面朝不远处的奥地利军队，目光灼灼。

此时，库图佐夫率领的俄军先头部队约有四万五千人，穿过奥地利，抵达了奥国西部边界的因河一带。这支俄军在途中遇到了一部分狼狈不堪的奥地利士兵，他们相互搀扶着奔跑在路上，军服破损，神情颓败，身上的伤口还汩汩流淌着殷红的鲜血。看到俄国人，他们顿时精神一振，纷纷要求加入俄军的阵营，原来他们是从乌尔姆战役中溃败下来的一部分人。俄国人点点头，收编了他们。而在他们不远处，驻扎的正是遭受到打击的奥地利的残部，他们在因河附近利用有利地形组织着防御，时不时进行小范围活动，为的是阻止法军向维也纳进攻。而在奥地利人身后，还跟着另一支俄军，他们从东北方向进入摩拉维亚，正向奥洛莫乌茨开进。

除了这三支军队，为加强维也纳的防御力量，听闻战况的查理大公已指挥奥军在意大利北部摆脱了法军的牵制，正向国内撤退。另外，在乌尔姆要塞被围之前进到弗赖堡的一支大约有6 000人的奥军，同原驻那里的盟军会合并且开始驻防，他们的存在将给法军日益延长的后方交通线带来威胁。

★法国皇帝拿破仑

"看来最近都不是好消息呀！"拿破仑的眉头皱得越来越紧了，"如果这几支军队会合起来，或者同时配合作战，那么，我们将陷入非常艰难的境地啊！"

"的确如此，所以在他们会合之前，我们必须加快行动才行哪！"他的一位部下附和道。

"幸好，普鲁士还没有和他们站在同一条战线上，不然……"

拿破仑正轻声叹息着，派往前线打探消息的士兵神色焦急地回来了。

"报告将军，有一个不好的消息，十几万普军正在向奥地利边境开进！"士兵的额上冒着冷汗。

"什么？"拿破仑顿时大怒。

原本，在战前普鲁士曾答应了拿破仑不干预他和法奥之间的战事的，为此他还付出了一小部分土地作为代价，没承想普鲁士人这么快就食言了。看样子，普鲁士人是准备加入第三次反法同盟，投入反对拿破仑的战争了。拿破仑觉得形势非常不妙。

用脚指头想都能知道，如果十几万普军越过了鲁特山脉，从法军背后发动突袭，法军就将受到俄奥普三国军队的联合攻击！

"必须在普鲁士人到来之前就解决战斗！"拿破仑思考片刻，对部下说出了自己的顾虑和计划。无论如何，他要想办法快速击败俄奥联军。他的目标直指维也纳。

拿破仑当机立断，追击在乌尔姆逃脱的奥军残部与因河边的俄军。为了保存实力，俄军统帅库图佐夫指挥俄军迅速撤离了因河防线，在克雷姆斯渡过了多瑙河。为阻止法军的追击，他在撤退后下令炸毁了多瑙河上几乎所有的桥梁。维也纳还是迅速被法国人占领了，这出乎了俄国人的意料。拿破仑命令骑兵军和第四、第五军立刻北渡多瑙河进行追击。法军很快开到了多瑙河北岸，随时可能围攻俄国军队。

于是，小心谨慎的库图佐夫决定继续退却。缪拉带领着骑兵追了上来，一路上没有遇到任何障碍，直到在摩拉维亚西南处突然遇到了俄军后卫的顽强阻击。缪拉不想冒进，因此下令原地等待步兵到达，结果这一迟疑给了俄军撤退的时间。

一听到这个战报，拿破仑就愤怒地大骂："缪拉，我简直找不到话来表示我对你的不愉快！你葬送了我的胜利！"

而这个时候，库图佐夫已经率主力顺利撤到布尔诺。与此同时，沙皇亚历山大一世亲率另一支俄军赶到了奥斯特利茨村附近，顺利和库图佐夫会合。奥国皇帝弗朗西斯二世，也随同撤退的奥军到达了该城。得到俄国援军加强的俄奥联军，至此集结到了约8.7万人。他们在奥洛莫乌茨建筑防御工事，等待着和拿破仑决一胜负。

实则虚之：法国人放出的烟雾弹

这几日，拿破仑正在抓紧时间调集兵力，他抽调了附近部分军队前来支援，贝尔纳多特的第一军和达武的第三军分别被召回，法军人数增至7.3万人左右。此时，法军驻扎在布尔诺地区，与俄奥普联军相距不过60余公里。拿破仑行走在山坡上，仔细勘察着四周的地形，不时地点点头或者摇摇头，让身边的部下记录点儿什么。

哪里的地形对法军作战有利，他已经心里有数了。接下来，就是打听一下敌人的部署，制订应对方案。可是，联军忽然没了动静。拿破仑的探子给他带来了好消息：就在这个战前准备的关键时刻，联军内部发生了激烈争论。联军内部的将领分成了两派，在会议上争得面红耳赤。

联军军帐内，联军总司令库图佐夫扯着大嗓门说道："我们还是暂时避战的好，不要与拿破仑发生接触。如果这个时候法军来攻，应该毫不迟疑地继续撤退，等待时机！"

"没错，现在卡尔大公率领的奥军就快到了，俄国的另一支援军也快到了，等到他们到了再主动出击也不迟！"俄军的另一位将领跟着说道。

"照你们这么说，是不是还要等到普鲁士人来了之后，再和拿破仑决战哪？"这个年轻气盛的声音来自沙皇亚历山大一世。他紧锁着眉头，一脸的不满。

"是的，的确应该如此，到那时我们定然能获得胜利。"库图佐夫回应道。

"您这样说，是信不过自己的能力吗？"沙皇的年轻侍卫长彼得·道戈路柯夫公爵显然是站在沙皇这一边的，他很不喜欢老将军这副畏畏缩缩的模样。

另外，奥地利将军魏洛特尔、沙皇的禁卫军军官们也不同意库图佐夫的说法。他们认为，拿破仑的法军已经疲惫不堪，战斗力大不如前，联军现在已经拥有了兵力的优势，如果还继续东躲西藏，实在有损尊严。两方意见始终相持不下，谁也不肯让步。

与联军将领们的愁眉不展不同，法军这边气氛轻松，坐在帐内的拿破仑，此刻显得十分惬意。"呵呵，真是个好机会，不如我们给亚历山大小朋友一点儿支持好了。"他下达了从前沿阵地开始后撤的命令。

说得简单点儿，他就是在演戏，演一出诸葛亮很喜欢上演的戏，佯装退兵。与此同时，他派出自己的侍从萨瓦金去奥洛莫乌茨谒见亚历山大一世，提出要进行停战谈判。他还特别说明，自己想与亚历山大一世举行单独会晤。萨瓦金的到来，在联军总司令部引起了一片欢呼。

"看吧，拿破仑是真的害怕了，不然怎么会低声下气地来议和？要知道，他可是个高傲的人。"许多将军啧啧说道，认为拿破仑走到穷途末路了，就要完蛋了。这个时候不把他打趴下，还等待何时？于是库图佐夫的劝阻，瞬时被联军的主战派们抛到了脑后。

沙皇亚历山大断然拒绝了拿破仑想进行个人会晤的要求，只派了自己的侍卫长道戈路柯夫公爵去进行象征性的谈判。拿破仑在会见这个特使时，装作一副精疲力竭的样子。他看起来十分疲惫，神色不安，讲话吞吞吐吐，在拒绝

★俄国沙皇亚历山大一世画像

149

沙皇特使提出的关于放弃意大利和其他一些占领地的要求时，眼神居然不停地闪烁，完全失去了过去英姿勃发的样子。见此情形，道戈路柯夫一脸傲慢地走出了法军营帐，没能看到背后拿破仑嘴角那阴险的笑容。这下，联军将士们更加深信不疑了，急不可待地想要跃上战马。俄国人和奥地利人的眼眸里，似乎已经映出了拿破仑口角发白、浑身颤抖、俯首称臣的模样；战场上法军士兵被他们割断了喉咙，喉咙里发不出最后一声嘶喊就重重摔倒在地，脸上惊惧的表情还未消散，鲜血就从身体里迸溅而出，无法停止。联军上了圈套了。

决战将临：冒失的俄奥联军

12月1日，奥斯特利茨村附近，俄奥联军的士兵们衣着鲜明，正齐整列队，等待着将军的命令。他们都是总数约八万七千人的俄奥联军中的一员，一个个摩拳擦掌，脸上兴奋的表情难以掩饰。今日他们的任务是占领普拉岑高地。

这支联军中，俄军总共有五万多，奥军有三万多，共有火炮350门。不久前，总司令部下达了开赴前线的命令，所有联军被分成了五路纵队，自奥洛莫乌茨附近的阵地出发，向东南开进，抵达了布尔诺以东奥斯特利茨镇。他们在这里摆开阵营，作着战前准备。

普拉岑高地是个重要的战略要地，只要占领这个高地，联军就能观察和控制周围的广大地区。而在普拉岑高地与南面沼泽地之间，只有一条狭窄的通道。这个防御地区内，普拉岑高地无疑是一个可以影响全局的要害地点。

联军士兵们步履轻快，手持兵刃朝着目的地进发，一路上没有人喧哗，耳畔只有从沼泽吹过来的寒风呼啸着，有些萧索，有些苍凉。谁都清楚，这里即将成为一个屠杀场，洁净的云朵即将被温热的鲜血打湿，在傍晚来临时变化成那片浓郁的红。他们高喊着口号冲上了山坡，一路上居然没有遭遇一个法军，顺利占领了普拉岑高地。

魏洛特尔将军策马走到这里，察看着四周的情况。按照总司令部制订的作战计划，他展开了部署。在他的认识里，法军目前已经几乎丧失进攻能力，不久就会往维也纳方向撤退。如此，切断法军的退路是他考虑的重点。于是，他只留出了一部兵力牵制法军的北翼，将总兵力的五分之三都布置在了南翼。一旦战役打响，联军将在普拉岑高地和扎钱湖之间突破法军的防御，然后立刻迂回到法军的右侧，切断他们通往维也纳的退路，这样一来，所有法军将被联军聚歼于布尔诺以南和以东地区。

他看着雄赳赳气昂昂的士兵们，笑得很得意。联军全面进攻的准备已经完成了。就在俄奥联军占领阵地的过程中，拿破仑看出了联军的意图。对于普拉岑高地，联军志在必得的姿态，他早已洞悉。这个时候上前抢夺，无疑是虎口夺食，白白损失兵力。不如……他转念一想，高扬起嘴角。

"放弃普拉岑高地，全军继续后撤！"他在法军行动之前，下达了这个命令。

"陛下，这样岂不是……"有的部下着急地跳起来。

"不要紧，不用多久，我们就会把它夺回来的，相信我。"拿破仑微笑着，此时的表情无比自信。这种胸有成竹的得胜面容，打消了法军将领们的顾虑。

同样是在12月1日这天，拿破仑带领全军后撤，在一条叫做戈尔德巴赫的小河边驻扎下来，就在这条河的右岸向东展开了阵线，正面宽六英里。他们距布尔诺以东六英里，正处于布尔诺与奥斯特利茨村中间。这个地理位置可攻可守，阵线的左翼是桑屯，那里有一隆起的圆丘，阵线的右翼居于特尔尼茨的正南，面前有不少湖泊和沼泽地可作为屏障。令联军感到意外且惊喜的是，法军阵线的中部正处于普拉岑高地的控制之下。

★战争前线的拿破仑和他的将士们

部署完毕后，拿破仑叉腰站在圆丘上，一览无余地看到了脚下的戈尔德巴赫河谷和对岸的普拉岑高地。在旗帜高高飘扬的联军对面，他保持着冷静沉着的面容，从容地跟身边的将领们嘱咐着什么。

拉纳的第五军和贝尔纳多特的第一军被他派出守护法军的左翼阵线，阵线之后还有预备队，那是缪拉的骑兵、乌迪诺的掷弹兵师以及贝西拉尔的禁卫军。法军的右翼阵线，则由苏尔特的第四军防守，预备队由达武的第三军担任，他们驻扎在特尔尼茨以西约五英里的雷吉恩修道院。

太阳的光芒闪耀在俄奥联军的营帐上空，里面的联军将领们正欢声笑语，讨论着如何处置战败的拿破仑。渐渐地，笑声被风声带走，打着卷儿飘逝在了普拉岑高地上。

诱敌深入：联军势如破竹

俄奥联军总指挥库图佐夫，今天尤其愤懑。此前，他对于联军主力迂回拿破仑右翼，切断法军退往维也纳交通线的计划提出反对意见，但俄奥两国皇帝都一致表示了拒绝，驳回了他的意见。作为一位身经百战的老将，他感到无比痛心。

他恨不能，当着两位皇帝的面大喊："你们太天真了啊！拿破仑即使战败了，也不一定会退至维也纳，他还有可能退向波希米亚呀！毕竟那里能为他提供一条更为方便的退路直达莱茵河。"

可惜的是，他终究没有那个胆量喊出来，不得不按照原定计划进行部署。

另一边，拿破仑发表了战前讲话，他训示道："军人们，你们面前的俄军正准备替在乌尔姆战败的奥军复仇。他们正是你们在霍拉布仑所击败的那些部队，现在却跑到这里来了。我们所占据的阵地坚不可摧，如果敌人企图迂回我军右翼，势必将其侧翼暴露在我们的眼前！这次胜利将结束我们的战役，我们可以住进冬季营房，并将得到国内新建军团的增援。到那时，我们致力赢得的和平就将无愧于人民，无愧于你们和我本人了。"如果亚历山大一世听到了这番话，只怕会气得当场吐血吧。然而，没有如果。

12月1日当天夜间，俄奥联军的军营火星点点，旺盛的营火一个接着一个往普拉岑高地的后面和利塔瓦河谷缓缓移动着。骑马沿着前线巡视了野营部队之后，拿破仑看到了这一景象，心里一喜，冷笑道："嘿，果然不出我所料，他们准备迂回到我的右翼了。"

会战

周密筹划的巅峰对决

他立即下达了一个引诱敌人更加深入的命令：所有部队展开，在大约十公里的地段组织防御，第二线部队进行隐蔽。这条防线北起布尔诺与奥斯特利茨之间的乡村大道，南至扎钱湖北缘的特尔尼茨村，分为南北两段，各为五公里正面。在北段的第一线上，守卫的是拉纳的

★ 行进中的法国军队

第五军和贝尔纳多特的第一军；在北段的第二线上，缪拉的骑兵和拿破仑的禁卫军悄悄埋伏在这里。由于他们面前有河谷和丘陵地的遮蔽，这条第二线部队的配置情况，即使站在普拉岑高地的最高处也无法看到。与之形成对比的，拿破仑只布置了苏尔特的第四军在南段的第一线上，面对着河对岸的普拉岑高地。弱点被故意暴露在了联军眼前。

没有觉察出拿破仑心机的联军于12月2日凌晨开始出击，他们将军队分为六个纵队。巴格拉吉昂亲王和列克敦斯坦亲王统率北面的两个纵队，横跨布尔诺与奥斯特利茨大道两侧，负责攻击法军北段阵线。充当预备队的是康斯坦丁大公指挥的俄国禁卫军。

柯罗华特指挥的一个纵队负责进攻布置在柯贝尼茨地段的苏尔特军。主攻普拉岑高地以南的苏尔特军，这段法军阵线中看似最薄弱的部分的，则是由俄军将领布霍夫登指挥的三个纵队。

"冲啊！"俄奥联军开始进攻了。由于数量上占优势，他们迅速攻克了位于戈尔德巴赫河东岸的特尔尼茨村，进入到西岸的佐克尔尼兹村。俄奥联军士兵大踏步前进着，手持着刺刀奋勇向前，他们的刀刃发出嗜血的气息，反射出他们眸子里咄咄逼人的寒光。

法军的尸体被踩在他们脚下，丧失血色的面孔如惨白的柳絮，昭示着他们临死前凄惨的神情。在这样强大的攻势下，法军逐渐向后撤退。反法联军进攻之猛烈，有点儿出乎拿破仑的意料，眼睁睁地看着反法联军已经突破到了戈尔德巴赫河西岸。

开始进攻：当晨雾散去之际

"陛下，全军反攻吧！"部分法国将领开始沉不住气了。"还没到时候，他们钻进来的还不够多！"拿破仑大声吼道，再次下达命令："把第二线的第三军拉上来！"第二线的第三军接到命令，瞬间从西南方向攻打敌人的左侧后方。已经渡过戈尔德巴赫河的联军纷纷回头，大感不妙，面色惊慌地向河的东岸撤退。

这个举动，让联军更加相信拿破仑的主力是在右翼了。法军的这一次反攻，没有令他们提高多少警惕，只是让进入佐克尔尼兹村的部队暂时撤了回来。这时，看到联军被法军拖住后腿的亚历山大一世，有些急不可耐了。

"进攻部队怎么都开始后退了？再坚持一下，拿破仑不就完了吗？"刚愎自用的亚历山大一世此刻涨红了脸，没有多作思考，甚至没有征求库图佐夫的意见，便下令守卫普拉岑高地的一个军放弃阵地，前去增援南翼的联军。如此，他想自己能够保障南翼联军右翼和侧后的安全了，他们的攻击能力也能得到增强了。殊不知，这个错误正中拿破仑的下怀。

这下，本来稳坐在普拉岑高地的库图佐夫气得手脚直哆嗦，不知如何是好。拿破仑一直在等待的时机终于到了！

第二日上午9时左右，暮色已然退去，晨雾也逐渐消散，俄军正在迅速撤离普拉岑高地。听闻这个消息的拿破仑喜不自胜，即刻命令第四军及其左翼两个师转入进攻，以迅雷不及掩耳之势从普拉岑高地北侧开始攻占。他们眼瞅着联军撤

★三皇会战场景图

离出去，放轻脚步，尽量不出一点儿声地从北侧爬了上去。但由于俄军已经撤出阵地，这里只有落后的一些士兵和留守的极少数人。他们还没有看清敌人的容貌，身子就直挺挺地倒了下去，来不及问一句他们是谁，就瞪大眼睛停止了呼吸。身边凄厉的风吹得猛烈了许多，还有一些人挣扎着想要牢牢扼住法国人冰冷的手，却被刺刀贯穿了腹部，品尝到了之前为法国人设计好的死亡前奏。短暂的战斗过后，拿破仑夺得了普拉岑高地。

★俄国军事家库图佐夫元帅

"怎，怎么会这样？"亚历山大一世惊惧地听到战报，后悔不已。他马上意识到了自己的失策，可怜巴巴地望向库图佐夫。库图佐夫深深叹了一口气，没有说什么，随即振作精神，下令将所有的预备队调上来，决心重新夺回这一高地。

双方在高地附近展开了激烈的争夺战。双方的骑兵都不顾一切地冲向了对方阵营，喊杀声震天，法国人、奥地利人和法国人接连从马上掉落，爬起来之后厮杀在一块儿，他们手中的刺刀相互碰撞着滑入彼此的躯体，发出扑哧的破碎响声。混战中，愤怒的俄军一度重新登上高地，但是法国禁卫军的轻骑兵及时赶到了，他们又被杀退了回来。

不甘心的俄军再一次让骑兵发起冲锋，猛烈反扑，眼看胜利的希望慢慢扩大，他们听到了更大的吼叫声。原来，贝西埃率领禁卫军的一部分重骑兵赶到了，正从俄军的侧翼猛冲过来。

俄军阵脚大乱，他们连续四次的猛烈反击，都被接连不断地击退了。山坡上，俄国人的尸体堆积成了小山，士兵们的脚下除了鲜血，就只有同伴们痛苦扭曲的面孔。直到中午11时左右，这约两个小时的拉锯战结束了，俄军彻底失去了普拉岑高地。

最后突击：冬日午后的战火

法军全力反攻的时刻到了。

在拿破仑的指挥下，法军集中兵力，冲入俄奥联军中间，将他们分离开来，使他们南北无法兼顾。位于南面的联军主力，此时已经完全暴露在了普拉岑高地上法军的火力之下。与此同时，北段的战斗十分惨烈。法军的第五军和第一军和缪拉的骑兵相互配合，一次又一次打退了联军两个军的多次冲击，将士们顽强抵抗，死守阵地。随后，联军的攻势在普拉岑高地被夺走后有所减弱，缪拉的骑兵和拉纳的第五军马上进行了反击，全线压上，将北面的联军逼退回了奥斯特利茨村。

至此，联军在整个战线的中部和北部彻底溃败，没有回天之力了。仅剩有南部的主力还在孤军奋战，与法军第三军和第四军进行着交战。这支军队正处在普拉岑高地和扎钱湖之间，左翼是沼泽地和湖泊，右翼和侧后受到占领普拉岑高地的法军的威胁，处境异常危险。站在普拉岑高地上的拿破仑很快发现了他们的窘况，迅速命令军队将火炮推了上去，发射密集的炮火，支持法军的全线反攻。

轰隆隆的炮火一响，刹那间，联军士兵们脸色惨白。法军主力对联军南翼三个军的翼侧和侧后进行了最后的攻击。法国人高声呼喊着从高地的斜坡横扫下去，如一股无法抵挡的洪流一般冲入了联军阵营，联军士兵迅速溃散。他们挣扎在死亡的边缘，拼死逃往布尔诺方向，但大部分人被逼入了扎钱湖和莫尼茨湖之间的沼泽地带。他们面容惊惶，被势如破竹的法国人赶到了刚刚结冰的湖面上，一时间人仰马翻，摔倒的士兵们相互扶持着站起来向前逃跑，却又在下一秒倒了下去。随后，普拉岑高地上的法军炮兵，开始向湖面进行猛烈轰击。顷刻之间，冰碎炮翻，无数的士兵坠入冰冷的湖水，哭喊声让人有一种濒临地狱的错觉。少数幸运的没有被炸死或者掉入湖水的联军士兵，也只有放下武器，乖乖地做了俘虏。俄奥联军的败局已定。

联军军营中，所有人都争抢着逃命，就连弗朗西斯皇帝和亚历山大一世的侍从人员，也完全顾不得皇帝的安危自顾自逃命去了。在法军铁桶般的包围圈下，两位皇帝哭丧着脸侥幸地逃脱了，最后连辱骂和哀伤的力气都没有了。而在撤退的激战中，库图佐夫负了伤，差一点儿就成了法军的俘虏。

这天下午4点左右，天上开始下起了小雪。拿破仑心情舒畅地策马巡视战场，肩头上落满了纯白的雪花，他傲视战场，独享着奥斯特利茨战役的辉煌胜利。

第三次反法同盟瓦解

奥斯特利茨战役结束后，拿破仑得胜的消息传到了英国伦敦，当时的英国首相威廉·皮特听后，沮丧地走到欧洲地图前，叹息道："看来这幅地图十年里没有任何用处了。"可见这场会战对欧洲战局的影响。

此战的胜利之日，恰巧是拿破仑加冕为法兰西皇帝一周年的纪念日。而这次战役，由于有三个皇帝直接指挥参战，因而被人们称为"三皇会战"。

而失败的代价是惨痛的，通过此战，拿破仑不仅在军事、政治两方面都凌驾于奥俄二皇之上，更使得俄奥联军受到了极大的创伤和打击，使其在短时间内再无法与法国对抗。

据记载，在这场战役中，联军损失超过两万七千人，其中约一万五千人战死，超过一万人被俘。另外，他们还损失了186门大炮和45面团旗。法军的损失要小得多，死亡约1350人，受伤约6940人。

双方签订停火协议后，为了让拿破仑能放过奥地利，奥地利皇帝于1805年12月27日与法国签订了《普雷斯堡和约》，并宣布奥地利退出反法同盟。也为了平息欧洲大陆上的战火，弗朗西斯二世取消了自己"神圣罗马帝国皇帝"的封号。至此，第三次反法同盟瓦解，拿破仑名正言顺地成为了欧洲的霸主。

拿破仑带着欧洲霸主的光环回到了巴黎，受到法国人民和将士们热烈的欢迎，赞美声此起彼伏，响彻了法兰西的整片天空。为了庆祝奥斯特利茨战役的辉煌胜利，拿破仑下令建造"凯旋柱"，于1810年建成。这个建筑采用了拿破仑从战场上缴获的敌方大炮炮身熔铸而成，高约44米，直径有3米多。它代表了拿破仑的胜利和骄傲，也见证了三皇会战后第三次反法同盟的彻底失败。

完美的军事指挥家

恩格斯曾这样评价三皇会战："奥斯特利茨战役被公认为是拿破仑最伟大的胜利之一，它最为有力地证明了拿破仑的无与伦比的军事天才。因为，尽管指挥失误是同盟国失败的首要原因，但是他用以发现同盟国过失的洞察力、等待过失形成的忍耐力、实施歼灭性打击的决断能力和迅速摆脱失败困境的应变能力——这一切是用任何赞美之词来形容都不为过的。奥斯特利茨战役是战略上的奇迹，只要还存在战争，它就不会被忘记。"的确如此，这是一场体现了拿破仑军事才能的典型战例。

奥斯特利茨战役中，拿破仑充分展现了他的军事思想，其用兵无论在战略方面还是在战术方面，都是无懈可击的，全军反击的时机也选择得十分恰当，堪称完美。不夸张地说，它是拿破仑在其军事生涯取得的最光辉的胜利。

战役开始之前，他就认识到了法军与联军在数量上的差距，制定了示弱诱敌的策略。他故意暴露弱点，使联军放松警惕，战役开始后引诱敌人进攻其坚强的防御阵地，然后，当联军犯了放弃中央高地的严重错误时，他马上抓住这个机会，占领高地有利位置，随即把敌人的两翼隔开，再逐一攻破。实施这个计划前，拿破仑曾详细侦察过地形，得知敌方兵力部署并预料到了他们的计划，所以此战术才能够顺利奏效。

具体实施时，拿破仑按照计划对麾下的每支军队作了详细部署，且让每支军队严格执行自己的任务。首先他故意在中部阵线只布置三分之一力量的军队，引诱敌人把主攻方向指向法军南翼，即普拉岑高地和扎钱湖之间的地段。接着，他将假象做大，不惜加强南翼战事，吸引俄奥联军主力放弃普拉岑高地转而南移，随即集中主力不惜一切代价夺回了战略要地普拉岑高地。最后，他下令法军向南席卷，将联军逼入普拉岑高地和扎钱湖之间地区，从而收紧口袋，围攻歼灭之。

看似处于弱势的法军，其实在拿破仑的精心部署下主导了战局，变劣势为局部优势，一步步将俄奥联军引入了死胡同，这无疑是他杰出战略思想与战术计谋发挥到淋漓尽致的成功之作，即使在今天看来，也是值得赞叹的完胜一战。在此战中，拿破仑将其完美军事指挥家的才能展露无遗，令人称绝。

★沙场点兵★

人物：拿破仑

法兰西第一帝国皇帝拿破仑于1769年出生在科西嘉岛的阿雅克肖城，10岁时就被父亲送到法国布里埃纳军校接受教育。1784年，他被选送到巴黎军官学校，专攻炮兵学，只用一年的时间就考取了军官资格，被任命为皇家炮兵少尉。1793年7月，拿破仑带兵攻下了保王党的堡垒土伦，从而受到雅各宾派的赏识，被破格提拔。1795年他成功平定保王党武装叛乱，荣升为陆军少将兼巴黎卫戍司令。1796年27岁的拿破仑被任命为法兰西共和国意大利方面军总司令，此后他统率的军队击退了奥地利帝国与撒丁王国组成的第一次反法同盟联军。

1804年5月18日，《共和十二年宪法》正式宣布法国为法兰西第一帝国，拿破仑加冕为帝国皇帝。拿破仑领导军队多次击败反法同盟，不料在莱比锡战役中一败涂地。次年联军向法国本土进军，于3月攻陷巴黎，拿破仑被迫退位，并被放逐到意大利的厄尔巴岛。然而，不久后他便从戒备森严的厄尔巴岛上逃了出来，重新登上了皇帝宝座。1815年6月，原想重整旗鼓的拿破仑在滑铁卢战役中遭遇惨败，只得再次退位，后被流放到圣赫勒拿岛。1821年5月5日，拿破仑病逝。

武器：刺刀

在法国拿破仑时期，法国军队将刺刀作为常备武器装备在火枪上。在此战中，刺刀作为法军近战攻击的优良武器发挥了很大作用。在与俄奥联军作战时，法军多次使用刺刀与其步兵展开白刃战，给予了他们沉重的打击。

当时的刺刀已经是长刀的形式，刀刃在20寸以上，装上步枪时可以当刺刀用，不装在枪上时也可以当成军刀用。随后，以弹簧为助力的固定卡榫被普遍采用在刺刀上，大大缩减了刺刀的长度，演变成短刀形状，而这种样式一直沿用至今。

战术：示弱诱敌

当俄奥联军正在战与不战的问题上发生争论时，拿破仑采用了"示弱诱敌"的战术，让联军放松了警惕，从而在决战后轻易地被诱入陷阱。这一战术实施起来，首先就是实现战略欺骗，它是在战役准备阶段实行的一项重大行动，由战役最高指挥员和指挥机构筹谋组织的。欺骗敌军的目的、故意示弱的目的就是在于麻痹他们，让他们掉以轻心，且形成有利于自己的总体态势。拿破仑先佯装退兵，接着派人假装谈判，更装出虚弱疲劳的样子给敌军特使看，顺利达到了迷惑俄奥联军的目的，并且促使亚历山大一世决心立刻决战。

周密筹划的巅峰对决
THE CLASSIC WARS

第十章

波罗底诺战役
——拿破仑走下神坛

　　▲当历史刚刚翻过 18 世纪的篇章步入 19 世纪时，俄国和法国的关系就开始变得紧张，无论年轻的亚历山大沙皇是否想和法国人作对，拿破仑迟早都会出兵攻占俄国。1812 年拿破仑终于按捺不住了，他带领着庞大的法国军队发动了一场大战。两军在波罗底诺村附近进行激战，以俄军的撤退而告终，双方都认为自己赢得了这场战役的胜利。

前奏：破碎的"大陆封锁"线

年轻的俄国沙皇亚历山大最近有点儿烦。他才刚刚收到拿破仑送来的信笺，那位其貌不扬且身材短小的法国人，居然在信中对他提出了一个大胆的要求：尊敬的沙皇陛下，既然法俄两国已经缔结同盟，不如亲上加亲，请将您的妹妹嫁给我吧！他的表情冷淡，没有立刻表现出反感和愤怒，只是稍稍有些情绪不安。

"不论拿破仑是如何优秀，他终究连法国的贵族都算不上，却妄想迎娶我俄国的公主，实在是得寸进尺。"一位大臣如此说道。

亚历山大点点头，实际上他的确瞧不起拿破仑，"没错，而且我也不认为拿破仑是真心要结这门亲，他那个人，哼，是只狡猾的狐狸。"

事实证明，他的评价还是挺中肯的。早在前年，也就是1807年7月，亚历山大在涅曼河上的一条木筏上第一次见到拿破仑，对他的印象就不太好。如果不是因为战败，亚历山大根本不屑于和这个科西嘉的暴发户见面，还商谈什么友好条约。不过为了保存当时的最大利益，他还是和拿破仑签订了《提尔西特条约》，两人握了握手，都表示要互帮互助，结成联盟。拿破仑信誓旦旦地承诺要帮助亚历山大对抗奥斯曼土耳其帝国，亚历山大听闻此言笑了笑，随即表示愿意加入"大陆封锁"与法国共同对抗大英帝国。

亚历山大一回到莫斯科，就冷笑着翻了翻"大陆封锁"的相关条款。所谓的"大陆封锁"是从1806年拿破仑签署《柏林法令》开始实行的，他禁止一切与英国的进出口贸易，还企图让整个欧洲大陆对英国进行经济封锁。"拿破仑也太天真了，只要我们不严格遵守有关规定，整个封锁便会失败了。"亚历山大摊了摊手，对大臣们暗示了几次，他们便知道该怎么做了。

与拿破仑走得更加亲近，这显然不是亚历山大会做的事。他只是缺少回绝这桩婚事的绝佳借口罢了。而就在这时，拿破仑宣布和一位奥国公主订婚了。听到这个消息的亚历山大顿时觉得脸面无光，他大怒道："他这是在威胁我吗？他认为堂堂俄国沙皇的妹妹找不到比他更好的丈夫吗？"

傲慢的罗曼诺夫王朝血液，此刻在亚历山大的身体里沸腾起来。他立刻回绝了拿破仑的提亲，并且对大臣们进一步暗示，关于那个"大陆封锁"俄国人只要做足样子就行了。两国关系日渐冷淡。

但即便冷淡，亚历山大也不想真与拿破仑为敌，直到法国人进入了波兰。拿破仑的野心暴露得很快，他带领法国士兵在波兰大肆兼并土地，后来甚至宣布要建立华沙大公国。这一消息让亚历山大攥紧了拳头，他什么大动作也没有除了让俄国人更加放松了对英国的"大陆封锁"。

更可笑的是，到了1811年，法国人自己也开始与英国进行贸易往来，这无疑说明拿破仑自打嘴巴，其他国家也没有必要再遵守此条款了。但是拿破仑仍以俄国违约为借口，暗地里准备筹划一场大规模进攻，随时向莫斯科开进。亚历山大慌忙调集军队，但是他总是比拿破仑慢了那么一点儿。

1812年6月23日晚上，月黑风高，涅曼河河岸上出现了一支鬼鬼祟祟的行军队伍，朦胧的月色映照出他们严肃冷酷的脸庞。这些士兵衣着鲜明，一个紧挨着一个向河面走去，不一会儿他们悄然渡过了河流，踏上了俄国人的领土。这些士兵训练有素，是拿破仑从法国本土及其欧洲盟国与附庸国中征集了几十万大军中的一部分。这时，俄国人还未发现法军已经到来。

★拿破仑远征俄国

次日，后续的法军部队浩浩荡荡进入俄境，首先深入俄国内地的是第一批的三个集团近45万人。在拿破仑的一声号令下，法国士兵士气高昂地前进，一路上冲散了许多小群的俄军。这些俄军脸色苍白地举起武器抵抗，常常被整齐划一的法军火力吓得四散而逃，他们没有制定确切和详细的策略，因此看到法国人一拨又一拨地扑上来，就一阵腿软，匆忙后撤。在后撤途中，俄军坚壁清野，试图阻止法军的前进。8月份，当夏季清风渐渐吹拂起来时，俄国人退到了斯摩棱斯克。他们不能再退了。

挥师追赶：决战波罗底诺

俄军统帅库图佐夫站在斯摩棱斯克大道附近的一处高地上，仔细观察着周围的地貌。他神色平静，嘴角微微扬起，仿佛对这里的每一寸土地了如指掌，独自思考了良久，他命令下属拿来地图，准备展开部署了。

他首先确认了一下周边的村落和河流。斯摩棱斯克大道旁有一座波罗底诺村，位于科洛查河北岸，科洛查河与另一条小河沃伊纳河正好汇合于此。科洛查河向北流入汹涌的莫斯科河，这一流域内，两岸的地势陡峭。在斯摩棱斯克大道以南与其平行的还有一条河流，名为斯托尼茨河；在沃伊纳河上游一点汇入科洛查河的则是谢苗诺夫卡河。

波罗底诺的确是个不错的阵地，与本尼格森将军的意见一样，库图佐夫对在这里建筑防御工事是很有自信的，但他还不急于与法国人交战。库图佐夫是个谨慎的领袖，他在等待米拉拉迪维奇将军率领的1.8万民军。决战之前，他所做的就是尽一切可能完善军事部署，并且阻碍法国人的渗透。

经过考察，库图佐夫命令俄军阵地的最右翼驻守在科洛查河与莫斯科河之间的一环形地带，命令左翼驻守在老斯摩棱斯克大道上的乌季察村周围的丛林中。这两处地点都不容易被察觉，是很好的隐蔽点。另外，他选择了一些适合于作战的地势，下令修建工事。

拉耶夫斯基棱堡就是其中著名的一处工事，它位于斯托尼茨河和谢苗诺夫卡河的夹角地带中的一道低矮的山梁，其北端是一座小土丘。这座棱堡是以守卫这里的尼古拉·拉耶夫斯基将军的名字命名的。此刻，他正带领着16岁和11岁的两个儿子在阵地周围巡视，监督士兵们的工作。他骑在马上，对身后的两个儿子讲述着战斗中要注意的重要事项，告诉他们炮兵连是这支队伍在战争开始后的突袭目标，他

★正在指挥战斗的库图佐夫

嘱咐儿子道：“你们不要害怕流血，只有勇敢的战士才能击退敌人！”

从这里往南走会看到一片平地和沼泽，有的地方间隔着丛林。库图佐夫在这里附近的一些小村庄周围也构筑了小工事，巴格拉季昂棱堡正是其中一个，它实际上还是俄军左翼中央的中心枢纽。乌季察村附近有一处丛林地带，其间隐藏着最左翼阵地的另一个高地。距离主防御阵地中心以西近一英里处，建筑有舍瓦尔季诺棱堡，由一个师在这里防守，两边有骑兵和炮兵驻守。

“法军肯定会沿斯摩棱斯克大道向前推进，所以，这里很重要，让巴克莱的第一西集团军驻守在这一带吧！”库图佐夫命令道，让第一西集团军担任俄军右翼部署在这里。战线似乎拉得有些过长了。

乌季察高地上没有建筑工事，而巴格拉季昂的第三军就埋伏在最左翼的这片丛林中。按照库图佐夫的计划，在这里打一场大规模的伏击战是不成问题的，可是本尼格森将军在视察阵地时却错误地命令第三军部队暴露在了旷野中。这一失误使得俄军左翼极有可能被包抄。与库图佐夫马不停蹄进行军队部署一样，另一边的拿破仑也相当忙碌。

不久前，他才刚刚策马观察地形，他一眼便看出法军如果想对俄军主阵地发起进攻，就必须首先摧毁舍瓦尔季诺棱堡。他把攻打舍瓦尔季诺棱堡的任务交给了由达武将军指挥的第一军和由孔潘将军指挥的第五师，并抽调出两支骑兵部队作为他们的后备支援。拿破仑已经准备好了！

9月5日傍晚，夕阳的余晖将舍瓦尔季诺棱堡笼罩在一片沉郁的嫣红流光中，法军和俄军面对面注视了几分钟之后，同一时间举起了火枪。枪声惊走了天边的浮云，太阳在落入地平线之前，照亮了双方士兵的脸庞，他们的头上流出来的血液滴落在泥土上，随后被跟上来的同伴踩踏在脚下。激战一直持续到将近午夜，双方才从尸体遍布的战场上撤离，拿破仑损失的士兵较少，而俄军则损失了大约5 000人。这将注定是一场难以结束的残酷血战。

有所顾虑：双方都"留一手"

第二天拿破仑走上高地侦察阵地，看了看昨日的战场，他紧蹙眉头思考着下一步是否该进行总攻。一转头，他看到了精神抖擞的达武将军。

"看你的样子是有什么好的主意了？"拿破仑微笑道。

达武语气坚定地说："是的！请您允许我率领部队和波尼亚托夫斯基亲王的第五波兰军一起，从侧翼进攻俄军左翼和后方吧！"

"噢，你们这么少的兵力就能成功吗？"显然，拿破仑不以为然。

可达武依然坚持表示，他只需四万人便可以如闪电一样击溃俄军那一薄弱防区，并能迅速取得决定性胜利。拿破仑稍事考虑后摇了摇头，"你太激进了，这样不妥。"他还是主张采用大规模正面进攻的方案。听闻此言，达武低着头，无精打采地回去了。

这时，传来了俄军乌瓦洛夫和普拉托夫将军带兵从马洛渡口渡过科洛查河的消息。拿破仑顿感不妙，"遭了，那里的轻骑兵恐怕不行！"由于事出突然，俄军如汹涌的河水扑向法军左翼，冲散了没有作好准备的意大利和巴伐利亚轻骑兵。这些散逃的轻骑兵边走边打，勉强招架，无法在途中展开有效的火力攻势。不一会儿这一片的法军被击退，三门火炮被俄军缴获。紧跟着，普拉托夫将军率领约5000名哥萨克骑兵跨过沃伊纳河，冲向法军第四军德尔宗将军的第13师的后方。同一时间，这支军队遭遇到了乌瓦洛夫带领的俄军的正面进攻。

一时间，法军第13师阵营混乱起来，德尔宗将军慌忙命令部队迎战，站在队伍前面指挥着士兵们赶快聚集在一块儿进行对抗。然而，俄军的士气高昂，攻势很猛，他不得不赶紧派人突围去向拿破仑报告。

没多久，法军第三骑兵师的第六和第八轻骑兵团被派遣过来，迅速过河和俄军战成一团。无数马蹄扬起的尘土裹住了倒在地上的士兵们的身躯，他们如颓败的枯草夹杂在相互厮杀的俄军士兵和法军士兵纷纷倒下的缝隙里，再也看不清谁胜谁负，连枪声也渐渐消弭在遥远的空间里。他们没能看到战争的结局。

乌瓦洛夫将军带领的俄军忽然动作缓慢起来。也许是因为三心二意，他带来了两个驮载炮兵连，却没有得到步兵的有利支援和配合，炮兵的机动性大打了折扣。这两个炮兵连发出的攻击让法军胆怯了，却没能乘胜追击消灭他们。这支部队的出现更像是佯攻，目的是减轻俄军中央阵地的压力。

无论如何，法军的进攻在炮火的攻击下推迟了大约三个小时，库图佐夫得以利用这段时间重新设防。另外，他还下令俄军用炮火痛击了在法军第四军渡河后接替其阵地的法军骑兵，战场上蔓延起一片血腥的气味。

这时，俄军占据了极大的优势。如果这时库图佐夫从右翼调出了一部分兵力去支援左翼，对欧仁亲王的侧翼发动强大的迂回进攻，俄军很可能会在此时就赢得这场会战。但是，和习惯保留后备军的拿破仑一样，库图佐夫也留了一手。

血战到底：郊外的血战

这是一个血腥的清晨，空气中没有了青草的香气。法军再次发动了对舍瓦尔季诺棱堡的猛攻。俄军士兵和法军士兵个个英勇，拼死痛下杀手，不过还是法军略胜一筹，先后攻下了两座棱堡，但在进攻第三座棱堡时遭遇到了俄军强烈的火力抵抗。面对僵局，一位面容英俊的将军走上前来，他正是英勇善战的缪拉。

他带领法军上阵，加强了攻势。棱堡周围血肉横飞，各兵种参与其中，成了一场大混战。双方炮兵不断发射炮弹，将前方怒吼着的敌人冲上了天，残缺的尸体被高高抛出，

★波罗底诺战役场景图

不知道掉落在了哪里。双方骑兵策马对冲，拼杀于马下，跌落至马上，他们厮杀的叫喊被滚滚尘土和子弹的声音逐渐淹没。混战胶着，俄军和法军的步兵们一个个拔出了刺刀，咬牙扑向对方，浑身上下沾满了血迹和泥土。炮弹无眼，刀剑无情，在这场战斗中许多俄军高级指挥官深受重伤甚至死去。连英勇善战的第二西集团军司令巴格拉季昂亲王也未能幸免，他因伤去世。

与此同时，两军两翼的战火也蔓延开来。法军右翼的波尼亚托夫斯基的部队到 8 时才和俄军投弹兵遭遇，他们担负着为第三军提供掩护的任务，对乌季察村附近的俄军工事展开了攻击。由于库图佐夫抽调了俄军第三军的部分兵力去保护棱堡，这支法军没有遭受非常顽强的抵抗，他们经过了一场激战，便轻而易举地攻占了乌季察村。

波尼亚托夫斯基立刻将视线转移，准备攻取村后那座具有重要战术价值的小山。为了保护俄军左翼，听闻战况的库图佐夫连忙命令第二军从俄军右翼迂回过来，冲入了波尼亚托夫斯基部队的后方，阻止了法国人的攻势，总算保住了高地。这一侧的战火稍稍平息了片刻。

另一侧，欧仁亲王率领大军南渡科洛查河，向拉耶夫斯基棱堡进军。他命令留在波罗底诺地区的法国炮兵待命，随时准备以炮火轰击整个棱堡的北侧，计划在步兵进攻前以猛烈的炮火削弱敌方的防御。躲在坚固棱堡内的俄军炮兵瞪大眼睛等待着法军的攻击，但是棱堡后方、奉命坚守到底的俄军第三军却心惊胆战，因为他们很可能遭遇到法军最强的火力攻击。

★ 硝烟弥漫的波罗底诺战场

事实上，棱堡附近的步兵和骑兵迎来了一场艰难的战斗。上午9时多，欧仁亲王命令开始炮轰！在炮火的掩护下，法国步兵发起进攻，遭遇了俄军第七军的顽强抵抗。因为派兵增援俄军左翼而兵力不足的这支队伍，无力控制谢苗诺夫斯卡娅的

★激战中的波罗底诺

防线，但不惧死亡的他们以坚韧的毅力击退了法军的第一次进攻，付出了巨大伤亡代价。欧仁亲王下令让莫朗将军的第一师和博纳米将军的第30步兵旅向前推进，很快组织起第二次进攻。俄军士兵杀红了眼，拼死挥舞着刺刀阻挡着源源不断的法军，却最终倒在了棱堡前。

高大健壮的俄军炮手也与进入棱堡的法军展开了面对面的殊死搏斗，很快又夺回了阵地，并用血肉之躯把法军赶出了棱堡。

这时的法军两翼战斗正处于危急关头。拿破仑接到了内伊将军发来的求援信息，他们正遭受到俄军第二西集团军的猛烈反攻，快要坚持不住了。拿破仑犹豫了片刻，命令克拉帕雷德将军带领帝国禁卫军维斯瓦波兰军团前去增援，但他立刻改变了主意，转而派遣弗里昂将军的第一军第二师前去增援。这位法国皇帝面不改色地认为，还无须使用预备队。

炮火震天：粉碎俄军的反扑

波罗底诺的上空被战火晕染成了灰白的一片，一眼望过去，已然看不见洁白的云彩。双方的炮兵、步兵和骑兵都参加了战斗，战场上战火纷飞，黑烟弥漫。法军与俄军一开始交火，法军炮兵就发射出一排排的炮弹，俄军炮兵迅速还击，不断将实心弹、葡萄弹和榴霰弹抛上天空，坠入仓促之间形成一道红蓝长墙的法军步兵纵队，引起一连串的爆炸，队伍中的惊叫声此起彼伏。浓黑的烟雾稍稍消退，身穿艳

丽服装的法军骑兵出击了，他们肩并肩排成一列列横队，策马向俄军冲过来，目露凶光，瞬间与俄军拼杀在一块儿，一片刀光剑影之下，双方杀了个你死我活。

拿破仑坐在指挥所里，举起望远镜观察着战斗进程。他的身边几个团的禁卫军长官纷纷请命，"请让我们出击！是时候给俄国人致命一击了！"看样子他们真的作好了一切战斗准备，随时准备投入战斗。

许久，拿破仑没有说话，他放下了望远镜，似乎还在思考着什么。这时，缪拉和内伊将军派传令官抵达，向拿破仑请求紧急援助，"将军们表示，希望能在俄军立足未稳时，给他们以沉重打击。"传令官如此说道。

拿破仑抿着嘴唇，终于下达了让青年禁卫军出击的命令。士气高涨的青年禁卫军们兴奋地冲了出去，然而这支部队刚出发，就收到了皇帝取消这个命令的消息，对此拿破仑没有作出任何解释，这一变化令这支年轻勇猛的军队非常沮丧，但也只得执行命令，打道回府。

正在这时，拿破仑得知俄军已派兵稳住了防线，马上他便接到第二次紧急求援。与前两次的决定一样，他对求援的贝利亚尔将军说道："在我还无法看清整个战场形势之前，我决不使用预备队。你们想尽办法坚守吧！"由此，拿破仑也许正好放过了一个可以全体出击，赢得这场会战的天赐良机。

俄军就此时机加快了增援的速度。如此一来，波罗底诺战役势必要持续更长的时间了！

不过就在中午时分，俄军铆足力量，总算付出惨重的代价占领了拉耶夫斯基棱堡。但是，俄军也仍然顽固，乌瓦洛夫和普拉托夫的骑兵对法军侧翼展开的猛烈攻击丝毫未减，这是这一形势拖延了拿破仑对欧仁亲王下达发动下一次进攻的命令。

而此时法军的第四骑兵军也已前进至谢苗诺夫斯卡娅前沿，由于没有得到欧仁亲王的及时援助，这支部队暴露在俄军炮火的轰击下，遭受了两个多小时残酷的炮火攻击，战马和士兵们纷纷倒在血泊之中。直到下午3时，欧仁亲王才接到拿破仑的命令，他带领着军队作好了准备。位于谢苗诺夫斯卡娅和波罗底诺的炮兵连也同时得到命令，开始集中优势炮火，对拉耶夫斯基棱堡发动炮轰，实施交叉火力的封锁。

一个中队接着一个中队的骑兵冲了上去，战场上那刺耳、尖厉的刀枪撞击声响彻云霄，冲上去的法军看到了棱堡内尸横遍野、惨不忍睹的场景，伤势严重的法军则倚靠在扭曲的火炮架上奄奄一息，等待着接下来的炮火。大部分时

★波罗底诺战役中激烈的战争场面

间，几千骑兵相互厮杀着，他们卷入了大混战，更乱上加乱的是，双方的步兵和炮兵也都压了上来。这是一天中最后一场恶仗，没有几个人能坚持到最后。

下午5时，双方士兵精疲力竭，体力透支。波尼亚托夫斯基已向乌季察高地发动过一次猛攻，攻击法军右翼。这时的战况依然胶着，库图佐夫和拿破仑都看不出自己是否能够获得胜利。

战场渐渐平静下来。就在俄军最脆弱的时候，拿破仑依然没有将他的禁卫军派上战场。如果此刻他派出了最后的兵力，库图佐夫应当无法从战线上顺利撤退。但他没有这么做。当夜幕降临后，拿破仑起身上马，策马来到前线，在满目疮痍、尸横遍野的战场上来回巡视，他一边喟叹，一边察看着俄国人坚守到最后的那道防线。双方似乎都不想再打下去了。

保留实力：放弃莫斯科

经此一战，双方都付出了惨重的代价。有大约30%的参战人员负伤，而据威尔逊将军的记录表明，俄军伤亡约3.6万人，法军伤亡约3.5万人。在这场会战中，双方还折损了不少的高级将领，这些指挥官身先士卒，在带领士兵们冲锋陷阵时没有露怯没有逃跑，展示出了优良的领袖才干和坚强的信念。他们会被所有的战士铭记在心里。

库图佐夫为失去的优秀将领感到万分惋惜，在双方伤亡所差无几的情况下，他认为俄军没有被拿破仑打败，但是现在的形势已经不适合再战了，也没有必要非要分出一个明显的胜负。为了保存实力，他命令部队第二天一早就撤出阵地。俄军列队整齐，从容不迫地按照库图佐夫的部署慢慢撤退，一队接着一队从波罗底诺撤走，沿途进行休整。

拿破仑并没有追赶他，他的目标是莫斯科。9月13日，库图佐夫带领着俄军退到了莫斯科城郊，他在这里重新部署部队，准备重整旗鼓迎击法军，但当时大部分的俄军将领对战胜拿破仑仍然没有信心，他又被众人说服，从而放弃了这个计划。

在法国人看起来胆小怯弱的俄国军队，居然在法国军队兵临城下时放弃了莫斯科城，选择了继续后撤。得知这个消息的拿破仑感到了不可思议，但他不怕有诈，命令缪拉带领军队于14日下午冲入莫斯科城。

城内没有俄军守兵，大街上房门紧闭，看不到一个行人。拿破仑立刻反应过来，怀疑有伏兵。但是没过多久，他看到了城市的一角燃起了大火，一时间火光冲天，房屋倒塌的声响越来越近，随着火势的迅速蔓延，莫斯科城被笼罩在了一片火海之中。拿破仑看着红彤彤的天空不禁大喊："烧掉自己的家园！……多么野蛮的

★烈火中的莫斯科

俄国人！这是什么样的民族呀！"

当然，他虽然惊讶却也没有派人救火，因为他并不想永久地占领这座城市。他只是需要令亚历山大感到恐惧，而后答应他的某些要求罢了。面对士兵们的倦怠，拿破仑深知自己太过深入俄国的内陆

★从俄国败退的拿破仑

了，目前的情形并不好，如果俄国人反扑，他们极有可能遭到严重的打击。此时的他站在莫斯科城内有些无精打采，他想要结束这次出征了。于是，他派人去给亚历山大送信，表明两人可以坐下来好好谈谈。

亚历山大比几年前要成熟多了，他明白拿破仑的野心，所以不想在退缩的情况下谈判，他坚定地表示：只要俄国领土上还有一个法国士兵，我就决不坐到谈判桌前！

拿破仑犹豫了，他举棋不定的毛病偏偏在这个时候犯了。他在莫斯科城内待了一个多月，才决定撤离莫斯科。但就在这一个多月的时间内，俄军招募了大批新兵，使原本8.5万人的军队增至12万人，作好了充分的反攻准备。

10月19日，欧仁亲王接到命令，率领法军先头部队开始撤离莫斯科。然而已经晚了。拿破仑的大军撤离时，遭受到了俄军疯狂的追击和打击。法国士兵不清楚俄国人会从哪里出来拦截他们，一路上胆战心惊地撤退，许多队伍都被突如其来的追兵冲得七零八落。在良好的战斗力和机动性没有得到完全恢复的情况下，法军狼狈地沿着来时的路返回，而在途中也还有组织起来的俄军等待着他们，只要他们要回家，就必然遭到俄国人的攻击。12月14日，内伊将军率领残余的法军余部跨过俄国边界时，重重呼了一口气。

拿破仑发动的这场最艰难、最残酷、伤亡最惨重的战役，总算结束了。回到法国的拿破仑和回到莫斯科的亚历山大都宣称自己取得了波罗底诺战役的胜利，但是面对伤亡数字他们谁都不敢说自己达到了发动这场战争的目的。因为

从一开始，无论是库图佐夫还是拿破仑都没有明确的会战目的，法军和俄军就像两条恶犬似的厮杀了起来，在给予了对方一些教训之后，最终还是要回家舔舐伤口。

总之，就让这血腥的一页翻过去吧。

战典回响

俄国保留实力

波罗底诺战役中，拿破仑没能像以往那样满载而归，从亚历山大那里攫取利益，从战略上来看，他其实是输了的；一开始处于劣势的俄军在后来奋起反击，赶走了法军，保护了国土不受侵犯，从整体局势上来看，实际上算得上是一场胜利。这种结果，与库图佐夫的高超的作战指挥艺术分不开。

虽然在排兵布阵时，库图佐夫对于中央和左翼的部署不够完善和重视，但他对于整条战线的掌控还是十分准确的。在他的部署下，俄军战斗队为纵深配置，战斗队形的总纵深为3~4公里，在战斗中，步兵同骑兵和炮兵配合紧密默契，即使在法军全力攻击的情况下，也保证了防御的坚固性。开战之初，双方的战斗队形基本相同，展示出纵队和散开队形战术的进攻和防御特征，并不好寻找突破口。而面对法军凶猛的攻势，库图佐夫没有一味地防守，他在战场一直思路清晰，因此才会在命令俄军冲击或反冲击之前，先让炮兵以炮兵火力进行猛烈射击，形成火力网，然后再以密集的步兵和骑兵队形实施突击，大军压上，给敌人造成巨大的压力。

由此可见，库图佐夫的战术策略和防御工事还是很成功的。另外，开战之前，俄军各部队都集结了战斗力较强的预备队，并且建立了总预备队，这也是俄军能够坚持抵抗法军的一个重要因素。

与拿破仑不主张轻易动用青年禁卫军的想法相似，库图佐夫也十分重视预备队和总预备队的作用，认为"预备队尽可能保存得久一些，因为一个将军，只要他手中还握有预备队，就不会战败"，他不到最后关头也不想动用这些后备力量。最重要的是，他看到了俄军反击的可能性，即使在会战中也想方设法保存住了实力，留待反击时给予拿破仑致命一击。

他们双方都没有倾其所有地拼在波罗底诺的战场上。

库图佐夫带领俄军撤回内地后，不断地在积聚力量，放弃莫斯科也是战略的一部分，他从来不认为法军能够轻松地撤离。拿破仑想来就来，想走就走？这还得问问库图佐夫答不答应。10月18日，俄军准备好了一切开始反攻，次日就将撤出莫斯科的法军打得节节败退，法军一路仓皇撤退，最后几乎被全部歼灭。拿破仑经此一战，再也不敢小瞧俄国人了。

拿破仑的最后一场大胜

虽然在波罗底诺的战场上，拿破仑逼退了俄国人，看似赢得了这场战争的胜利，但是从此之后法军再也无法发挥过去那种所向披靡的攻击能力了。当拿破仑的军队占领莫斯科城时，他们由原本可以取胜的态势转入了被动挨打的局面。这种战略上的失策从一定程度上反映了拿破仑军队正在走向衰败，而这种迹象从波罗底诺一战中就能看出端倪。

从客观上来看，在波罗底诺战役中，俄军并未被法军削弱掉太大实力，而拿破仑却在此战中表现出"优柔寡断、进攻保守、情绪倦怠"的一面。他天才般的军事指挥才能似乎没能在这一战中发挥出来，尤其值得注意的是，他放弃了过去法军所擅长的从侧翼进攻的战术，而采取了正面进攻，这种策略上的失误使得法军无法在此战中大展神威。而拿破仑的这种失误，从此战之后就一直伴随着他，直到滑铁卢惨败使他再也没有机会从这种状态中走出来。

可见，波罗底诺战役虽然没有对俄法1812年战争的整个进程有关键性的影响，但却像一个诅咒，成为了拿破仑军队覆灭的开始。此战最终成为了拿破仑的最后一场大胜，可叹的是，拿破仑在这最后的一场胜利中获得的并不是压倒性的胜利，这终究是他的重大遗憾。

★沙场点兵★

人物：库图佐夫

　　著名将领库图佐夫在1812年俄国卫国战争初期先后当选为彼得堡义勇军和莫斯科义勇军司令，他战功卓越，是个有勇有谋的统帅。年轻时的库图佐夫是个名副其实的勇士，曾多次负伤，并有两次头部中弹，但依然重返了战场。他在1768—1774年俄土战争时担任队列军官和参谋，参加了在坑凹墓地、拉尔加河及卡古尔河等地的决战。他还曾与伟大的苏沃洛夫并肩作战，长时间的战争让他积累了丰富的战斗经验，是位极有威望的俄国军事长官。

　　拿破仑入侵俄国后，亚历山大一世于8月20日任命已经67岁的库图佐夫为俄军总司令。当时他垂垂老矣，但依然精神矍铄，头脑清晰，仍然可以看到其年轻时候威风凛凛的影子。但由于年老体弱，他还是犯下了一些错误，比如任命狂妄自大的莱温·本尼格森将军为参谋长。但无论如何，他是一位令人尊敬的将军，他在波罗底诺战役中的作为也可圈可点。

武器：葡萄弹

　　在此战中俄军炮兵使用了大量的葡萄弹来攻击法国的步兵队列，这种炮弹原本是在海战中使用的，后来被借用到陆战中。此炮弹因为形似葡萄而得名，实际上就是母子弹——大炮弹中容纳有许多小炮弹，当大炮弹被发射到攻击目标的上空，小炮弹会在时间引信的推动下抛出，对地面目标有极大的杀伤力。此战中所使用的葡萄弹则是把许多的小铁弹用布、网状织品或木匣子等物品包裹在一起，用火炮发射出去，打击法国步兵。葡萄弹的杀伤力和杀伤范围很大，每次在法军阵营中开花就会引起一片鬼哭狼嚎，打得他们血肉横飞。

战术：白刃战

　　所谓白刃战，就是对阵士兵拿起刺刀或其他冷兵器进行近身格斗，一旦战斗开始，他们就无法轻易退出，因为除非将敌人斩杀在手下，否则难以保住性命。无论哪个时代的战争中，白刃战都是极为残酷的战斗，在一对一拼杀的情况下，双方的伤亡率基本上也就是1∶1。这种战斗一般而言发生在双方子弹用尽，或者超出炮弹射程之外的战场上，它往往要求士兵有很好的刺杀技术，而且要有极强的心理承受能力和坚定的毅力，以及比敌人更好的体力。

　　在这场战争中，双方都有步兵、炮兵和骑兵，在大部分时间，这些兵种都处于混战之中。为了攻占棱堡，法军在炮轰和骑兵冲锋过后必须要派出步兵登上高地，不可避免地就要与俄军进行白刃战。这注定是残酷的激战，双方都要付出惨重的代价，除了让一批批的人往上压，不断地将棱堡里的俄军杀死，法军也没有更好的方法。白刃战，很显然那是一种牺牲很大的进攻战术。

周密筹划的巅峰对决
THE CLASSIC WARS

第十一章

诺瓦拉会战
——意大利的统一之路

　　▲诺瓦拉会战是意大利人民为了争取统一而发起的一场反抗奥地利统治的战役，发生在 1849 年的意大利皮埃蒙特地区的诺瓦拉城，作战双方是拉德茨基元帅率领的奥地利军队和阿尔贝特率领的意大利联军。在这场战争中，意大利联军虽然作战英勇，但仍然没能赶走奥地利人。

前奏：意大利的独立之路

湿热的海风轻抚着剔透的海面，吹拂到撒丁岛海边。三三两两的撒丁岛居民坐在独立的礁石上，小声议论着撒丁王国的未来。作为意大利的一部分，他们非常渴望意大利能够从奥地利的统治下脱离出来，成立一个独立的国家，但是这条道路十分崎岖，意大利人民一直走得很艰难。

"这几年一直在爆发起义，你们说奥地利人能被我们赶出去吗？"一个人眼神忧虑地说道。

"唉，一次次的起义一次次的失败，不知道什么时候是个头。"这个人比较悲观。

另一个人的表情则较为平静，他的语气里透露着自信，"赶走外来人的日子不远了，而且这项伟大的事业需要依靠我们撒丁王国。即使不断失败又如何，也比一直受人欺压来得好！"

旁人纷纷点头，这时有不少人从远处跑了过来，他们高声喊着："我们都要去向政府请愿，要求对奥宣战，你们去不去？"

"当然了！走！"大家异口同声，肩并着肩走到了一块儿。

这样的事情，在19世纪中期的意大利各地时有发生。他们的心声其实非常简单，就是把奥军驱逐出境。意大利曾是盛极一时的文化政治中心，它是古罗马帝国的核心，还是文艺复兴运动的发源地，而欧洲资本主义就是在这里生根发芽的。意大利人对此是骄傲的，他们拥有智慧和财富，需要一个和平安宁的环境将意大利的艺术和文化发扬光大，但是自从中世纪以来，这片土地长期陷入四分五裂、内乱不息的局面。从16世纪起，意大利人看着西班牙人、奥地利人和法国人高举着自己的旗帜先后入侵，对他们大呼小叫，说这里的土地和财宝也有他们一份。

★撒丁岛一角鸟瞰

这令意大利人感到沮丧和愤怒，他们不断地高呼："意大利的事情意大利人自己来解决，不需要外人的插手。"

人民群众的力量是巨大的，到了19世纪中叶，一场席卷意大利全境的民族解放战争爆发了。1848年3月，意大利威尼斯省的民众举起了反奥大旗，他们声势浩大，宣布成立独立的共和国。随后，米兰的百姓也揭竿而起，爆发起义，他们与当地的奥地利军队发生激烈交火，起义者组成的国民自卫军冲入奥军将领的官邸，如突然倾泻而下的火山岩浆一样炽热，追着奥军跑，不知疲倦，不久便将他们赶出了城。

随着起义军的壮大，撒丁王也站了出来，他先后取得了伦巴第、威尼斯等省的归附，集结其军队于1848年3月23日对奥宣战。在撒丁王的号召下，意大利的其他小国也纷纷响应，投入到抗奥斗争的洪流中来。

除了政府统领的正规军，旗帜鲜明、装备齐整的志愿军队伍也相继建立，迈开坚定的步伐开赴前线。他们英勇非常，在奥军火枪的殷红火舌面前毫不退缩，一路向前，即使看着眼前的同伴们接连倒下，他们也不皱一下眉头。在这样凶猛的攻势下，一个月内，奥军被打退至伦巴第东部维罗纳境内，准备组织反攻。

奥地利人拿出了更多的火炮和火枪迎接着意大利联军。在烟雾迷蒙的战场上，意大利联军由于士兵死伤惨重，他们训练不足、装备较差的问题暴露了出来，又因为缺少骑兵和炮兵，步兵没有办法抵抗住猛烈的炮轰，连连后退。7月25日，双方在库斯托茨发生激烈交战，意大利联军被奥地利军队彻底击溃。奥地利军乘胜追击，结果撒丁军全部被歼，米兰也被攻陷。一个月后，交战双方签订了停战协定，奥地利继续占领意大利北部。意大利的统一大业仍然任重道远。

重新宣战：亚平宁的独立战争之路

伦巴第和威尼斯再次落入了奥地利人的手里。撒丁王沮丧地看着自己的部队回到皮埃蒙特，看着手中那张签署的停战协议，眼睛发涩。为了排遣抑郁的心情，他带着卫队来到撒丁岛上呼吸新鲜空气。撒丁岛上起伏的山坡上生长着爱神木，野生的百里香散发着清香，一丛丛的刺梨和矮橡树藏匿在茂密的林地里，一群群的雀鸟在枝桠间扑腾着翅膀，悄悄地观察着这位神情焦虑的国王。

"多么美丽的土地啊！"撒丁王阿尔贝特凝望着这里冗长平坦的海岸线、晶莹的海面、柔美的沙滩不禁感叹道。"若是奥地利人继续留在我们附近，难保哪一天他们不会觊觎更多的领土和海洋呀。"他依然希望能将奥地利人赶出去。

没过多久他听到了一个好消息：由于反奥战争失败，各阶层人民都表露出不安和愤慨，那位名叫马志尼的资产阶级领袖又开始行动了，他带领着资产阶级共和派再次起义了。这个人可以说是屡败屡战，多次起义失败也没有打垮他的信心，他仍然活跃着，不断地组织武装暴动。马志尼怀着雄心大志，希望通过起义来发动一场自下而上的革命，实现国家的独立和统一。这些起义队伍冲上了奥地利人管辖的街道和工厂，得到了附近居民们的鼓舞和呐喊，挥舞着手中的棍棒和枪支，和奥地利军队周旋。他们中有小资产阶级的青年、城市劳动人民，以及零散的农民兄弟。他们并不善战，起义进行得并不太顺利。

有人劝说马志尼多拉拢在人口中占

★意大利独立战争领袖马志尼画像

绝大多数的农民来加入，但是他摇摇头，说道："我也提出给他们一些物质报酬，但是他们想要的远远超过了我能负担的！订立土地法或者进行土地改革，都不是我计划中的事情，我想，即使没有那些愚昧的农民也没关系。只要起义，就会有大批的群众跟随我的！"这种想法让他失去了绝大多数的农民兄弟支持者，他的思想还不够成熟。

不过起义的形势依然不错，到了8月11日和23日，威尼斯和托斯卡纳传来好消息，这两处的起义军先后宣布建立资产阶级共和国。起义的风潮继续吹拂在意大利富饶的土壤上，滚滚硝烟和鲜红的旗帜同时在天空中飘荡。11月15日，罗马市民组织发动了大规模起义，1849年2月宣布成立共和国，马志尼和其他两人共同担任执政官，建立了共和政府。于是，各地的起义军和新建政府开始联合起来，要求与奥地利对战。

这一切都被阿尔贝特看在眼里，他终于燃起了斗志，准备再次对奥开战。

针锋相对：子弹已经到了枪膛里

1849年3月中旬，奥地利拉德茨基元帅摸了摸发白的胡须，命令七万人的军队开往诺瓦拉。

就在几天前，他刚听闻撒丁王阿尔贝特撕毁了1848年在库斯托扎战败所签署的停战协定的消息，随后奥地利国王的委任令到了，下令他即刻带领部队出击。这位年逾80的老元帅只是轻轻咳嗽两声，就毫不犹豫地跨上了战马。

根据侦察，阿尔贝特的部队现在正在诺瓦拉附近。

原本这一次拉德茨基可以动用与撒丁军不相上下的兵力，但他深思了片刻没有这样做，而是率领本部主力撤出米兰，慢慢行军，向东南转移，造成要撤往皮亚琴察的假象。论老谋深算，阿尔贝特显然不是这位白胡子老头的对手。

而对于阿尔贝特选择的战场诺瓦拉，拉德茨基也是比较熟悉的。

诺瓦拉是意大利皮埃蒙特区域诺瓦拉省的省会，历史悠久，位于米兰西方47公里处的阿戈尼亚河岸，很早以前就被开垦出来，成为了古罗马帝国的殖民地。5世纪时，诺瓦拉被入侵者烧毁，到了6世纪才恢复了过去繁盛的模样。但是这里战乱不断，到了公元1110年又被神圣罗马帝国皇帝亨利五世一把火给烧了，渐渐重建起来。后来诺瓦拉加入了伦巴第联盟，曾先后处于米兰、奥地利的统治之下。如今这一仗，自然是要将它从奥地利人手中夺回来。

阿尔贝特看了战报，没有觉察有诈，认定奥地利军队正在撤往皮亚琴察。他在诺瓦拉展开战线，将右翼部队部署在提起诺河附近，等待着和他们决一死战。殊不知，这时的拉德茨基的部队改变了行军路线。这位老元帅看了看地图，眼珠了转了几圈，用沉稳敦厚的声音命令道："转兵西向，进军帕维亚，在20日越过提起诺河！"

声音刚落，训练有素、步伐整齐的奥地利军往西前进，一路小跑，保持着完整的队形，没有人

★奥地利拉德茨基元帅雕像

喧哗没有人质疑，他们非常信任且仰慕自己的老将领，跟随着他的背影迈开步子。他们的子弹已经上了膛，一旦看到敌人就会发出锐利的吼叫，划为一道道耀眼夺目的弧线，打入敌人的胸膛。这支奥地利军的第一个作战任务是，越过提起诺河，然后展开突袭，包抄阿尔贝特军队的右翼。

激战时刻：亚平宁的腥风血雨

此刻阿尔贝特的十万大军正作着战前准备，士兵们擦拭着自己的火枪和刀刃，安静地固守在自己的岗位上，眼神平静，没有半点胆怯和倦怠。听着提起诺河水流潺潺的声响，很多人微微扬起了唇角，这是不是就是暴风雨前的宁静呢？

突然，他们身后响起了震天的号声。大家浑身打了个冷战，转头一看，天哪！是奥地利人，他们什么时候越过了提起诺河？拉德茨基策马停在队伍的后面，他注视着士兵们一个个奋勇向前，很是欣慰。这支部队就像从天而降的神兵

出现在撒丁军队面前，冲向整个阵营的右翼。惊慌失措的撒丁士兵们面色苍白地躲避着从奥地利人枪膛里射出的子弹，原本齐整的队形瞬间被打乱，只有一群群地聚集在一块儿组织反击。这时，奥地利的骑兵一拨拨地展开冲锋，逼退着刚刚组织起来反攻的撒丁士兵。马蹄踩踏过倒下的撒丁士兵，溅起的血花沾染上奥地利士兵的军装。一轮轮火枪射击过后，奥地利步兵们毫不留情地举起刺刀扑了过去，和面部扭曲的撒丁士兵们厮杀起来。

这支奥地利部队就像一个楔子插入了撒丁军队主力和侧翼掩护部队之间，扰乱了他们在整个战线上的部署。拉德茨基命令士兵进行更加猛烈的冲锋，晕头转向的撒丁士兵们渐渐抵抗不住，纷纷往提起诺河的另一侧撤退，留下一部分人继续抵抗。撒丁人深知，如果此刻没有办法阻挡拉德茨基，奥地利人随后将攻入他们的后方，这样一来，撒丁军队所面临的局势将非常被动。

拉德茨基没有穷追不舍，他命令部队再次迂回前进，到前面去迎接撒丁人。不多久，撒丁右翼想要挡住拉德茨基向他们后方进攻的企图失败了，面对着势如破竹的奥地利人，他们只好选择向诺瓦拉北部撤退，与主力部队会合，再寻找战机和奥地利人正面交战。这一阵腥风血雨过后，拉德茨基感到浑身都充满了力量，他望着撒丁人撤退的背影冷笑着，心里不知在盘算什么。

哀鸿遍野：弱不禁风的侧翼

第二日清晨的暖风温柔和煦，轻轻地吹拂在拉德茨基的脸上，让他的心情格外舒畅。他刚刚收到前方的报告，得知撒丁人已经往西撤退。没有过多的思考，他策马命令道："全军准备，再次向北前进！"

这时的他并不知道，这次的战报其实出了点儿问题，前线的侦察兵误把撒丁部队的一支落后的小部队当做了主力，没有进一步探查就得出了结论。

拉德茨基率兵再次向北进军，目的就是要切断

★意大利独立战争场景图

敌人的退路，但是由于错误的情报，他派出的右翼部队没有遇到撒丁军的主力部队，遭遇的只是一小支撒丁步兵。

数量庞大的奥地利右翼部队像饿虎扑食一样冲了过去，撒丁人惊恐地奔跑起来，一边后退一边躲避子弹和刺刀，高声地惊叫和嘶喊着，痛苦地在敌人的脚下闭上了眼睛。交战不久，这一小股撒丁军队就开始溃退了，眼见就要被奥地利人吃掉了。

但就在这时，在后方观战的拉德茨基的眉头越皱越紧。他赶紧命令侍卫官去察看左翼和中央阵线的情况，不料真的出现了问题。他的一个军在另一侧遇到了撒丁军队的全部主力，犹如羊入虎口，形势非常危急。

阿尔贝特的主力部队一看到奥地利人就立刻红了眼，如高高掀起的浪头似的扑到他们的头顶，一时间，战场上尖锐的刀刃声、火炮声和子弹呼啸而过的响声在士兵们的耳边起伏不断，动作稍稍迟钝的人一个不小心就被打了个窟窿，直愣愣地看着鲜血从身体里流出，怎么也止不住。大多数撒丁人和奥地利人都扭打在了一起，看不清谁的力气更大一些，生死就是一瞬间的事，往往一眨眼，所看到的不是自己倒下就是敌人躺在血泊中的场景。

这里的战况胶着起来，撒丁军主力死死咬着奥地利的这一个军不放，企图在吃掉它之后逐一歼灭他们匆匆赶来的右翼。

拉德茨基对此刻的危险心知肚明，这几个小时如果不撑下去很可能会让撒丁军队乘虚而入。但由于之前的突袭让敌军阵营陷入混乱和瘫痪，他还是对局势的发展充满了信心，撒丁军在他眼里还不足以构成巨大的威胁。

当天下午，行动力迅速的奥地利右翼和其他各军先后赶到，一部分军队从正面冲了过去，另一部分则转而攻击撒丁军的侧翼和后路。

侧翼的撒丁士兵被忽然汹涌而至的奥地利人吓到了，战斗力渐渐下降，随后后方被切断的消息令他们心里一凉，手中的力气又小了几分。

紧接着，阿尔贝特部署的整个战线出现了几处缺口，被奥地利人撕裂开来，呼呼灌入血腥的冷风。已经没有兵力可以迅速调集来补上这些缺口了，十万撒丁大军在八万奥地利军队的包围中，渐渐体力不支，无法成功突围。只有少数的撒丁人冲出了包围圈，狼狈地逃回皮埃蒙特。撒丁军又一次在奥地利人脚下一败涂地。

这支部队投降半个月后，威尼斯共和国军队也弹尽粮绝，向拉德茨基元帅投降。幸好，年高德劭的元帅没有向任何一个城市复仇，给予他们的投降政策都还比较优惠。回到维也纳的拉德茨基元帅受到了奥地利人的热烈追捧，霍夫堡还为他举行了盛大的庆祝会。老约翰·施特劳斯还特意为他谱写了一曲《拉德茨基进行曲》，成为了当时的流行曲目。

不久，羞愤的撒丁王阿尔贝特被迫退位，他的儿子伊曼纽尔二世继任。几日后，伊曼纽尔二世神情憔悴地与奥地利签订停战协定，低头承认伦巴第和威尼斯仍然归属奥地利。

第一次独立战争的胜负天平

顽强的撒丁人为何又一次失败了呢？他们实现统一的道路还要走多久才能见到曙光呢？阿尔贝特不知道这个答案。他大概一直想不通，为何十万大军会败在八万奥地利人手下，因为他不是一位杰出的军事家，他也还未认清当时意大利对抗奥地利所需要的种种条件。诺瓦拉的战败只是无数次失败中的一次，没有关系，让奥地利人骄傲去吧！

虽然这一次诺瓦拉会战的失败直接导致了撒丁王查理·阿尔贝特引咎退位，其子伊曼纽尔二世即位后与奥停战议和。但是，意大利北部人民群众抗奥的决心依然没有被打垮，他们的反抗斗争还没有停止。但是祸不单行，总有人惯于趁火打劫。

4月托斯卡纳共和国被颠覆，随之而来的是法国、奥地利、西班牙和那不勒斯王国军队联合进攻罗马共和国的消息。在如此危急的时刻，加里波第带领着他人数不多的军队从南方赶来增援，这支队伍战斗力很强，凭借着以一当十的勇气在罗马保卫战中发挥了中流砥柱的作用。就在敌人的攻势稍稍减弱的时候，以马志尼为首的革命党执政者不想扩大战火，他们过高地估计了自己的实力，企图逼迫法军进行和谈，于是延误战机。结果这段时间内，敌人获得喘息机会，后来重整旗鼓再次扑上来。7月3日，法军占领了罗马大部分城区，马志尼为首的革命党人所建立的共和国覆灭，教皇政权复辟，加里波第带领的军队终因力量对比悬殊而失败，这位传奇人物第二次流亡美洲。

第一次意大利独立战争就这样失败了。这次的失败也许令人扼腕，但这种处在不成熟阶段的反抗，势必会被打得鼻青脸肿，不过拥有坚定信念的撒丁人还是从失败中获得了教训和经验，他们只是在等待矛盾完全被激发的那一天。他们深信，胜负的天平不会一直倾向奥地利人。

★ 沙场点兵 ★

人物：拉德茨基

　　奥地利陆军元帅拉德茨基是一个传奇人物，他于1784年进入奥地利陆军，曾参加了1787—1792年的奥土战争，并且参加过与拿破仑的战斗。他积极维护奥地利帝国殖民统治，曾率领军队侵略邻国意大利，并在意大利北部任总督多年。拉德茨基于1848年作为陆军元帅最后一次指挥帝国军对撒丁王国作战，当时他已经82岁，却依然拥有清晰的头脑，在战场上果断指挥，迅速地化解了意大利人的攻势，赢得了诺瓦拉会战的胜利。因此在奥地利人眼中，拉德茨基是位英雄式的人物，但在意大利人看来他是一个不折不扣的侵略者。

武器：滑膛枪

　　在19世纪中叶的诺瓦拉会战中，奥地利军队的主力是配备着装有刺刀的滑膛枪的步兵。滑膛枪是一种枪膛内无膛线的前装式枪，从拿破仑时代开始步兵大多装备的都是大口径的滑膛枪，而各国滑膛枪不尽相同，这场战役中奥地利步兵使用的是对击装置经过了改进的1770款滑膛枪。战斗中，手持滑膛枪的奥地利步兵组成队列，集中火力对意大利联军发动攻击，有效地对抗了他们的骑兵攻击。

战术：包围

　　此次诺瓦拉会战中，82岁的老元帅拉德茨基指挥的奥军击败了阿尔贝特的撒丁大军，恢复了奥地利在北意大利的统治。他的胜利得益于在这次战役的进程中，巧妙地利用了撒丁军队兵力分散的弱点，将其战线切断，最后形成了包围的态势。

　　拉德茨基的包围战术能够成功，有赖于奥地利部队良好的机动性。他能够根据撒丁军的动向及时下达命令，指挥部队迅速地绕到敌人的侧翼展开突袭，切断敌人右翼和主力之间的联系。如果不是因为那个错误的战报，按照拉德茨基的计划，撒丁军会再次被他迂回前进的部队袭击，但是即便出现了这个小失误，处于被动的撒丁军仍然没能逃脱他布下的包围圈。从后方和侧翼出现的奥地利人切断了他们的所有退路，他们没有集中在一起的兵力这时也无法集结了，胜负就只是一眨眼的事情。

周密筹划的巅峰对决
THE CLASSIC WARS

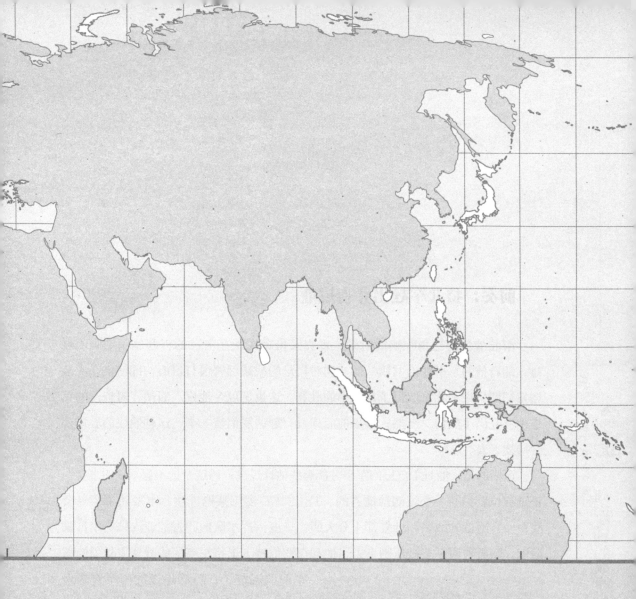

第十二章

马里兰会战
——美利坚在滴血

▲这场战役是美国南北战争中具有重要战略地位的一战，是南军的罗伯特·李将军为了扩大战果，将北军赶出弗吉尼亚而发动的，它发生在 1862 年的美国马里兰州，战况惨烈而血腥，最后以北军破坏了南军的战略意图而告终。

前奏：将北军赶出弗吉尼亚

南北战争的号角吹响的时候，麦克莱伦将军正在自己的官邸悠闲地喝着咖啡，翻看他的军事理论书籍。他一向对自己的战略部署很有信心，即使他在内战爆发初期只带领北军取得了几次小的胜利，这也足以令他喜上眉梢，对自己的军事生涯充满了热情。当然，如果他后来没有遭遇罗伯特·李，这种愉快的心情还会持续下去。

可惜的是，他对于自己的军事才能有些估计过高。而这个他不愿承认的事实，正是这位罗伯特·李证明给他看的。1862年，麦克莱伦带领北军发动了半岛会战，一开始他的战略和计划都十分大胆，一度指挥军队向弗吉尼亚内陆的里奇蒙逼近，眼看着南军要被压制下去，他却在罗伯特·李将军率领的战斗力颇强的南军面前迟疑了。行动迅速的南军看起来狡猾而灵活，就像一条鳝鱼不能被轻易抓住，这令麦克莱伦很是头疼。没过多久，北军就被南军打退回了弗吉尼亚半岛。

罗伯特·李策马眺望，凝视着弗吉尼亚半岛连绵的海岸线轻轻叹了口气，"其实我多么不愿意参与这场战争啊，可是比起与北军开战，我更加不愿和家乡父老作对，所以我只能选择前进！北方的将士们，请原谅我必须将你们赶出弗吉尼亚！"他在心里勾画好了一场大会战的雏形。

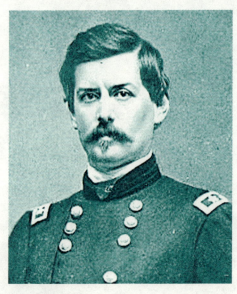
★麦克莱伦画像

马里兰是他精心选择的战场。按照他的计划，如果在这次会战中取得胜利，北军就可以进驻大量军队对华盛顿特区和巴尔的摩造成极大威胁。

一旦他们顺利进入马里兰和宾夕法尼亚州，便能够在中途就破坏掉巴尔的摩与俄亥俄铁路，从而切断对华盛顿特区的援助。这样一来，北军的攻势会瞬间减弱。

除此之外，他还考虑到粮草问题。战火无情，几次交战下来，弗吉尼亚这边的农场大都被战火燃烧殆尽，但只要往北走他们就能找到成片已经成熟的农田，如果南军在秋季来临时入侵成功，就可以收割走北方农田的粮食作物，这不仅充盈了他们的粮仓，还能令那里的人民感到恐慌，说不定就能逼迫林肯停战。

"林肯先生，希望您最后不会输得太过狼狈呀！"罗伯特·李喃喃自语道，命令部队加速前进，并且时刻留意沿途有没有居民愿意加入他们的队伍。坐在办公桌前的林肯打了个大大的喷嚏。

最近这位总统先生被许多事情烦恼，他接到了一些不好的消息。自从美国内战爆发，远在欧洲的英国和法国就郑重表示不会支持南方政府，但最近英国和法国使者的态度发生了改变，不再一口咬定绝对支持他了。林肯明白，是北军一直无法获得决定性胜利的状况让他们产生了动摇。如果北军再被南军重击，只怕会失去英法两国的支持啊！他奋力思考着对策。但无论如何，他必须派兵赶到马里兰。

9月3日，香堤伊的南军接到命令，动身开往李斯堡。第二天，北弗吉尼亚军团也行动起来，迅速渡过波托马克河，占据了李斯堡的两座堡垒。三天之后，罗伯特·李将军带领着南军的主力大军攻入了弗来德烈。与此同时，麦克罗斯和华克将军也派出数个师和两个旅加入了他的队伍，至此南军的队伍达到了六万多人。

步伐稳健的南军向北挺进，操着南方口音向路上的居民打探问路，一路上他们声势浩大，趾高气扬，很快攻占了数个村庄，将几支零散的北军部队打得落荒而逃。

罗伯特·李让将领们嘱咐士兵不要烧杀掳掠，对当地的居民进行思想工作，一再强调他们此次到来不是入侵，而是为了进一步保护家园和国家。他还在村庄的空地上亲自发表演说，企图游说当地人，获得他们的支持。这些战报令林肯更加手忙脚乱，他立刻派人去拜访还在度假中的麦克莱伦，请他带领军队赶紧出战。

南军无奈：失道者寡助

罗伯特·李不耐烦地听着部下的报告，生气地哼了一声。"这些人想干吗，都想卷铺盖回家吗？"他沉闷粗重的声线令人感受到一股强大的压力。站得笔直的将领们等着接受训斥，对于日前常常有士兵逃跑的现象他们也实在恼火，但是那些士兵是从南方带过来的，他们不愿北上和占领北方人的村庄，因为他们一开始加入战争的目的就只是保卫国家。

这些逃走的士兵都不是职业军人，他们的离开，让南军总人数在十日内就下降至约45 000人，大约有七八千人离开了部队。

"我想，我们可以征召当地人入伍，只要动员得当的话！"一个胆子大的将领提议道。罗伯特·李无奈地点点头："看来也只好如此了。"

"还有件事需要您示下，最近有很多士兵都生病了，他们不小心吃了没有煮熟的食物，军队中现在急需医生！还有一些士兵以前习惯了不穿鞋就上路，现在双脚都被由硬石铺成的路弄伤了，情绪也不高。"一位将领忐忑地报告道。

"什么？"很明显，这个消息令这位将军烦躁地提高了音调。

在众人面面相觑的境况中，这次会议就这样草草结束了。大家领着要征召民兵入伍的命令下去了，但是几天过去了，这些村落的居民没有几个报名参加军队的。他们常常紧闭门窗，对于前来游说的南军说道："支持你们的那些人早就参军了，现在留在这里的都是林肯总统的跟随者，你们难道要强逼着我们参军吗？"

罗伯特·李沉默地看着一无所获的将领们，重重地在地图上画了几道。"算了，无须征兵了，我们继续前进。"

这时他派出去的一支南军已经占领了钱伯斯堡。紧接着，他命令詹姆斯·朗斯特里特带兵向本斯波罗和黑格斯敦推进，并派出另外一支队伍对北军的兵工厂哈普斯渡口展开了攻击。南军士兵手中冒着火焰的枪口对准了前来阻

★罗伯特·李画像

击的北军，他们神情专注地瞄准扣动扳机，巨大的后坐力将身体往后一推，再一抬头，看到的要么是眼前倒下的北军士兵，要么是对方黑洞洞的枪口或者亮白的刀刃。呛鼻的烟雾在身边飘浮，如敌人不甘愿离开的灵魂似的缠绕在他们的头顶。

沿途，他们遭遇到一支北方人组织起来的约5万人的志愿军，而当地的教堂也号召北方人起来反抗南军。罗伯特·李没想与这股势力纠缠，于是命令部队加速前进，同时派出詹姆斯·史都华和丹尼尔·哈威·希尔向南山开进。或许，麦克莱伦已经在那里等着他们了。

机密泄露：草率完成军队调度

尽管征兵的事情不太顺利，罗伯特·李仍然认为在马里兰州与麦克莱伦一决高下是明智的决定。因为不同于其他地区，马里兰在内战中的态度是很微妙的。

原本，马里兰州就是一个蓄奴州，当美国内战的枪声打响时，这里的许多政府官员都倾向美国南方，但是由于哥伦比亚特区设在马里兰，美国政府采取了强力镇压手段。事情要从1861年说起，当时一队美国士兵在巴尔的摩转火车，意外遭遇亲南方的巴尔的摩市民围攻。火车站的情形很混乱，市民对士兵展开了包围，情绪很不稳定地扔出了手中的石头或是棍棒，有的还端起家中的旧枪准备开火，受到惊吓的士兵们突然向市民开枪，枪声和嘶喊声惊动了更多的市民。一日之间，巴尔的摩发生了暴乱。

巴尔的摩暴乱的消息立刻传到了林肯的耳朵里，他即刻召开会议决定对亲南方的州实行铁腕镇压。不久，军队逮捕了巴尔的摩市长和警察局长，还抓走了马里兰州议会多名议员，此后美国联邦政府直接管理马里兰州。在整个内战时期，马里兰州都置于政府的军管之下，这里的居民没有怨言是不可能的。马里兰州的事件发生后，引起了其他亲南方州的哗然，不久阿肯色州和田纳西州宣布脱离美国北方，加入南方邦联。

得知此事的罗伯特·李更加认定了南军在今后的优势。他丝毫不觉得和麦克莱伦进行一场硬仗颇为冒险。南军雄赳赳气昂昂地开赴南山。

另一边，9月13日，充满自信的麦克莱伦率领约87 000名北军急行军，到达了弗来德烈。他命令军队稍事休整，派出侦察兵去探查南军的踪迹。没过多久，一位士兵呼喊着朝他走来，并挥舞着手中的东西，脸上的表情十分喜悦。麦克莱伦的直觉告诉他，这定然是一个好消息，接过这位士兵手中的资料，他的眼睛不一会儿就放出了光芒。原来这是南军不小心遗留在营地里的机密资料，不仅写明了南军的军力分布还注明了他们近日的行军路线，这让麦克莱伦惊喜不已。他马上召集将领们召开军事会议，商谈作战方案。只是，麦克莱伦将军花费了太长的时间，为了制订新的作战方案他足足耗费了18个小时，原本能够迅速出击的黄金时间被白白浪费掉了。

当波托马克军团向南山推进时，罗伯特·李将军得知计划已经泄露了。他急忙采取应对措施，命令所有部队在夏普斯堡集合，北弗吉尼亚军团扼守南山的通道，让全军迎战即将赶到的麦克莱伦。

血腥一日：夏晋斯堡的哀号

如果说奇迹般获得南军机密的麦克莱伦运气不错的话，那个将运气赶走的傻瓜就是他自己。由于耽误了太长的时间制订新的作战计划，他带领士气高涨的北军攻打南山时抓到的不是南军队伍的尾巴，而是他们的领口。

南山一战，异常艰苦。战士们的血液顺着整洁的军服衣襟流淌下来，终于躺倒在山坡上，他们后面的同伴举起枪发射子弹为他们报了仇，却又被敌人的子弹贯穿了胸膛。罗伯特·李看清战况并不太好，便命令两翼的队伍且战且退，在麦克莱伦主力压上之前从南山的战场上撤离了出去。他期待着杰克逊将军带领着援军赶到，到时就能痛快地决战。

次日，麦克莱伦命令联邦军队抢占了有利地形，密切关注着南军的动向，没有轻举妄动。

9月16日，站在波托马克河河畔的罗伯特·李

★行军途中的罗伯特·李将军

微微扬起了嘴角，他看到了河对面杰克逊的队伍正在抢渡过河。他高兴地握住杰克逊将军的手，说道："你来得太及时了，接下来，就让我们给麦克莱伦上一盘好菜吧！"

9月17日，麦克莱伦率领着约9万名联邦军出兵，将45 000名南部同盟军围在波托马克河与安提塔姆河之间夏普斯堡的狭小阵地上，在兵力上占据绝对优势的北军此刻志得意满，浩浩荡荡地从北向南逐次摆开阵势。这时的麦克莱伦还不知道，杰克逊将军的队伍就在附近。

战斗的号声吹响了，第一声枪格外响亮。约瑟夫·胡克部接到指令，冲

★南北战争中的激战场面

入了南部同盟军的左翼，一场血战开始了。北军和南军的步兵在几轮火力较量过后扑向了对方，尽管之前他们都给对方喂下了不少子弹，该倒下的都倒下了，只有少数意志力特别顽强的和那些幸运地躲过火舌的士兵厮杀在了一块儿，泥土和鲜血混合在一起沾染到每个人的脸上。

这时，麦克莱伦命令埃德温·萨姆纳率军出击，这支队伍突进了南军的中央阵地，双方战士都毫不留情，直杀得天昏地暗，吼声震耳欲聋。眼看着联邦军即将突破南军阵地，能够突入纵深发展时，北军发现突如其来的一支南军冲进了战场，那是杰克逊的最后一个师。他们不久前刚从哈普斯渡口出发急行军，现在正好按时抵达战场。南军的缺口瞬时被补上，没用多长时间，北军就被赶了回去。

★激战中的南北战争

南军在战场上左右突击，搅得麦克莱伦心神不宁，不知道该如何调兵遣将，当南军已是全力以赴不可能再有其他部队投入时，他手中还握着2万人的预备队不愿投入战场。策马立于后方的他不敢承认，自己已经被罗伯特·李频繁灵动的调兵策略吓坏了。

逃之夭夭：慢条斯理闯大祸

麦克莱伦不想输。他仔细地分析了一下自己军队现在的优势，摇了摇头，把那些胆小怕事的细胞统统甩出了脑袋。无论怎样，在这次战役中原本就是北军数量占优势，何况他还了解到南军的作战方案，在这种情况下实在是没有理由退缩啊！

"谁也不准后退，全军压上！"他终于将男子汉的气魄拿了出来。从远处看去，军服相似的北军和南军搅成了一团，他们近在咫尺，火力不相上下，纠缠拉扯厮杀的模样已经不像军人对阵，而像是在群殴。不过南军的行动力依然比北军更快，一小队的南军可以在接到指令后迅速地从战场的这一边冲入另一边，他们仿佛总是在接受新的命令，不断地调整方位，频繁调动。在罗伯特·李的眼里，一个南军士兵可以当成两个南军士兵来用，只要他们严格执行命令，就能保持和北军对等的实力。

仰头望去，天幕已经漆黑如墨，士兵们的头顶上方繁星点点。然而再好的夜景他们也无心欣赏，北军和南军在此时战成了平局，僵持局面再次出现，士兵们脸上都浮现出疲倦的神情。罗伯特·李看到如此景象仍然没有泄气，按照原定计划他准备趁夜反攻，但是部下拿来的伤亡报告令他眉头紧锁，产生了动摇。

"北军的兵力毕竟比我们多，这样下去，我们所付出的代价太巨大了。不如先撤退吧，我们在明天晚上就能渡过波托马克河。"看样子，这些部下都吓怕了。也许是没有更好的计策了，罗伯特·李犹豫了片刻同意了这个建议。

第二天白天两军都在休整，只进行了几次短暂的交锋就各自退回了阵营。到了晚上，罗伯特·李带领着南军主力悄然渡过了波托马克河。察觉到南军正在后撤的麦克莱伦没有下达追击的命令。几天后，北弗吉尼亚军团退到了欧佩奎恩河，然后又退到库尔佩珀县府所在地。

这时的麦克莱伦一点儿也不想追击南军，他反而感到十分自豪，觉得自己吓退了常胜将军罗伯特·李，开始大肆吹嘘自己，骨子里傲慢的性格显露无疑。即使接到了林肯要求追歼罗伯特·李的命令，他也当做没看到，命令北军在原地待命，不要轻举妄动。

"他居然将一盘占尽优势的赢棋下成了和局？"会议厅里的林肯非常生气，他为北军没有取得彻底的胜利感到惋惜。

郁闷之余，他把牢骚发在了那些支持麦克莱伦的民主党议员身上。"如果我当初用波普替换麦克莱伦是错误的，那么这一次我敢于重新起用麦克莱伦，已经纠正了错误。但是你们看清了没有？不是政府，而是你们崇拜的偶像丢失了我们付出惨重牺牲而理应获得的战果。如果他一开始就把可利用的全部军队都投入到对南军的战斗中，怎么会不把南军一举击溃呢？"

面对总统的质疑，站在一边的民主党议员们不知如何反驳，他们深知麦克莱伦慢条斯理的性子，但很显然这位讲求实际的总统不喜欢这类作风。要知道，这是唯一一次麦克莱伦能将罗伯特·李打败的可贵机会。

得到的并不算太少

这是一次打得不太尽兴的会战，但与麦克莱伦以往的小胜利相比也许还称得上是浓墨重彩的一笔，至少他自己是这样认为的。在战斗中，双方在战术上打成了平手，所付出的伤亡代价也相差不大，但北军在战略上粉碎了南部同盟的战略进攻，适时封住了英国人和法国人的口，让他们在这时不敢急于表示对南部同盟的认可。

不论是不是彻底的胜利，这场会战使联邦政府的地位得到巩固，让北方人民受到鼓舞，看到了获胜的曙光。不过从另一方面来看，这场会战对于罗伯特·李的打击也不算很大。他在这次战役中摸清了麦克莱伦的脾性和用兵的弱点，而他发动的这次战争却让南方群众可以安心收获当季的麦子，他的目的还是达到了一半。

接下来战局会如何发展，就不是麦克莱伦和罗伯特·李两个人能够决定的了。现在美国国内的局势已经发生了变化，和开战之初不太一样了。一直打着维护联邦统一的旗帜来号召国民支持的林肯早就开始琢磨这个问题：什么时候是废除奴隶制的最好时机？

在开战初期，美国联邦政府并没有触及奴隶制，这是为了团结一切可以团结的力量，另外也给南方留下讲和的余地。但是南方的种植园主显然不愿意妥协，南北战争进行了一年多，他们不但没有和解的意思，气焰还比过去更加嚣张了。

面对这种情况，民众开始产生异议，林肯感到肩上的压力越来越重。原本很多民众就是出于义愤踊跃参军，希望恢复国家的统一，同时这些人也反对奴隶制度，也正是因为林肯反对奴隶制才一直支持他。一旦美国宣布废除奴隶制，英法等国支持南方的势力会迫于道义上的压力不敢明目张胆地行动了。这样一来，形势将对北方有利，再者现在北方在军事上占了上风，公开提出废除奴隶制的时机已然成熟。

林肯在议会上阐述如上的想法，得到了大多数人的支持，于1862年9月22日，发布了《解放宣言》草案，宣布在美国土地上废除奴隶制，并表明奴隶获得了自由的权利。1863年1月1日正式颁布。

★沙场点兵★

👤 人物：麦克莱伦

美国北军的陆军总司令乔治·麦克莱伦，是一位在军事理论与组织管理上有些造诣的将军，在战争初期取得过一些小胜利。民主党人对他十分青睐，在国会中给予他足够的支持。平时的麦克莱伦有些骄傲自大，最喜欢模仿拿破仑，因此得到了"年轻的拿破仑"的绰号。

美国南北战争爆发后，他被任命为联邦陆军总司令，指挥北军作战。虽然他在理论方面成就颇高，但在实战中缺乏准确的判断力，作战时常常暴露出个性缺点，有时候太过自高自大，有时候又太过谨小慎微。在马里兰会战中，麦克莱伦的作战计划本身不错，但是因为他战术水平低下，从而错失了得胜的机会，加之他又不肯亲临一线指挥，凡是重大战役进行时都很少在场，无法把握偶然出现的战机，这也是导致他战败的一个重要原因。他在战略上和指挥上的失误，在一定程度上导致了北军在战争初期的失利。

☀ 武器：斯宾塞步枪

斯宾塞步枪，即斯宾塞M1865式52口径步枪，是世界上第一把实用的连珠步枪，是1862年由一位名叫斯宾塞的年轻人发明的。它可以达到21发/分钟的持续射速，发射的是52口径金属弹壳边缘发火枪弹，这种子弹的弹壳由黄铜制成且能够防潮，弹壳在发射时会发生膨胀，闭锁弹膛的后部，这就解决了过去后膛枪漏气的问题。战斗时，斯宾塞步枪的射击动作为：扳下击锤、瞄准、扣扳机、拉下扳机护圈、扳上护圈、扳下击锤、瞄准……当时测试时，斯宾塞先把枪在盐水里泡了一会儿，然后在射击测试里共发射了250发子弹，其间完全无须清理枪膛。虽然斯宾塞步枪的出现有点儿晚，但它的问世还是为北军击败南军提供了更大的火力支持。

🧭 战术：机动战

机动战中的"机动"指的是军队在进行战斗时，可以迅速行动，组织战斗力较强的队伍沿不同的轴线前进或进入某地区以争取有利位置，给予敌人决定性的打击。通常来讲，进攻的一方会采用机动战，要完成这个过程，就是要比敌人更快地完成战斗中"观察——认知——决心——行动"的循环程序。假如对战的一方能够连续地、比对方更快地完成循环，则能占据战场的优势，掌握更大的主动权。

在此次会战中，罗伯特·李所率领的南军并不比北军具有更大的优势，但是他每次都比北军快一些，这关键在于他领导下的南军能够快速完成战斗中的循环程序，从而使北军惊慌失措或是被动挨打。将这种战术利用得更理想的情况则是，敌人在惊慌被动的状态下被牵制，不得不进行无协调的小单位或个人战斗，这种低效率的战斗一旦持续下去，即使兵力强大也很容易被打败。

周密筹划的巅峰对决
THE CLASSIC WARS

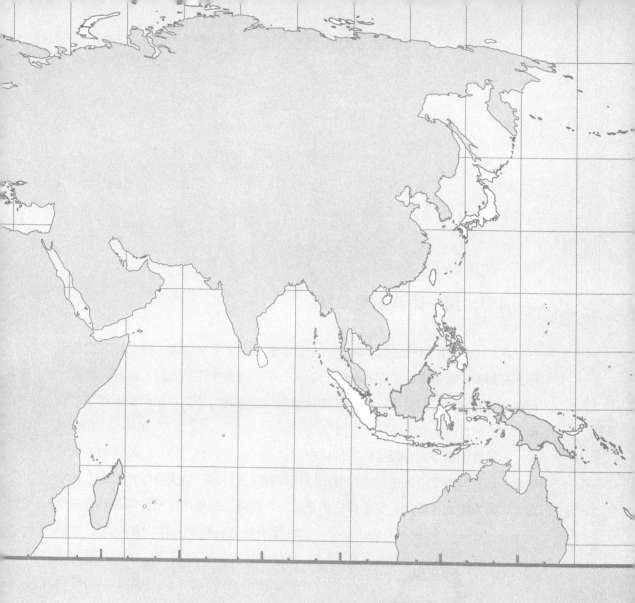

第十三章

弗吉尼亚大会战
——战争结束了

　　▲为了结束持续了约四年的南北战争，林肯总统任命格兰特将军为北军的统帅，命令他带领部队前去消灭南军的传奇人物罗伯特·李。这注定是一场残酷的战争，双方军队在各自统帅的指挥下顽强作战，在弗吉尼亚州展开了激战，最终格兰特在 1865 年 4 月击败了罗伯特·李，使得南北战争终于落下帷幕。

前奏：到华盛顿去见总统

在1864年3月8日之前，林肯还在想象尤利塞斯·辛普森·格兰特究竟是个什么样的人，他听说过此人的赫赫战功，也听说他是个性格坚毅、执著、内敛，行事我行我素的共和党人。就是这样一个人，能够成为带领北军彻底击溃南军的统帅吗？林肯的心里还存有一个问号。

不过就在这一天，他见到了传说中的格兰特将军。格兰特一行是悄悄地来到华盛顿的，为避免引人注目他没有经过通报就进了白宫。他安静地往总统办公室走去，对周围人声嘈杂、忙忙碌碌的景象不予理睬。此刻的他已经听说林肯总统将授予他美利坚合众国中将军衔，并正式任命他为陆军总司令。尽管他听闻这位总统平易近人，但心中的忐忑仍然让他的脸色严肃起来。

林肯在纷杂的人群中看到了身材不算高大的格兰特。他穿着一身普通的棕色服装，神情肃穆，礼貌地对站在对面身着礼服的林肯行了军礼。他朴素的着装和不卑不亢的态度立刻赢得了林肯的好感。

"天哪，他真像一个扫马圈的农民，根本不像一位将军！""真难想象就是他在唐纳尔逊堡击溃了艾伯特·西德尼·约翰斯顿，在维克斯堡又大败约

★北军统帅格兰特将军

翰·彭伯顿！"办公室里的人小声议论起来。这些话没有被格兰特放在心上，他的手和林肯的手握在一起，非常温暖有力。

"格兰特将军，我终于见到您了。"林肯微笑道，邀请他入座。

"见到您，我也深感荣幸。"格兰特从林肯的眼中看出了尊重和信赖，这令他感到十分舒畅。

"格兰特将军，这场战争已经打了三年，我们赢得了一些胜利，但都不是决定性的最后胜利。我们最主要的对手是罗伯特·李和他的北弗吉尼亚兵团。你有信心打败这支军队吗？"林肯问道。

"罗伯特·李是我钦佩的对手，他的确不容易对付。不过，我信任自己的士兵。"格兰特回答道。

林肯点点头，直视着他的眼睛道："格兰特将军，我一直敬重你，也很信任你。因此，现在我将授予你美利坚合众国陆军中将军衔。给予你这一崇高荣誉的同时也意味着把相应的重任交托给你。我无须再说明，我在这里代表国家所说的话和我自己的心意是完全一致的。你要牢记你的使命。"

格兰特郑重地再次行了军礼，给予林肯总统一个自信的笑容。对于能获得这一殊荣他感到万分荣幸，他比其他人更加清楚的是，美国陆军中将军衔，内战以前只授予过两个人，一个是独立战争时期的总司令华盛顿，另一个则是1841年—1861年的陆军总司令斯科特。他自认为不足以与前两位将军相比，但是他拥有足够的信心和远大的抱负。

"我将竭尽全力，不惜牺牲自己的生命去击垮罗伯特·李！请您放心。"格兰特用沉稳的声音告别总统，立即回到军营制订作战计划。

他的部下们发现，格兰特眼眸中的光亮更加清晰了，他脸上的神情仿佛即将要冲向敌人坚固的堡垒，并且一定会将其撞倒。战场上的硝烟似乎已经在他身边弥漫，却在接近他的那一瞬四处飘散，他即将化身成为战火中的猛兽。

丛林交战：五天的对峙

格兰特是位比麦克莱伦更加务实的统帅，他制订的作战计划十分详细，且针对双方的实际情况理清了思路，在出征前向林肯阐明了这个"全线出击"的战略行动计划：

派巴特勒将军带兵沿着詹姆斯河往上游前进，他自己则和米德带领主力部队渡过拉皮丹河，让西格尔将军率领部队沿着南多亚河上游开进，让艾夫里尔将军出兵攻入西弗吉尼亚战场，另外派出谢尔曼和托马斯将军从查塔努加向前进发，命令班克斯将军沿着雷德河向上，攻打得克萨斯。这个计划是从全局来考虑的，衡量到了东部战场和西部战场的现有状况。简单来说，北军要在东部战场打消耗战，慢慢削弱南军的实力；在西部战场展开大纵深机动作战，充分调动部队进行战略转移，以快速的行动逐一消灭南军的有生力量。

这个计划的关键是，各支部队都必须抓住南军主力，展开猛攻。一旦格兰特带领的北军在东线取得突破，谢尔曼率领的军队在西线占据优势，这两股北军势力就会合成一把巨大的铁钳，最终在会师时将南军夹碎。罗伯特·李即使是战神，到时也无力回天了。

1864年5月4日，北军的军号划破夜空，鼓舞人心的战鼓声在军队中响起。格兰特带领着10万大军出发了，这支军队比以往的任何一支北军都要训练有素、不怕艰险，他们穿越了地形复杂的荒原，渐渐向罗伯特·李的部队靠近。

罗伯特·李一贯不喜欢从正面迎敌，他命令朱巴尔将军即刻带领一支队伍急行军改向绕道，前去袭击格兰特侧翼。

北军侧翼的士兵叫喊着相互通知南军攻来的消息。在严格军纪的控制下，他们没有被冲散。稍显慌张的侧翼将领不久便接到了格兰特的指令，他带领着部队

★战场上的罗伯特·李将军

★南军的炮兵阵地

冲入了茂密的丛林，那里可以躲避南军的火力，但是同时也降低了士兵们的行动力，调度起来有些困难。

　　见到北军往后退缩，南军士兵的士气高涨，炮手们携带着暴风雨般的炮火向北军袭来，火花在天空中四处飞溅，落入丛林中燃起火焰。紧接着南军步兵冲入了丛林，跟随着北军的踪迹越走越深，在四周景象一致的环境下，双方的士兵都辨别不出方向，官找不到兵，兵找不到官，散兵们遭遇了敌人就厮杀起来，却得不到同伴的支援。炮火穿过树枝砸落下来，灌木丛很快就着了火，惊慌的士兵们跳着脚在火丛中穿梭，使得这片战场上的形势越发混乱。丛林上空烟雾弥漫，渐渐遮蔽了人们的视线。

　　格兰特也藏身在灌木丛里，他坐到地上，背靠着一棵小松树，一边听着部下的战报一边削着木头。米德将军的报告说，南军的进攻十分猛烈，希望格兰特赶紧想出对策。但是格兰特没有多言，似乎在沉思，一动不动地坐在那儿削木头，只是说了句："各军必须坚持。"

　　双方的激战一打就是两天，谁都没有占据更大的优势。不同阵营的格兰特和罗伯特·李此时居然相互钦佩起来，觉得有这样一位对手非常痛快。

　　僵局不能再维持下去，第一个采取行动的是格兰特。他派出一支部队迂回

★ 正在发起冲锋的南军

包抄南军的左翼，可惜的是这支队伍在行军时扬起了大量尘土，就是这一情况让罗伯特·李立刻警觉起来，他马上搜集情报，得知了格兰特的计划。所谓将计就计，罗伯特·李没有阻挡这支北军的前进，但当他们赶到斯波斯西尔法西尼亚时，惊讶地看到了严阵以待的南军。

"冲啊，英勇的骑士们！"南军骑兵呐喊着，未等北军摆好阵势就冲了上去，遭到痛击的先头部队立即溃败。正当南军乘胜追击时，格兰特派出的后续部队到了，将南军逼退。被逼退的南军连忙构筑工事，见此情形北军也开始深挖战壕，决定和他们对抗到底。双方在丛林中交战，就这样一共僵持了五天。

格兰特有些烦躁起来，这一次又是他首先行动，命令其左翼部队绕道去包抄南军的右翼部队。罗伯特·李再次窥探到他的计谋，事先派出北弗吉尼亚兵团埋伏在那里等待，并且筑起了堑壕，占据了好的地势。

刚一和北弗吉尼亚兵团接触就感到不妙的格兰特立即下令撤退，让左翼部队继续向侧翼转进。罗伯特·李紧咬着他不放，率领南军跟着格兰特一路前行，双方来到了盖恩斯磨坊摆开阵势，挖掘战壕展开对峙。此时，两军的阵线已经达到13千米，都准备着打一场恶仗。

伤亡惨重：缓慢地向前推进

　　格兰特一直在组织总攻，但是南军严密的部署考验着他坚韧的神经。到了6月1日，他深吸一口气下达了全线出击的命令，结果南军战线严密，火力点交错纵横，他们不得不撤回阵营。又准备了两天，格兰特命令联邦军主力汉考克部在凌晨4点半发起攻击，务必要冲破南军工事。这一次他们没有选择偷袭，也没有迂回到南军的侧翼包抄，选择的是硬碰硬的战术，全力攻打南军的正面阵地。这些北方士兵脸上洋溢着无畏的神情，抱着必死的决心跳出堑壕冲向敌人。在此之前，他们都在各自的背部用别针别上了一个布条，写上自己的姓名和籍贯，以免死后尸骨不全无人认领。

　　就是这样的敢死队，也在冲入南军战线后倒在了他们的战壕中。接下来的每一天这样类似的情形就要发生一次，双方进行着残酷的对峙，十天过去了，两方的阵线都没有被对方往前推进多少距离。

　　格兰特面无表情地看着两军阵线之间遍地的尸体，没有下令士兵们将死去的战友埋葬。因为一旦冲入了中间地带，就会被视为开火信号，很可能在一瞬间就被子弹射穿。可是当时正逢炎热的夏季，倒毙在地的尸体渐渐开始腐败，发出的恶臭令第一道战壕内的士兵们苦不堪言。战线后面，那些被运送到平坦地势上的受重伤的士兵张大了嘴巴，祈求着有人能给他们一口水喝，一口粮食吃。然而，已经没有足够的食物和水源。除了躺在那里默默地等死，他们根本得不到人道主义的援助。

　　实在忍耐不下去的格兰特决定发动最后一次，也是最猛烈的攻击，这一

★战场上的北军

★南北双方士兵正在拼杀

次必须要决出胜负。所有的士兵都化身为敢死队的成员向南军扑去，像一只只受伤的野兽撕扯开南军的阵线，终于，罗伯特·李命令部队开始撤退了。

就在这黑暗血腥的几个星期内，格兰特把战线向前推进了近160千米，但他付出了接近6万人伤亡的惨痛代价，这个数字让他一提到罗伯特·李就咬牙切齿。不过幸运的是，仰赖着林肯总统的大力支持，不断有北方新兵赶来，补充进波托马克兵团。

与北军的惨烈伤亡相比，南军的情况也好不到哪里去，罗伯特·李损失了3万多的士兵。由于没有新兵能够补充，他心里打起了鼓，开始小心翼翼地收缩阵线。

格兰特敏锐地发现了南军被逐渐削弱的状况，决定于6月12日将指挥部转移过詹姆斯河。他派出小股部队主动攻打南军，成功吸引住了罗伯特·李的火力，趁机带领主力部队渡过詹姆斯河。这个时候，南军还没有到达彼得斯堡。如果格兰特命令主力部队进行强攻，极有可能占领彼得斯堡，然后从侧面包围南方首都里士满。但他顾忌到罗伯特·李的用兵如神，没有这样做。

没过几天，罗伯特·李得知了格兰特率军渡河，连忙召集部队悄悄进入了彼得斯堡，不分昼夜地挖好了堑壕。随后到达的格兰特连续发起三次总攻，都被南军击退。双方战局再次胶着。

远在华盛顿，听闻格兰特战况的陆军部长斯坦顿十分不满，对于格兰特抽调大批卫戍部队去前线的事情耿耿于怀。这位老将军来到林肯面前告状，认为格兰特的这个举动已经致使华盛顿处于了危险境地。

林肯则严肃地回答说：“既然我们尽力指挥这支部队近三年来都没有多大成果，不如还是让格兰特将军按照自己的主意去干好了。虽然现在他没有取得决定性胜利，但也没有败不是吗？”

他对于格兰特的确非常信任，在一次群众集会上，这位总统还声情并茂地高声问道：“如果我们把大量的兵力和物资立刻送到前方，就能使格兰特将军不断前进，击退南方人，你们能够助我一臂之力吗？”人群中响起同意的呼喊声。林肯总统如此鼎力支持格兰特，让他大为感动，得以继续坚持。尽管前进的步伐缓慢，但是北军坚定的信念一直都在，胜利不会太远了。

无计可施：坚固的彼得斯堡防线

南军构筑的彼得斯堡防线坚不可摧。格兰特数了数军队中的大炮，发现数量不够，以这样的火力还不能攻破这条防线。他焦虑地思考了数日，想出了一个“火山口之战”的计划：命令士兵们偷偷挖掘地道，穿越南军阵线，在坚固的城墙下面挖出出口，埋下炸药实施爆破。

这是个听起来非常不错的计谋，但在进行中遇到了极大的困难。测量路线和绕过坚硬的岩石花费了他们不少的工夫，但更恐怖的是这条地道好不容易挖好了却被南军发现了。惊讶的南军立刻端起枪将北方士兵赶回地道，然后倾倒泥土，转眼封住了地道，很多来不及撤退的北军士兵都被活埋了。

这条迅速攻城的道路被堵死了，格兰特想要在短时间内攻破彼得斯堡困难重重，几乎是不可能完成的任务。“既然强攻不成，那就死死包围住他们！等他们的粮草和弹药都消耗光了，我看罗伯特·李还能坚持多久！” 格兰特决定用一个看起来不太智慧的办法：围城，然后寻找机会发起总攻。

北军士兵和南军士兵就这样大眼瞪小眼，彼此死磕，整整对峙了九个月。围攻开始的那段时间，双方兵力不相上下，南军在城内的小日子过得还比较清闲。除了守城的将士们辛苦一些，其他的士兵都得到休整，平日里还能够进行操练，帮助城堡内的居民搬运粮食和军备物资。但是这种情况持续到1865年3月中旬就发生了改变，城头上的南军每隔一段时间就会看到有新增的北军到来，他们的阵营越来越大，一眼望过去已经数不清有几个兵营和多少个帐篷了。他们没有判断错，此时格兰特兵力已经达到11万人，而罗伯特·李所带领的南军仍然是当初的区区5万人。

面对力量对比如此悬殊的局面，彼得斯堡的南军如果不及时撤退，一定会被彻底包围。但是令罗伯特·李更加忧虑的是，一旦彼得斯堡被攻占，里士满就岌岌可危。为了改变局势，他派出主力部队中的一支出城，前去攻打北军的左翼，试图打破这个包围圈找到一个缺口，但是格兰特早就预料到了他的行动，如铜墙铁壁一般的北军左翼将这支部队打得惨败。

罗伯特·李坐在椅子上重重叹息着，逼迫自己赶紧想一个对策出来。"派人到里士满去求援吗？唉，那里已经无兵可派了呀。"

此刻的他消息闭塞，还不清楚南方已变成了一座孤堡，但他也料想得到，南方的状况已经越来越糟。南方政府首要的问题就是物资匮乏，由于联邦海军舰队封锁了海岸线，他们无法从外界获得供应；基本生活物资也日益短缺，普通居民所需要的粮食、衣服逐日减少；从前线下来的伤病员没有足够的粮食保证温饱，急需的药品也消耗殆尽。其次，南方已经无兵可征，凡是17至50岁之间的男子都被送到了前线，再也没有人可以征召。南方的穷人在这时都成了炮灰，遭受着疾病、饥饿的痛苦，人民的哀怨声越来越大。而北方的形势则越来越好，格兰特开始筹划全线反攻，春季战役打响了。

★罗伯特·李将军视察休息中的军队

1865年3月29日，格兰特和他的参谋部即将带兵去攻打南部联邦军阵线的最右翼。林肯总统亲自来送行，他握着格兰特的手，表情异常严肃。"但愿这回我们的运气比以前好，等待你们胜利的消息。"

"总统阁下，我们不会辜负您的信任。"格兰特挺直了脊梁回答道。

4月1日，年轻有为的菲尔·谢里登接到指令，率领着一万联邦军骑兵在名叫"五岔"的岔口向罗伯特·李左翼战线的皮科特部发起了猛攻。他一马当先带着士兵们冲锋陷阵，马鞭挥舞得啪啪响，跟随着他的骑兵们策马飞驰，冲入了敌人的阵营。南军士兵们用绊子或者枪柄摞倒马匹，然后端起火枪进行射击，灵活的骑兵在地上滚了几圈站起来，亮出刺眼的刀刃，扑向敌人。很多南方步兵没能靠近骑兵就被撞飞，或是倒毙在马蹄之下。

一番血战之后，谢里登带领的骑兵将南军逼退回了南塞德铁路，只要这条铁路被切断，彼得斯堡、里士满两城与南部同盟剩余地区的唯一联系也就断了，那么罗伯特·李的左翼阵三营将被彻底置于孤立的境地。

在这次进攻中，英勇无敌的谢里登仍然骑着自己的战马"林奇"冲在最前面，他一甩马鞭，纵马跳过一堵墙，落在一群南军中间。霎时，南军士兵都被从天而降的他惊呆了。

他用手指了指对面的阵地，喊道："都放下枪吧，你们现在不需要武器了。"他平淡的语气反而更令人胆寒，许多南军士兵乖乖放下武器向北军阵地走去。隔天，格兰特带领的主力部队突破了南军的中部防线，彼得斯堡快要守不住了。

向西撤退：无路可走的罗伯特·李

这天夜晚，罗伯特·李仰望着漆黑的夜幕禁不住发出一声长叹。随后他整理了衣衫，命令军队悄悄撤出彼得斯堡，一路上没有人敢说话，每个将士的表情都十分凝重。安全撤退后的南军向南逃去。

发现南军撤走的格兰特攻占彼得斯堡，在第二天就带领北军攻下了南方首都里士满。红光满面的北军雄赳赳地进入里士满布防，每个人的脸上都绽放了一朵花。

得知格兰特胜利消息的林肯喜不自胜，他命令军队在华盛顿为北军鸣放礼炮。前300响礼炮是为了庆祝攻克彼得斯堡，后500响礼炮是为了庆祝攻克里士满，震天的炮声吸引了市民们出来观看，热闹的场景一直持续了几个小时才渐渐停止。没过几天，林肯就赶到里士满慰问军队并且视察民情，他刚一进城就受到了获得自由的黑人奴隶们的热烈欢迎，黑人将他视做"弥赛亚"，眼神中充满了感激之情。这里的奴隶主都被逮捕，强制性地接受了释放奴隶的条款，少数顽固不化的被关进了监狱。整个华盛顿和里士满都沉浸在欢乐的气氛中。

罗伯特·李带领着军队向南逃去，他希望能顺利赶到65千米外的阿美利亚考特豪斯，在那里有一辆满载着给养的火车，能够解决他们的燃眉之急。他时不时回头察看，非常沮丧地看到了远方的滚滚尘土。没有错，格兰特的军队仍然紧咬着不放，在后面追赶。

眼看胜利在望的格兰特依然沉稳，他不想和南军后面的小股掩护部队纠缠不清，于是立刻率军转向，迂回到罗伯特·李的南面，和他们并排而行。他在等待一举将他们吃掉的机会。

气喘吁吁的罗伯特·李带领着3万名饥肠辘辘的士兵终于抵达了阿美利亚考特豪斯，他们跳上火车寻找食物，却失望地发觉车厢里只有成箱的弹药，一点儿食物都没有，后来经过查明才知道，原来那辆装满了食品的列车错误地发车开往里士满，如今已经落入北军的手里了。

罗伯特·李第一次有了种绝望的感觉，来不及休息，就立刻命令部队出发，现如今他们唯一的希望就是转向西行与约翰斯顿会合。可惜，上帝没有再给予罗伯特·李任何眷顾。

谢里登率领的骑兵横亘在了道路上，微笑着迎接着灰头土脸的南军。这位动作迅速、胆大心细的将领堵住了罗伯特·李离开阿美利亚考特豪斯往西前进的道路。罗伯特·李脸色煞白，从马上跳了下来，惊呼："完了，一切都完了！"他们陷入七万多名联邦军的包围，再也无路可逃。情绪低落的南军停了下来，军队中有人提议逃入山区，那样还能打一打游击战，对北军进行一段时间的袭扰。

罗伯特·李摇了摇头，叹息道："如果我们真的那样做了，带来的只有无休止的争斗和屠杀。既然我们战败了，就勇敢地接受失败的教训。现在，就让这片土地重获安宁吧！"他神情坦然地走到阵前，让士兵举起了白旗。

惺惺相惜：北军的欢呼

罗伯特·李请求与格兰特会谈。这两位美国内战中最伟大的将军从未想过他们会在这种情况下见面，经过几次恶战，他们对于彼此的战术和头脑都相当钦佩，如果不是因为立场不同，他们一定会成为惺惺相惜的朋友。

可是，这世上没有如果。两人选在阿波马托克斯法院小村的一所房子里见面了。

这一天的罗伯特·李穿上了全新的军装，挎着镶嵌宝石的指挥刀，蹬着闪亮的军靴，将他不算高大的身材也衬托得十分威武。他的对面坐着的正是格兰特，一向不注重仪表的他只穿着简单的士兵服，纽扣也没有扣上，更加没有带上指挥刀。

这样闲适的打扮令罗伯特·李感到了惊讶，同时也释然地微笑了。输给这样一个其貌不扬的将军也许有些不甘，但他从格兰特的眼中看到了尊敬和平静，他欣赏他这种骄而不躁的心态。

他的确是位足够优秀的将军啊。罗伯特·李在心里感叹着，签下了投降书。走出小屋后，罗伯特·李缓慢地骑上他的战马"旅客"，在过去部下们不舍的目光中离开了。他那宽厚萧索的背影令人难忘。顿时，北军队伍中爆发出震天的欢呼声。

历时四年的美国南北战争，终于以北方的彻底胜利宣告结束。没过多久，分散在各地的南军残部纷纷向联邦军投降，他们回到了自己的家乡，开始了新的生活。

为结束内战一直劳心劳力的林肯总统接到北军胜利的消息时，高兴极了，他兴奋地走出白宫，加入了人民庆祝胜利的队伍。随后，这位心系民众的总统立即拟订了"重建南部"计划，考虑到了医治战争创伤、重建法律秩序和新的州政府等等一系列重大问题。他没有严厉地处死那些南方政府中的高级官员和奴隶主，而是以宽大的胸怀劝说他们放下成见，重建家园。在他眼中，南北仍是一家人。

美国四年内战的句号

在南北军队都付出了惨痛的代价后，美国四年内战终于画上了句号。根据战后军方的粗略统计，在此次南北战争中，南军和北军的总伤亡人数达到了100多万人，这样巨大的伤亡数字在美国的历史上从未出现过。北方军队的伤亡总数超过了60万，其中有11万多人阵亡或伤重不治，有22万多人因病致死，有27万多人受伤；南方军队的伤亡人数超过了45万，其中有9万多人阵亡或伤重不治，有16万多人因病致死，有超过19万的人受伤。

当时在战场上拍摄的旧照片所记录的场景，如今看来依然血腥残酷，让人感到恐惧。这次战争让美国人难以遗忘，成为了心中永远的伤疤。但是，这次战争仍然是具有很大意义的。

这场战争被称做"第一次现代战争"，在世界战争史上具有举足轻重的地位。在此战中，南北双方都使用铁路为军队运送大量的物资，不仅保证了速度还保证了数量。

随着战场的扩大，双方投入的军队规模也逐渐扩大，原本的军队不够用，还不惜实行了征兵制，总共动员了约400万人参战，将战火烧到了所有适合成为战场的地方。

另外，这次战争的目标和以往的战事不同，双方政府的目标不是土地和财富，而是要摧毁对方的社会经济制度，强迫对方认同自己这一方的社会经济制度。这一特征在随后其他国家的战争中，也开始出现。

这次战争还消耗了双方极大的资产，南北方政府总共耗费了约250亿美元，大大损耗了国库的元气。不过经过了这几年的血战，美军的战斗力得到了增强，美军的陆战力从战前的世界二流水平迅速提高到首位，令同一时期的其他大国感到不可思议。当时，欧洲的评论家还感叹道："如何才能使如此众多的人民投入到如此长期、伤亡如此惨重的战争中？"这实在是件难以想象的事情。

正由于经历了这样一次现代战争，美国军队成为了世界上第一支现代军队，

会战

周密筹划的巅峰对决

THE CLASSIC WARS

超越了当时所有的欧洲军队。他们为了打败对方而不得不加快了武器研究，一大批新式武器都是在南北战争中产生的，如装甲列车、卡宾枪、开花炮弹、照相侦察、高空气球、装甲舰、水雷、潜水艇、扫雷装置等都应运而生，而当时世界上其他地方的人根本听都没听说过这些威力巨大的东西。

除此之外，双方的将领对现代战争理论作出了极大贡献，例如谢尔曼大胆的机动作战方式给后来的战争提供了新的战术，使世界战争大为改观。

★ 沙场点兵 ★

人物：罗伯特·李

　　美国军事家罗伯特·李在1807年1月19日出生于弗吉尼亚，他曾参加墨西哥战争，战功卓越。后来，他于1859年参加了镇压约翰·布朗武装起义的战斗，取得了出色的战绩。美国南北战争爆发后，他被美国南方联邦任命为南军总司令，负责指挥南军与北军的交战。内战初期他带领南军获得了一系列的胜利，在1862年的公牛溪战役、1862年的腓特烈斯堡战役和1863年的昌西洛维尔战役中都打败了北军。但他不同于南方种植园主，他其实一直是不赞成奴隶制度的，他拥有高尚的品格，在战前就解放了其名下所有的奴隶，但他热爱自己的家乡，甚至重于联邦，所以即使是为了国家的统一，他也无法与家乡的人民作战。1865年，内战接近尾声，他带领的南军遭遇格兰特将军统率的北军，最后，南军弹尽粮绝，他向格兰特投降，终止了内战。战后，他自己提出要到列克星敦为阵亡的南军将士守灵，后来成为了弗吉尼亚州华盛顿大学的校长。

武器：机枪

　　机枪是一种能实施连发射击的自动枪械，它带有两脚架、枪架和枪座。战斗中，机枪能够用强大火力射杀有生目标，也可对地面、水面或空中的薄壁装甲目标展开攻击。在敌人火力猛烈的情况下，机枪也被用来压制对方的火力点。世界上第一支成功的多管式机枪是加特林机枪，在19世纪初期被广泛使用，它的结构原理至今被作战飞机和军舰上的多管速射炮所应用。在美国南北战争中，南军和北军也大量配备了这种机枪。

　　随着机械技术的不断发展和进步，机枪得到了迅速的改良。1862年手摇式多管重机枪问世了，到了1884年马克沁则制造出世界上第一支能够自动连续射击的机枪，这支机枪的火力更大，射速能达到每分钟600发以上。马克沁重机枪受到了许多国家的重视，一些发明家和设计师纷纷进行仿制，对马克沁重机枪的原理和结构进行改进和发展，其中1892年美国著名枪械设计家勃朗宁发明了最早利用火药燃气能量的导气式自动原理的机枪，给后来的枪械制造成了很大影响。后来轻机枪出现，机枪更加便携且威力巨大。

战术：各自为战之最后合围

　　从美国南北战争一开始，北军所面临的战线就不止一个，为了避免分散兵力被南军逐个吃掉，在战略上就要分清主力军应当投入到哪里，如果分兵不当，就会顾此失彼，即使在总兵力上占据优势也很容易被打败。战争初期，麦克莱伦之所以没能压制住南军的攻势，很大程度上在于他对于敌人的分兵策略研究不够透彻，没有制定足够详尽的战略部署，让各支军队难以相互呼应，从而只能取得小的胜利。格兰特后来制订的计划就要高明很多，他派出几支部队在主要战场上各自为战，一旦这些部队获得了优势，就能为后来的大决战造势，往一个战场合围，像钳子一样扼住南军的喉咙，让他们动弹不得，即使对峙也是值得的。因为北军有强大的后方作为支援，不用担心供给不足，这样一来，南军势必在合围的北军面前丧失优势，即使有再精巧的战术也难以逃脱。

周密筹划的巅峰对决
THE CLASSIC WARS

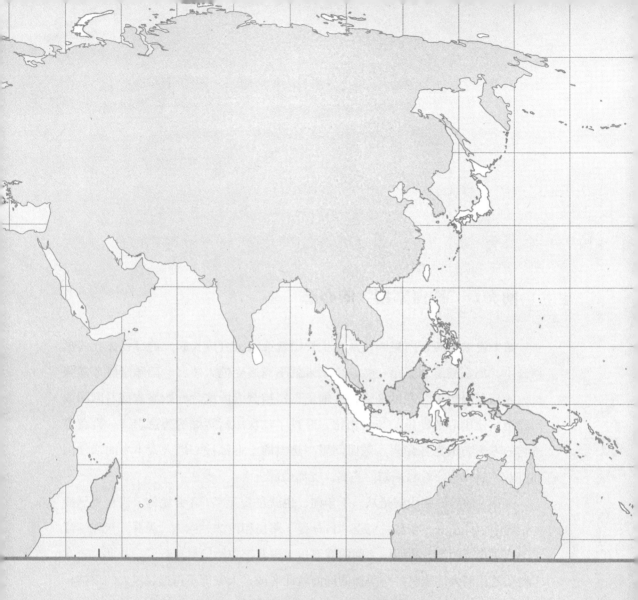

第十四章

色当会战
——"铁血宰相"的炮火

▲由于历史原因，19世纪的德意志一直处于支离破碎的边缘，为了完成德意志的统一，铁血宰相俾斯麦决心要解除掉虎视眈眈的法国对其构成的威胁，因而于1870年7月发动了色当会战。普鲁士军队在此战中大败法军，逼迫拿破仑三世投降，从此凌驾在法兰西帝国之上。

前奏："铁血宰相"的心愿

如果说法兰西帝国是一头从出生开始就锦衣玉食成长起来的身强体壮的高卢公牛，那么德意志就是一头从生下来就不断遭受他人凌辱，磕磕碰碰才勉强长大的日耳曼黑牛。在欧洲这片土地上，富裕强大的法兰西始终占据着欧洲政治经济文化中心的地位。与其相比，经过了几次短暂辉煌的德意志，一直在等待它的春天，因为在绝大多数时间里，这里的土地都被一堆大大小小的诸侯国拥挤着、撕咬着，看起来如此脆弱，支离破碎。

德意志的破碎和积弱是从一千年前，也就是公元870年开始的。当年查里曼大帝的两个孙子——东法兰克王"日耳曼"路易和西法兰克王"秃头"查理签订了《梅尔森条约》，将两国之间的罗塔尔王国北部也给彻底瓜分了，从此，德意志和法兰西两大民族对峙与争衡的局面就此形成，大家都不再提起过去的事情，各自分道扬镳。

只是上帝似乎一直青睐莱茵河西岸，法兰西成长迅速，不仅繁华而且统一，没有太多的纷争，除了侵略他国，还有没哪个国家敢对它主动拔剑。而对于德意志民族来说，他们一直以来就只有一个愿望：完成统一，像法国那样富强起来。然而各大诸侯国都各自为政，死守着自己的利益不会轻易听从普鲁士，加之总有外来强国的干涉，这么多年过去，德意志统一的梦想变得越来越虚无缥缈。

不过德意志的局势总算渐渐明晰了，到了19世纪，真正的强国只剩下普鲁士和奥地利，一山不容二虎，只要剔除了一个，实现统一就不再难以企及。

1860年前后，两个天才男人的出现让这片土地上混沌的景象发生了变化，他们就像一道光，穿过云层抵达了普鲁士。

普王威廉一世慧眼识珠，任命了俾斯麦和毛奇分别担任宰相和参谋总长。几乎就在一夜之间，俾斯麦大刀阔斧，对普鲁士进行了一系列的改革，他运用绝佳的外交技巧，利用各大国间的矛盾不断拓展着普鲁士的发展空间。紧接着在1866年，俾斯麦和毛奇联合，在普奥战争中打败了奥地利，将它一脚踢了出去。现在，普鲁士似乎可以全身心地实现统一大业了，但是俾斯麦却皱起了眉头。

他坐在毛奇的对面，说起了自己的忧虑："普奥战争虽然结束了，但是，紧靠法国南部的四个小国还要向我们靠拢，我们想要实现霸业就必须吞并这四个小邦国。但是……"

"但是这四个小国紧靠法国，路易·拿破仑·波拿巴也早就看中了它们，想要收入囊中，你是害怕我们一旦出兵，法国不会善罢甘休吗？"毛奇微笑着接话道。

"没错，你果然了解我的想法。另外，法国离我们最近的阿尔萨斯和洛林那两个矿区，矿产资源丰富，也实在是诱人哪，哈哈！"俾斯麦用他那充满了磁性的声音笑了两声。

毛奇点点头，走到地图前，抬起手指指向法国的版图。"既然如此，我们就挑战一下眼前这个唯一的也是最大的敌人吧！或许换个说法，我很有兴趣知道，这位拿破仑三世是不是青出于蓝而胜于蓝呢？"

俾斯麦哈哈大笑起来，现在他只缺少一个合适的借口了，他的手开始发痒了。

★铁血将军奥托·冯·俾斯麦

★德意志的参谋总长毛奇

此后几年，普鲁士的强大引起了拿破仑三世——路易陛下的注意，他担心一旦普鲁士统一德意志，就会威胁法国在欧洲的支配地位。于是，他开始频繁从事外交活动，不仅南联奥地利，北结丹麦，还一手策划了吞并比利时和卢森堡的事件，随后开始拉拢与普鲁士不和的南德诸邦。他的这些举动都被俾斯麦看在眼里，双方的敌意逐渐加重。

就这样，德法双方的关系打成了死结，想要解开这一死结，只有付出血与火的代价。战争的硝烟仿佛已经在两国边境弥漫开来，而且越来越厚重，双方的掌权者的视线都被这股浓烟遮蔽，眼里除了对方狰狞的面孔，便什么也容不下了。

公元1870年，也正是在《梅尔森条约》签订整整一千年之后，德意志和法兰西之间的战火一触即发，那把一直悬在莱茵河上空的利剑即将坠落。

宣布开战：拿破仑三世的军事散步

法国使者被带进光线极佳的房间，看到了站在窗前的俾斯麦。尽管早已作好心理准备，他还是被俾斯麦严峻冷酷的表情震慑到了，不由得往后退了一步。

"阁下，您好，我是带着拿破仑三世陛下的信笺来的。"他不敢直视这位以铁腕著称的宰相，低着头将手中的东西递了过去。

俾斯麦的眉毛微微动了动，他接过信笺看了看，脸色比刚才又阴冷了几分。路易是这样说的：希望阁下没有忘记在普奥战争前许下的诺言，当然我非常乐于相信阁下愿意兑现承诺，如果得到您的同意，法国军队将不日进入比利时和卢森堡，在那里建立新的政权，让那里的人民过上和法国人一样的生活。另外为了替阁下分忧，我十分愿意帮助普鲁士照顾南部的那四个小国，毕竟普鲁士急需的是休养生息，如若您不反感我的好意，我将承担这个责任，即日前往那四个小国看一看。

这简直就是要从普鲁士身上割去一块肥肉嘛。俾斯麦在心里嘀咕着，表面上仍然不动声色。他能够说出一百个理由拒绝路易的要求，但是他此刻的脑筋转

★法国金币上的拿破仑三世头像

得比毛奇还要快，仅仅提出希望法国把这事写成备忘录，然后语气淡淡地说道："我会和国王商量的，到时再将决定告之拿破仑三世陛下。"法国大使不觉得有问题，马上写好了备忘录。

拿到备忘录的俾斯麦没有去参见皇帝，他派人连夜将这个备忘录抄录了一份，然后偷偷送给欧洲的另外两个霸主——英国和俄国。得知法国胃口竟然越来越大的英俄政府当即表示不会支持法国的行为，站在了普鲁士的一边。

听闻消息的拿破仑三世顿时火冒三丈，叫嚣道："我势必与普鲁士决一雌雄！"

但是气愤过后的路易冷静下来，想了想还是没有立刻动武，毕竟在这件事情上自己的做法不太光彩，以此种理由出战难免惹人非议。

直到1870年7月一则爆炸性新闻传到法国，终于完全激怒了路易。

到底发生了什么事呢？原来普鲁士和西班牙两国背着法国进行了秘密磋商，决定支持普王威廉的远房堂弟——一位德意志王子利奥波德继任西班牙王位。这无疑是对当下剑拔弩张的普法关系作出了公然挑衅，一旦这位王子登基，普鲁士将和西班牙站在同一条战线上，使法国腹背受敌。

路易大为震怒，不久他便发现法国民众也和他一样歇斯底里，对于普鲁士充满了怨恨。于是，他立即给普王威廉送去了一封信，措辞严厉，直接表明，如果利奥波德不放弃西班牙王位的继承权，法国军队将随时开拔攻入普鲁士。

普王威廉是位好脾气的国王，他考虑了许久还是答应了路易的要求，表示自己会去说服利奥波德不做西班牙国王。但是路易不放心，继续派出法国大使去晋见威廉，提出让他永久性禁止利奥波德的继承权的要求。这一下威廉不高兴了，好歹他这个国王也是有威严的，岂容路易一再逼迫？他拒绝再和法国大使会面。

这个时候，俾斯麦出场了，他知道威廉不会主动挑起战争，便决定自己来做这个恶人。在法国使者吃了闭门羹之后，他对普王和法国大使谈话纪要的原件进行了删改，使得最后公布出来的纪要充满了火药味："因为法国大使要求国王致电巴黎，以保证西班牙继承权不会落入德意志王子的手中，陛下已经断然拒绝再接见法国大使。"

如此一来，威廉国王被塑造成为支持利奥波德继位的强硬派，这个著名的"艾门斯电报"一出现，就引起了法国国内的轩然大波。

而当这份电报在法国报纸上发表时，每个法国人都化身为了一头愤怒的高卢公牛，冲着普鲁士扬起了牛角，他们纷纷唱着《马赛曲》走上街头，大声高呼："打到柏林去！"声势浩大，仿佛自己就是那战场上的战士。

有了人民群众的广泛支持，路易燃起了战斗的热情，他傲然地在民众面前宣称："我们这只不过是到普鲁士作一次军事散步！"便于7月19日对普鲁士宣战了。这一切都在俾斯麦的意料之中。

迎头痛击：向西奔逃的法国人

除了普鲁士人，看热闹的英国人和俄国人也很想知道：现在法国的这位"拿破仑"，是否能像拿破仑一世那样，创造出伟大的军事奇迹呢？听着战争部长勒波夫元帅作报告的路易冷不丁打了个冷战。

勒波夫元帅正信誓旦旦地对他说道："法军已经完全作好了准备，即使战争延续一年，我们连一粒靴套纽扣也不用买！"

听闻此言，路易开心地点点头，回家还对自己的妻子说道："这一次我们的胜利将是前所未有的！"看到贵为皇帝的丈夫如此的自信，这位妻子把想说的话吞进了肚子里。

不久路易便将号称40万的法国大军派往前线，自封为司令，制定了先发制人的策略，认为只要大手一挥，法军便能冲入德意志境内，打败俾斯麦的军队。他的心情有些兴奋也有些忐忑，毕竟是第一次带领如此庞大的军队上战

★开赴前线的法国军队

场，对于很多事情他还做不到胸有成竹，为了检阅军容和察看军备，他在 7 月 28 日到达了前线。

结果，他顿时傻了眼，勒波夫的承诺在此时此地成了欧洲历史上最著名的蠢话之一。眼前满打满算只有 20 万的军队令这位皇帝不敢相信，他下马走近营地察看，起初还以为自己看漏了几个军的部队，然而这些士兵就是动员到来的所有人，除了主力部队，部署在军事要塞麦茨的兵力也不如预期的多，不足 10 万。那里的状况更加糟糕一些，不仅大多数士兵的装备不齐，还缺少战略物资，整支军队的编制也十分混乱。头疼的路易让部下赶紧发布作战命令，将领却发现，这会儿不少官兵却还未找到自己所属的部队，简直是让人啼笑皆非。这支看起来兵力强大的法军部队行动力缓慢，无法迅速投入战争，原本在时间上更加充裕的他们错失了先发制人的战机。

趁着路易对部队发火的工夫，普军赢得了时间。得知法国正在集结军队的消息之后，俾斯麦和毛奇就立即建立了一个优秀的参谋本部，召集各方面的专家，对于这次战役的战略和战术展开了研究。参谋本部提出不少建议，其中一个就是决定使用铁路运输军队，提高士兵集结的速度和机动性。此外，俾斯麦广招兵员，到开战前夕，手下的军队总数达到近 120 万人，其中有德意志诸邦的盟军。俾斯麦为士兵们配备了最先进的后膛步枪和火炮，大大提高了战斗力和杀伤力。他们中间的很多老兵都经历过普奥战争，其获得的战斗经验即将派上用场。俾斯麦不慌不忙地部署军队，等待着法军的第一轮进攻。

7 月 31 日，法军出现在了边境。这支部队是由巴赞元帅率领的，还没有准备好的莱茵集团军在路易的命令下跨过了边境，但是这位头脑一团糨糊的皇帝没有说明接下来要怎么做。箭在弦上，已经发出，路易只好硬着头皮指挥军队攻入普鲁士，却对于下一步该执行哪种战术感到无措。

三日后，路易命令法军整整六个师的兵力攻打普鲁士的一个步兵团。数倍于己方的法国士兵将黑洞洞的枪口对准了普鲁士人，他们密密麻麻地排成了一线冲了过去，只消一个人一枪，就在眼前的敌人身上留下了大量的窟窿。法国人看着他们挣扎地举起刺刀，而后捂住鲜血直冒的伤口轰然倒地，摇了摇头踩了过去。

没花费多长时间，法军顺利攻陷了德意志边境城市萨尔布吕肯，将战线往前推进了三四公里。这个消息传回国内，引起了法国报纸的大肆宣扬，乐观且骄傲的法国人此刻并不知道，这种夸大其词的赞美如此可笑——路易最后被俘的事实显得这个胜利是那样微小如尘。

就在路易为自己出师得胜大肆庆祝的几个小时后，前方法军遭到了普鲁士军队的迎头痛击。

第二天，普鲁士军队就展开了反攻，庞大的普鲁士军团对法军发起了猛烈的攻击，不仅夺回了失地，还一路逼退法军，攻入了法境内法军的前哨阵地维桑堡。

收到战报的路易怒不可遏，急忙电令麦克马洪必须马上夺回丢失的阵地，一刻也不容耽搁。到了8月6日，麦克马洪带领着军队到达维桑堡西南的维尔特村，突然遭遇伏击的普鲁士军队。双方士兵立刻厮杀到一块儿，激战许久，然而这支法军抵抗不住武器装备优良的敌人，一转眼便全线溃退。俾斯麦命令普鲁士军队乘胜追击，路易不得不带领部队退入法国境内。

此时的路易显得异常惊慌，他匆忙带领着一小支部队先于主力部队撤退，显然已经被普鲁士人吓破了胆。

退守色当：大战一触即发

路易走得很是时候。他刚刚离开，普鲁士的第二集团军的一部分到达梅斯以西的马拉杜，从侧面袭击了正在撤退的莱茵集团军。见到突如其来的敌人，法国人大声叫喊着进行抵抗，完全没有了当初攻入边境时的傲人气势，跟跄着边战边退，有许多人慌不择路结果背后中弹，渐渐跟不上大部队，倒在了路边。经过这场血战，双方都死伤了一万多人，法军最终没能守住马拉杜，通向凡尔登的道路也被普鲁士人占领，切断了这支法军后退的道路。巴赞将军只得命令惨败的军队往北方退守，一路上想方设法地摆脱跟随的追兵。

18日，如猎狗般嗅觉灵敏的普鲁士军队捕捉到了莱茵集团军的蛛丝马迹。当普鲁士集中了第一、二集团军共19万人的兵力慢慢靠拢时，莱茵集团军主力约11万人正在往梅斯西北方向继续撤退，巴赞将军还未能察觉到危险的气息。这支普鲁士军队在格拉夫洛特追了上来，横亘在他们必经的道路上，发起了突袭。

亲临前线的威廉国王骑在马上，看着双方的士兵拥到了一块儿。渐渐地，法军占据了东部方位，而德军占据了西部方位，两方的位置交错牵扯，如若任何一方失误，就有可能陷入对方的包围。

就在这时，普鲁士集团军中的斯坦米兹将军命令部队猛攻法军中间战线。结

★正在退守色当要塞的法军

果遭到了猛烈的火力回击。不到20分钟，法军先进的后膛步枪发挥了威力，高速的子弹从枪口射出，射杀了约8 000名普鲁士士兵。斯坦米兹悲愤不已，一意孤行地一次又一次地发动进攻，却无法压制法军的火力，只好扔下漫山遍野的尸体，急忙后撤。

被普鲁士逼急了的法军发威了。到了下午，成千上万名的普鲁士士兵哭喊着向后方逃窜，前线阵线被击溃了。一时间，慌乱的士兵冲入了普军后方，使得集团军一片大乱。被如潮水般倾下的士兵冲入人流的威廉国王居然找不到侍卫队了，差一点儿陷入法军的包围圈。数量上占据优势的普鲁士人居然在这一时刻被法军追得四散奔逃。

取胜的机会摆在了法国人的面前。只要他们现在发动反攻，普鲁士第一集团军势必会输得很惨，战争形势瞬间就会发生改变。但是他们的司令路易陛下如今不在军中，还算有些头脑的巴赞将军也搞不清楚状况，不知道法军已然获得了压倒性的优势，于是这个反败为胜的机会从指缝中溜走，法军只是逼退了普鲁士人，再没有更多的行动。

另一边，威廉国王心有余悸地逃到了军队的后方，禁不住叹息道："我们已经惨败了。"心情郁闷地度过了失眠的夜晚。让他没料到的是，次日清晨，普军已经攻下圣普里瓦的消息传来，他脸上的愁云惨雾立即消散。不久，他得知莱茵集团军退到了梅斯要塞，随即命令毛奇率军包围梅斯。又是一场恶战，将近两万普鲁士士兵战死在法军的战线前，终于将整个莱茵集团军钉死在梅斯，令他们丧失了机动性和战斗力，无法动弹。

至此，唯一对普鲁士集团军有威胁的对手，只剩下夏龙的麦克马洪部。麦克马洪挂帅的这支总数约13万的军队是临时组建的，出兵的目的是援救困在梅斯的巴赞部。由于这支队伍里充斥着各部的残军、新兵、民兵，还有海军陆战队甚至是难民，麦克马洪对于其战斗力异常担忧。更加令他头痛的是，原本应该逃回法国的路易皇帝现在正在军中，这位身体里流淌着拿破仑一世高贵血液的继承人此刻没有表现出丝毫的英雄气概，他不是因为要激励士兵才回到军队，而是因为皇后不准许他回国，所以他不敢返回巴黎。路易带着他豪华的行李和山珍海味跟随着麦克马洪，简直就像一个最为巨大且华丽的包袱。

麦克马洪不指望路易能就战术策略给予一点儿建议，于是他自己作出了决定，试图从北面往前迂回，沿着比利时边境急行军，绕过普鲁士军队和巴赞部会合，然后从背后突袭，一举击溃围攻梅斯的普鲁士人。事实证明，这个计划相当冒险，除非普军眼瞎耳聋，否则这个战术绝无成功的可能。不出所料，当24日毛奇带兵占领夏龙后，立刻就得知了麦克马洪的计划。

熟知兵法的毛奇一边叹息麦克马洪居然如此愚蠢，一边命令部队向北前进。他带领着两支队伍挡在了这支法军前面，逼得麦克马洪只能往北撤退。六天之后，沮丧的麦克马洪命令军队稍事休息，这才发现自己已经退到了色当小城。而追击的普鲁士人如旋风般迅速，马上就要到了。

炮轰法军：麦克马洪负伤

麦克马洪站在色当古堡的城墙上，眺望着远方。尽管他脚下的色当古堡在16世纪时就是一座坚固的要塞，但也没能使他安心一点儿。对于他来说，这里充其量只是一个临时休整的地方，不适合长期停留固守。现在普鲁士的追兵已经赶到了城外，他知道那是毛奇的部队，大约六七万人，在数量上远远不如自己。占有绝对的数量优势的法军，只要经过一番休整，恢复了气势和体力，势必能够发动攻击，将他们击垮。轻敌的他此刻做梦也想不到，色当城将成为自己永远的污点。就在他和部下争论是不是应该固守壕沟的时候，毛奇派人报告威廉，从他那里调来了两个集团军，命令他们急行军赶到了城外，悄悄地扎营，不要高举旗帜。如此一来，现在的普鲁士军队已经超过法军将近一倍，而城内的麦克马洪显然还没有意识到色当已经被围得水泄不通了。

部下依然建议他挖壕沟，麦克马洪却生气地说："挖壕沟会妨碍运动作战。不用多言，我说不挖就是不挖！"实在没有办法的部下又提出应炸掉缪斯河上的几座桥，但是麦克马洪又说："那会妨碍部队的反攻，你连这点也想不到吗？"

事实证明，他的部下比他要更深谋远虑。但等他意识到自己的错误时，大批普鲁士士兵已经通过桥梁渡过了缪斯河，部署兵力堵死了他们的出路。毛奇率军包围了城堡的东侧和南侧，让第四集团军在西侧和北侧拦截想要突围的法军。可惜麦克马洪没有读过中国历史，不然他也不会落得个四面楚歌的境地。

8月31日这天的夜色比以往的更加迷人，麦克马洪从色当城堡的窗户里往外望去，看到有无数个萤火虫般的营火在各个方向浮动，隐约朝某个方位集中。他的脸色逐渐苍白。

第二日凌晨4点，缪斯河谷被厚重的雾气笼罩，显得格外娇羞和神秘。为了缩小包围圈，死死困住法军，毛奇命令普军在夜幕还未消退之前，向对岸发起炮击。轰轰！突如其来的炮声震醒了沉睡中的缪斯河，河岸被炸得泥土四溅，面目全非。被巨大炮声几乎震聋耳朵的麦克马洪只好命令军队往色当城中退缩，紧闭城门。

毛奇立刻率领普军的两个集团军向中心压缩，继续缩小包围圈。普鲁士步兵早就知道法军夏塞波步枪的厉害，于是等着远处野战炮将法军炸得晕头转向之后，才开始冲锋。法军的惨叫声一直传到普鲁士将士们的脚下，他们的炮兵就像在演戏一样，每一颗炮弹都能顺利地击中目标。猛烈的炮火熏黑了法军士兵们的眼睛，以至于当普军步兵扑上来时，他们连敌人准确的方位都找不到，稀里糊涂地就倒在了血泊中。

这次炮击从凌晨一直持续到早上7点，本想再寻找机会带兵突围的麦克马洪突然被炮火波及，身受重伤。比较理智的杜克罗接掌了指挥权，他命令部队在普军的包围圈中寻找薄弱点，集中火力从那里突围，准备放弃色当。

但是这个时候却出现了另一个总司令温普芬，他是前几天才赶来的，被路易委任为麦克马洪的替补。这位刚刚到任的总司令对于色当的战况并不了解，但却信心十足，他不仅把杜克罗大骂一顿，还下达了让全军尽一切可能固守城池的命令。可怜的法军士兵们，连最后一条生路都被这位突然出现的领导堵死了。

举起白旗：此拿破仑非彼拿破仑

温普芬不是神，他的到来并没有让普军的炮火减小一点儿。在毛奇的指挥下，普鲁士集团军的防守圈越缩越小，到了中午时分，色当已经处于普军的重重包围之下，连一只鸽子都飞不出去了。陷入绝望的杜克罗不想坐在城内等死，于是下达了最后的命令：骑兵队冲入敌阵杀开一条血路。悲剧的高潮开始上演了。

几百名衣着华丽的法军骑兵挥舞着刺刀，扬起滚滚尘土，从东南面的阵地上的高地上俯冲了下来，马蹄声瞬时被战场上的厮杀声淹没，这些战马仿佛是最为勇猛的神兽，载着拼死一战的法军骑兵飞奔而出。那般壮丽雄伟的场面，比今日任何一场大制作的电影中的特效都要惊心动魄，令人胆寒。然而他们气势如虹的冲锋并没有吓倒山下的普军，这些普鲁士人不慌不忙地举起火枪稍稍后退，看到法军骑兵冲到跟前十几米远就枪弹齐发，一瞬间，无数马匹和骑士轰然倒下。只有少数法军骑兵冲入了普军阵营，但也很快被包围，死在了枪口和刺刀下。如此的死亡冲锋重复了三次，在普军的阵营前留下了成排的尸体，血腥的场景令站在远处山头上观战的威廉禁不住摇头喟叹，露出无奈的神情。

躲在色当城堡内的路易听闻了战况，心里一凉，对温普芬说道："你不是说马上就能将普军赶回缪斯河的对岸吗？如今，我们还有出路吗？"温普芬低着头红着脸，不敢为自己辩解。此时的路易终于明白，法军已经没有反败为胜的希望了。色当不是梅斯那样的军事要塞，防御能力有限，城内的食物和弹药也已经不多了，再坚守下去只怕也是死路一条，他该如何是好呢？绝望的路易殿下在此刻想到的是自己决不能辜负拿破仑这个高贵的姓氏，于是拖着被病痛折磨的身体，骑马奔向前线。

他穿梭在战场的硝烟和弹雨中，不顾侍卫们的阻拦，往最危险的地方奔

★色当会战后拿破仑三世和俾斯麦会谈

去，他一心求死，希望能死在战场上。但是上帝还想让他多遭受一些耻辱和教训，居然让他毫发无损地回到了司令部。

拿破仑三世绝望的背影也没有被普军发现，不然他早就被俘虏了。他疲惫不堪地回到色当古堡内，思考着下一步该如何抉择。

就在他焦虑万分的时候，威廉国王正在一群大臣和贵族的簇拥下，站在几公里外的小山坡上观看战场。他眼前这一幅幅用血与火描绘出来的景象，在阿登山脉群峰的映衬下，显得格外鲜红夺目。此刻的色当城中的居民四处奔逃，街道拥挤混乱，他们的房屋都被普军的炮火点燃，燃烧的火苗直冲云霄。紧接着，势如破竹的普鲁士军队从四周向中央靠拢，毛奇将七百门大炮聚集在一起排列成排，不断轰击着法军阵地，绚丽的炮火在天空中划出一道道齐整的光圈，仿佛是死神发出的召唤。

下午时分，普军所有兵力兵临城下。到了这个时候，狂妄的温普芬将军仍旧不肯认输，他召集了1200人的敢死战士和两门火炮，冲出城堡外，试图突围。结果他们刚出城就遭受到了炮火的洗礼，被普军密集的炮弹轰成了一堆肉酱，凄惨地堆积在城堡的门口。

色当俨然成为了一座孤城，死守已经毫无意义。路易重重地叹息着，犹豫了片刻，下达了全军投降的命令。在夕阳如血的天幕笼罩下，路易面色煞白地带领着法军骑兵仪仗队从城堡中走了出来，接受了战败的事实。

这位登上皇位没有多久的法国皇帝在投降书中这样写道："我的兄弟：我既然没有死在战场上，那么我只有将我的宝剑交付到你的手中。"决定了普法两国未来命运的色当会战结束了。

外交影响战争

从普法交战一开始直到色当会战，普鲁士的铁血宰相俾斯麦都表现出了极为出色的外交手腕，一手挑起了战火，并间接促成了英俄等国对法国的敌视和袖手旁观。如果没有他的这些行为，拿破仑三世不会在情绪激动的状态下轻易宣战，也不会失败得如此之快。

当然，无论俾斯麦的外交手段如何高超，如果拿破仑三世不是缺乏了帝王应该具有的军事眼光和沉稳理智的头脑，这场会战是不会打成这样的。换句话说，普鲁士人、英国人和俄国人看到了拿破仑三世的笑话，此后都肆无忌惮地笑道："此拿破仑非彼拿破仑啊！"再也不会顾忌到拿破仑一世的余威了。而此次会战的影响是巨大的。首先双方都付出了较大的伤亡代价，根据战后双方政府的统计，普鲁士死伤的士兵约有9 000人，法国死伤的士兵则约为17 000人。色当会战后，只有三千多的法军逃回了国，剩下的十万大军，包括拿破仑三世在内，全部被俘。沮丧颓败的路易被"请"到普鲁士的一座夏宫，他在俾斯麦和威廉国王的"款待"下一直在这里待了两年，也没能踏上法兰西的土地，最后病死英国。这位法兰西帝国的第二任也是最后一任皇帝，就此被人渐渐遗忘了。

战后，那位个性暴躁却无能的温普芬将军逃回了巴黎，他在给政府的报告中这样调侃自己的失败："我的先生：我来了，我看见了，我被击败了。"此言一出，整个巴黎城内的法国民众都歇斯底里起来，他们把一切责任都推到路易的身上，将之前"占领柏林！"的口号换成了"打倒皇帝！"他们不再相信拿破仑三世，不关心他的生死，他们期待建立新的政权。看到如此情形的路易的妻子，断言第二帝国即将覆灭，立即收拾行李带着皇太子踏上逃亡之路，不敢再出现在巴黎。

不久之后，法国国内的自由派趁着混乱的局势发动了革命，推翻了法兰西第二帝国，建立了法兰西第三共和国。英国和俄国幸灾乐祸地看着这一切，同时也为德意志从此以后的强大感到了心惊。

★沙场点兵★

人物：俾斯麦

　　奥托·冯·俾斯麦生于1815年4月1日，是普鲁士宰相兼外交大臣，是德国近代史上杰出的政治家和外交家，他于1862年被任命为普鲁士宰相兼外交大臣，提出要通过战争由普鲁士统一德国的政治策略。在当上普鲁士宰相的第一周，这位个性强硬的风云人物就在邦议会上发表了他的首次演说："当代的重大政治问题不是用说空话和多数派决议所能决定的，而必须用铁和血来解决。德国所指望的不是普鲁士的自由主义，而是它的武力！"这就是他"铁血政策"的核心思想，他也由此被称为"铁血宰相"。"铁血政策"的第一步是向丹麦进攻，第二步是对奥地利开战，第三步就是进行普法战争，打败法国。打败法国后，俾斯麦全身心投入到统一德意志的事业中，德意志统一后的20年间，他在德国权倾朝野，为德国政治经济的发展作出了很大贡献。

武器：夏塞波步枪

　　夏塞波步枪是普法战争中法军使用的当时最先进的步枪，这种步枪以其研制者、法国人夏塞波的名字命名，其射程可达1 200米，射击装置也比普军使用的德雷西步枪优良许多，能够更快地发射子弹。由于夏塞波步枪所用的子弹比德雷西步枪的子弹更加轻便一些，法军可以携带更多的子弹上战场，这是其更大的一个优势。但即使有这么多优势，夏塞波步枪也没能为法军赢得这场战争。武器的优劣与否并不是决定战局的关键。另外，夏塞波步枪也存有弊端：枪管很容易被火药弄脏，需要经常进行清理；子弹在潮湿的环境中很容易变质，开枪时产生的巨大反冲力常常令法军难以准确命中目标。

战术：围攻

　　在战场上既然有坚守的战术，那么也有围攻的战术，所谓"围攻"就是用优势兵力包围敌人的主力部队于孤立的城池中，切断其与外部的联系，围困他们使其在粮草和弹药匮乏的情况下逐渐消耗战斗力和兵力，最后一举歼灭之。

　　在色当会战中，普鲁士集团军在毛奇的指挥下包围了色当城。他们成功围困了法军，并且趁着法军休整的时间调集了大量的部队前来支援，扩大了优势兵力，并且利用麦克马洪的失误占据了城外的有利地形，将火炮攻势发挥到了最佳状态。在发动总攻之前，毛奇也做了大量工作，充分考虑到了法军有可能突围的方向，命令各个阵营的军队严阵以待，不要给法军一丁点儿的可乘之机。他们借助猛烈炮火攻城，削弱了法军在武器装备上的优势，从而能够步步逼近，慢慢缩小包围圈，将法军死死压制在城中，最终逼迫拿破仑三世投降。

周密筹划的巅峰对决
THE CLASSIC WARS

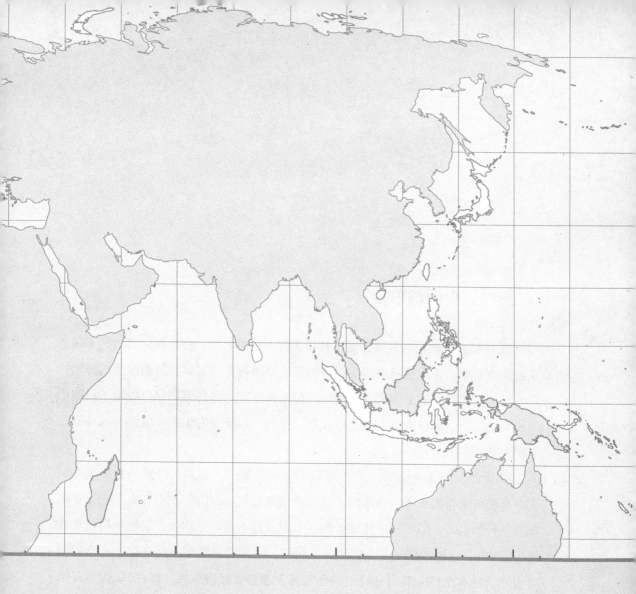

第十五章

淞沪会战
——全面抗日战争的真正开始

　　▲当日军发动了九一八事变之后，中国军队不可避免地将抗击日军之事提上作战部署的最高议程。1937 年 7 月 7 日七七事变爆发，抗日战争拉开了序幕。随后，1937 年 8 月至 11 月间，中国军队在上海与日军展开了一场城市攻坚战，这就是标志着全面抗日战争开始的惨烈战役——淞沪会战。

前奏：卢沟桥事变

　　20世纪初期的日本发展迅速，其狼子野心昭然若揭，在此期间日本的军国主义也快速膨胀，正准备对中国实施一系列的军事打击。其实自从明治维新开始，日本统治集团就瞅准了中国这块肥肉。日本天皇和他的智囊团早就确定了侵略中国的大陆政策。而日本政府的这点儿心思在九一八事变发生后，就如"司马昭之心路人皆知"了。

　　20世纪30年代的日本，在一系列的经济改革下，将国民经济的发展提高到了一个前所未有的水平：日本的工业生产指数在1929年还只有100，到了1936年就上升为150，隔年便迅速增长到了169。日本这八年的生产指数平均每年递增了6.8%，这些数据无疑说明了一个问题，这样的递增率不是来自于正常的国内生产。日本在1930、1931这两年实际上遭遇了经济危机，却在1932年开始以9%的年平均递增率发展，更加夸张的是，1937年比1938年的生产指数提

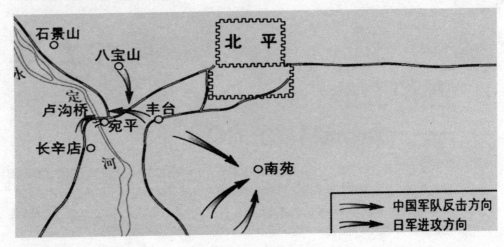

★卢沟桥事变形势示意图

高了19个百分点，为何会出现如此巨大的增幅呢？这是因为当时日本人已经初步侵占中国东北并向华北扩展，他们在中国得到了很大的经济利益，这样诱人的成果，令裕仁天皇更加兴奋，决定加速侵略中国的步伐。

1937年7月7日这天，卢沟桥的夜色很美，突然一队日本人诡秘地出现，他们的背影破坏了这幅静谧的画面。

在这些日本人到来之前，日本军方在与代表国民政府的何应钦、陈公博的谈判中，获得了占据北平周边军事要点的权利，对西北军宋哲元的29军形成了包围的态势。这一举动昭示着他们正在策划什么阴谋。

果不其然，7日晚上，日本驻军忽然出兵进入北平西南的宛平县城，说是要寻找一个失踪的士兵，他们必须要搜查。无论是谁都听出这是一个堂而皇之的借口，29军守军立刻阻拦日本人进入。不料这支日本军队不再多言，端起枪来就开火，还通知后面的炮手马上炮轰北平卢沟桥。中国守军被突如其来的炮火打蒙了，片刻，组织起来军队进行抵抗。

卢沟桥事变就这样爆发了。

日本人的公然挑衅激起了中国人民的愤怒，他们不是第一次采用这般卑劣的伎俩宣战。所谓是可忍孰不可忍，听闻此事的蒋介石大为震怒。

蒋介石在庐山召开了紧急会议，随后发表了《对于卢沟桥事件之严正表示》谈话，说道："临到最后关头，便只有拼尽全民族的生命，以救国家生存。最后关头一到，我们只有牺牲到底，抗战到底！地无分南北，年不分老幼，皆有守土抗战之责！"他首次拿出了一个领导人该有的气魄，终于表示要和日本人决一死战。在觉察到国民党军正在集结军队的行动后，日本军阀迅速展开行动，于7月底，相继占领了北平、天津，使第29军退到保定一线。

7月31日，蒋介石再次发表《告全体将士书》，抗日战争全面爆发。有骨气的中国人再也不想畏首畏尾了。

挑起事端：虹桥机场的挑衅

日军和中国军队都在作着战前准备，剑拔弩张的态势逐渐蔓延到了上海。

8月9日的虹桥机场上空飞过一群喧闹的雀鸟，守军们仰望着碧蓝的天空议论着即将发生的战事，忽然，他们看到有不速之客进入了机场大门，和负责守卫的士兵发生了争执。

唯恐自己同伴吃亏的空军士兵们冲了上去，发现一个日本军人正操着别扭的中国话口出恶言。血气方刚的士兵都围了上去，推搡之间发现这个人叫做大山勇夫，他是一位海军中尉，不知道为什么跑到这里来了。

三言两语已经解决不了问题，大山勇夫居然挥舞起拳头，砸向一个卫兵的脸。本想忍耐的这名卫兵没有还手，正要劝他离开却遭到了更严厉的拳脚攻击，在一旁的其他士兵忍无可忍拿起枪，瞄准了大山勇夫。

大山勇夫在虹桥机场被打死的消息很快传到了日军耳朵里，日本人叫嚣着冲出兵营，说要报告上级给中国军方一点儿教训。

日本军部显然早就知道事情会发展到如此地步，不慌不忙地在第二天找到中方军队就此事进行谈判。蛮横的日本代表对上海市长俞鸿钧大声叫喊："你们这是挑衅，故意打死我们日本军人！我们不会善罢甘休，除非你们立刻将上海保安部队撤退，并且撤除所有防御工事。"俞鸿钧气愤地哼了一声，"你们的要求也太过分了，我们断然不能答应！"一席人不欢而散。

其实这个时候的日本方面已经作好了出击的准备，日本代表回去之后立刻上报，第三舰队司令官长谷川清就接到出兵的命令，立刻带领日舰肆无忌惮地开进了黄浦江、长江各口岸。其他所属分舰队则开足马力前往上海港口，与此同时，佐世保待机的海军第一特别陆战队以及其他部队也接到出兵的指令，即刻赶往上海。很明显，日本早就制订了攻打上海的计划，一切行动都是那般迅速和果断。

得知日本军队异动的南京统帅部召开军事会议，同意了张治中将军提出的作战计划，命令其带领国民党部分军队马上进驻上海。11日深夜21时左右，一路灯明人静，上海市中心的部分居民发现一支陌生的国民党军队正在进城，第二日清晨他们就看见国民党第87军的旗帜飘扬在一幢建筑物的上空，纷纷感到惊讶。

"这支军队从哪里来的？怎么这么神速？上海真的要开战了？日本人就要来了！"街头巷尾的上海市民惶恐不安，有的人经受不了这样的惊吓，慌忙带着家眷逃出了城。虹口闸北的居民更是瞧见了不远处日军构筑的工事，纷纷携带细软搬家。出逃的市民慌乱着向前拥挤，如汹涌的潮水拍打在一块儿，惊起一片呐喊和嘶叫，还有那些在人群中慢吞吞移动的车辆，刺耳的鸣笛声搅得人更加心烦意乱。

除了87军，张治中还派遣了其余各师驻扎在上海郊区要塞。他命令炮兵自南京向上海进发，在最短的时间内进入上海阵地。犹如世纪末的浑浊气象，盘旋在上海的上空。

蓄谋已久：黄浦江上阴云弥漫

1937年8月13日清晨，轰隆隆的炮声响彻天宇。日舰重炮对上海虹口闸北开炮了，展开了一阵猛烈的轰击。随后，西宝兴路附近的保安队遭到了攻击，与其交火的是日本海军陆战队一部。双方进行了火力对峙，揭开了淞沪会战的序幕。

当时正逢一场台风过境，淞沪地区上空积聚着巨大的低气压。这一天的上海狂风呼啸，不久之后迎来了倾盆大雨，这种天气状况迫使日本海军第三舰队司令长谷川清推迟了空袭杭州、南昌及虹桥等几个中国机场的计划。这天下午5点多，本在犹豫的长谷川清无奈地下令，在天气转好之前暂停空袭。

与日本舰队的想法相似的国民政府，也正在准备对日军展开空袭。位于南京小营总部的空军总指挥部发布了"空军作战命令第二号"计划，命令空军参战部队在8月14日清晨开始轰炸日军司令部、军械库、公大纱厂、日军机场以及游弋在海面的日本军舰等。早晨7点天刚蒙蒙亮，五架"可塞"轰炸机出现在了上海上空。这一天，淞沪会战正式开始了。

空军35队队长许思廉率领着五架"可塞"轰炸机从杭州的笕桥机场起飞，心惊胆战地在云隙和日军高射炮火网中穿梭飞行，沿着武汉铁路、杭州到上海的公路飞得很低，当"军械库"公大纱厂出现在射程之内时，他下达了攻击命令，弹落烟起，一阵阵的爆炸在地面留下了深陷的凹洞。瞬时，黄浦江的日舰上的火炮

★遭到日军轰炸的上海

刷刷刷地往这边抛射炮弹，这些飞机躲进了云里，再出来的时候，便又投下炸弹击中了公大纱厂的军械库。没过多久，公大纱厂火光冲天。

日本舰队上的飞机也成批地起飞，有的执行原先的轰炸任务，有的朝着中方的飞机驶来，双方战机相互纠缠，展开了空战。

空战一直持续到下午3点，一架架中国飞机出现在了黄浦江上空，盘旋至日舰上方投掷炸弹，即使遭遇到日舰高射炮的攻击也毫不退缩，如海燕般穿梭在烟幕中，不断地投出炸弹轰炸。没有逃走的那些居民听到飞机的轰鸣声感到十分振奋，纷纷奔赴外滩及各大厦屋顶观战，为看到日舰燃烧起火的场景欢快呼喊。行人都拥挤在了街道上，仰头向高空寻望，等待着看一眼中国战机飞过，耳畔炮声隆隆，不一会儿，头顶被黑雾笼罩。

在这一天里，双方都损失了不少飞机。根据日本在第二天的报告中所称"1/3的战机没有返航"，中国军方大约击落了20架敌机。梗津、鹿屋两个闻名于世的主力航空队装备最新式的轰炸机被年轻的中国空军消灭过半的消息，一经传到日本就引起了民众的哗然。这一天的战火，激起了国民党军方的壮志雄心。

占据优势：海军封锁黄浦江

这一边空军旗开得胜，另一边海军也接到命令展开了部署。封锁江阴，是中国海军在8月14日这一天的作战任务。江阴位于长江下游，是日本舰队沿江而下的必经之路。国民政府为了阻止日舰通过，早在8月初就命令海军实施沉船计划，堵住航道，将日舰困在长江内以便日后一举歼灭之。

接到沉船命令后，海军部长陈绍宽立即下令，让三艘测量船和两艘炮艇开往江阴以下江面，破坏了各航路标志，然后乘坐宁海号巡洋舰监督沉船工作，并派人将部分商船开往江阴以供沉船。士兵们在江阴口等待着，看到一艘商船到了，就等着它到达封锁线，把船底凿开，沉入江底。8月1日，这支沉船部队就沉掉了17条船，一直到8月11日，大约有20艘商船被沉入了江阴的江底，但是这些船仍然不够，不足以封锁航道。海军部长陈绍宽感受到了巨大的压力，他接到命令，还要向江里继续沉船，大概还需要五艘军舰。

可是时间已经不够了，这时发生了一件意外的事，让整个封锁江阴航道的计划付诸东流。

原本在沉船计划制订后，封锁长江的决定是在1937年8月7日的最高国防会议上作出的，就时间上来看，中国海军是能够作好准备于14日成功封锁江阴的，但是令人恼恨的是，列席此会的行政院秘书黄浚偷偷地和日本人接触，竟然将此情报出卖给日本人。他出卖情报的当日，海军部并未发现异常。直到10日这天，海军士兵看到了日本舰队出现在江面上，11日，一艘艘的日舰从上游开了下来，但是因为他们没有接到拦截的命令，便只能眼睁睁地目送着一艘艘的日舰逃出封锁线。当日海军军部的反应迟钝，也使得他们错过了将日舰控制在封锁线内的机会。

不久，海军军部查出了计划走漏的原因，听闻了消息的蒋介石非常愤怒，他立刻命令军部逮捕黄浚，"这样的人可耻可恨，必须处死，以儆效尤！"

就这样，黄浚与其长子黄晟成了国民政府首批处死的汉奸。然而他们的行为所造成的后果，已经无法弥补了。

伴随着空军如火如荼的轰炸声，海军军部于8月14日派遣舰队封锁江阴的计划已然失去了意义，江面上已经看不到一艘日舰的影子。为了挽回声誉，江阴防区司令欧阳格命令102与171两艘鱼雷艇伪装成民船，跟随日舰的航线航行，一路上险象环生，小心翼翼地经过了无锡、太湖、苏州、松江，由于171鱼雷艇掉队，最后只有102抵达龙华。102号鱼雷艇在那里潜伏了两天，终于找到机会靠近了停泊在汇山码头的日舰"出云号"。

鱼雷贴着水面激起浅浅的波浪，准确地击中了"出云号"的尾部，引起了爆炸。紧接着102号鱼雷艇展开火力攻击，让"出云号"冒起了滚滚浓烟，战舰上的日本人无一不露出惊讶的神情，不敢相信中国舰队会出现在这里。偷袭成功之后，102号鱼雷艇迅速回撤，沿着来时的航线回到了江阴，得到了嘉许。

在当时中国海军处于绝对劣势的情况下，也只有这一次的偷袭被日本人刮目相看，被评为"中国海军唯一一次积极性攻击"。这不能不说是当时中国海军的悲哀，和年轻有为的空军部队相比，海军在此战中再也没有作出任何贡献。

漫长拉锯：化主动为被动

张治中知道这是一场血战，只是他的心理准备仍然不够充足。

8月14日这一天，他语气坚定地站在将士们面前发表了宣言："时至今日，和平确已完全无望，牺牲已到最后关头，御侮救亡，义无反顾……本军所部全体将士，与暴日誓不共戴一天。"

★淞沪会战中抗击日军的中国军队

★淞沪会战中的中国守军阵地

他目送着眼神坚毅的士兵们一个个从他面前走过，奔赴那修罗地狱。

发动总攻命令前，张治中将自己的计划用密电告之了蒋介石和何应钦。他计划以国民党军队的优势兵力进攻日军在沪各据点，集中火力攻占杨树浦港以西至虹口日司令部之间的地带；于空军轰炸后，在炮火的掩护下进占日军根据地，将日军逼退到苏州河及黄浦江一带。按照他的打算，击退日军只是时间问题，无论付出多大代价他必须将队伍推上去。

下午3点钟，张治中和下属对表，下达了总攻令。陆军87、88师接到指令，对被日军占领的持志大学、五洲公墓、沪江大学和八字桥等据点展开猛烈攻击，激战之后夺下了这些据点，然后稍事休息，朝日本人盘踞的纱厂挺进。纱厂附近已经堆积起了尸体，那是88师派出的先头部队留下的。在师长的号令下，523团冲了上去。为了中断日军的电网，无数的战士组成的肉墙慢慢向前推进，他们奋力奔跑上前然后被子弹打成了筛子，彼此倒在一起，鲜血飞溅在后面战友的脸上。付出了极大的伤亡代价后，这个团攻进去了一个营，整个营的士兵都压在了火力点上，他们在切断电网的同时一个个血肉横飞。死亡的气息蔓延到了纱厂的每个角落，没过几分钟，这一个营的战士全都死在了里头。88师在这一天的交战中损失惨重，旅长黄梅兴中弹阵亡，而仅527团就牺牲了七名连长。日军坚守的纱厂成了绞肉机器。

这天之后，双方短兵相接的巷战爆发。尽管在国民党军队的猛攻下，日军的战线被逼退到闸北、虹口、杨树浦一线。但是，在面对日本据点的钢筋水泥时，中方缺少攻坚战必需的重武器，这令张治中感到万分焦虑。他命令部下找到了当时军中仅有的三门榴弹炮，但是这三门火炮都不能正常发射炮弹。国民党军队的死伤越来越多。

20日晚间，宋希濂带领着精锐36师向汇山码头发起了攻击。震天的炮火涌入昔日的民房窄巷间，第一营的步兵手持武器冲了上去，他们刚走几步，就遭到了沿路两个日军据点的火力攻击。好不容易端掉了这两个据点，往里冲的战士们又被汇山码头铁栅门内的日军击退。里面的日军得到江上军舰的炮击掩护，因此极为顽强。一位团长不惧死地爬到铁栅门之上，带领着士兵们向上攀爬，然而他们无一例外成了靶子，遭到炮火和楼房上的日军放射的密集小炮弹的轰击，不断有尸体堆积在铁栅门外。

另一侧为了攻占杨树浦，张治中命令坦克连的连长带领着上海仅有的几辆坦克直冲了上去。两连步兵跟着坦克开始新一轮冲锋，但是这些步兵没有和坦克进行过联合训练，队伍一下子陷入混乱。日本军方的火力依然强大，他们扔出的手榴弹引发的爆炸轻易就摧毁了轻型坦克薄钢板。这些坦克统统被击毁，成群的步兵倒毙在爆炸后的坦克旁边。

几天过去了，上海城内的阵地几经易手，前一刻被日军占领了，后一刻又失而复得。双方的阵地前都尸积如山，血流成河，惨绝人寰的景象随处可见。

到了8月22日，战事陷入僵持阶段，张治中调集到上海的所有部队全线吃紧，无法有太大进展，且伤亡惨重。8月23日清晨，日军的增援部队到了，松井石根率领的两个师团先头部队分别在狮子林、川沙口、张华浜等方面登陆，让苦战的国民党军队更加愁眉不展。

抵抗登陆日军的部队遭到猛烈打击，激烈的战况一直持续到9月初，日军又展开新一轮联合攻击，以军舰、飞机、坦克支援，对月浦、宝山发起猛攻，不日占领了宝山。随后增援的日军不断在各地登陆，每日不断接到类似战报的张治中苦闷不已，他不得不承认：中国军队已经腹背受敌。

上海失守：侥幸心理的挫败

战线一旦拉长，对抗的就是双方的军备和后援物资。

日本从来都是速战速决，不善于打持久战，上海战事僵持了一个多月，这大大超出了日本军部的意料。日本只是个岛国，资源有限，同中国比拼耐力和韧劲，显然不是明智之举。僵持战打到了11月初，中国军队不断后撤，但日军也仍旧控制不了上海，这令日本军方大为恼火。为了掌握战场的主动权，日本最高层决定将侵华的主要作战方向由华北转移到上海。攻入上海的日军虽然在装备和武器上占据优势，但是中国军队前仆后继、死而后已的抵抗，也给了他们重重一击，成了他们完成"三个月灭亡中国"计划的拦路虎。为了解决这只拦路虎，日本军部再次增兵。

得知日军继续增兵的蒋介石提高了警惕，他不惜血本，几乎把手下的精兵良将全派到了淞沪前线。除了原有的第8、第9、第15集团军外，他又派遣薛岳的第19集团军、刘建绪的第10集团军和廖磊的第21集团军赶往上海前线。可就在这时，蒋介石眼睛一眨，掌控全局的大手放松了一下。

原本蒋介石就是逼不得已对日宣战的，他一直认为"攘外必先安内"，一直寄希望于英法美等列强，希望它们能制止日本对华侵略。即使打下淞沪这一仗，也是为了将来更好地取得话语权，能在和日本的谈判中得利。他一直在等待国际社会的调解，能帮他解决日本这个大麻烦，从而能使他腾出手来和共产党一决高下。因此，当11月3日在布鲁塞尔会召开"九国公约"会议，讨论中日之战的消息传来时，他以为与日本的战事终于引起帝国主义列强的重视了，他的救命稻草出现了。

11月5日清晨，杭州湾的风声凄厉，似乎是在发出什么警告。不久，柳川平助指挥着日本第10军出现了在了这片水域。这支部队被日本舰队护送着，分为几部分在杭州湾金山卫附近之漕泾镇、全公亭、金丝娘桥等处的海岸登陆了。

浩浩荡荡的日军扛着枪跳下船，在海岸上列队前进，他们一眼望过去还以为会遇到防守的中国士兵，至少会遭遇几拨炮火袭击，然而他们迈着整齐的步子往内陆前进了片刻，才看到了零散的中国步兵。

日军立刻摆开阵势向前逼近，双方开始交火，不一会儿中国军队就狼狈后撤，被打得毫无招架之力。原来，此刻几十公里长的海岸线上，仅有两个步兵连、炮兵第二旅二团六连驻守，其战斗力根本无法与10万装备精良的日军相比。在没有重炮，也没有像样防御工事的情况下，日军长驱直入，迅速摧毁了这些眼前的活动着的人肉靶子。

为何这里的防御会如此薄弱呢？其实在此之前，在这片海岸驻守的还有张发奎的第八集团军所属的四个师一个旅数万人，但是这支军队在数日前接到了蒋介石的调令奔赴了前方主战场，补充上海即将枯竭的兵力。这完全是因为蒋介石疏忽所致，他一心认为日军只会全力进攻上海正面，不会从杭州湾登陆。

日军成功地在杭州湾登陆了，随后，松井石根立即带领所有兵团，分别向松江、沪杭铁路进军，包抄中国军队的南线后路。

蒋介石买不到后悔药，只好又把希望寄托在那些参加"九国公约"会议的国家。

10月31日，日军六个师团顺利强渡苏州河，迅速向两路登陆日军靠拢，形成夹攻态势，中国70万大军即将成为瓮中之鳖。听闻此消息的南京统帅部方寸大乱，淞沪战场各个高级指挥部也不知如何是好，有的人说撤退，有的人说要死守，争论不休，最后只好前去请示蒋介石。

蒋介石紧蹙眉头，迟迟不愿下达后撤的命令，他对张治中、白崇禧等人说道："只要我们在上海继续顶下去，相信'九国公约'国家会出面制裁日本，卿再坚持一段时间吧！"

上海的军队严防死守，但到了11月初，不少将士听到日军登陆的消息，一时间人心惶惶，心理防线开始崩溃，军营中一片混乱，军心已然不稳。看到这种状况的蒋介石也坚持不下去了，终于在11月8日晚命令上海地区的部队全面撤退，分两路退往南京、苏州－嘉兴以西地区。这天晚上，指挥失控的国民党各个部队在夜幕中仓皇奔走，惊慌失措的士兵们变得毫无秩序，极度混乱，很多士兵和自己所属的部队失散，被巨大的人流冲往上海城外。第二日清晨，中国军队的上方飞过一架架的日本飞机，疯狂地扫射和轰炸，将他们打散，大撤退瞬时变成了大溃退，一路上所有的士兵灰头土脸，苦不堪言。得知中国军队撤退的日军在后面穷追不舍，迅速攻占上海各镇。大上海，就这样在一夜之间沦陷了。

战典回响

日军"三个月灭亡中国"计划的破灭

尽管淞沪一战，中国军方没能获得最后的胜利，但是此战成功粉碎了日本侵略者"三个月灭亡中国"的计划，延缓了日本侵吞中国华北的步伐。

在此次会战中，中日双方均损失惨重，双方一共投入了大约100万的军队参加战斗，战火燃烧了将近三个月。在这三个月的时间内，日军派出的空中战斗机对上海实施了密集轰炸，将昔日的十里洋场一日变成了十里火场：繁华热闹的上海闸北地区到处硝烟弥漫，笼罩着残垣断壁；从南京路外滩华懋饭店到汇中饭店的这段道路上，堆积着许多平民的尸体；上海南站被炸得面目全非，车站里候车的旅客也受到了战火的波及。有数不清的中国士兵倒毙在残垣断壁之上，身受重伤、神情萧索的士兵随处可见。那些牺牲在日本人炮火和刺刀下的战士，用血肉之躯向日本人证明着中国人的不屈和勇敢。

尽管在这场战争的最后，中国军队不得不撤离上海，但经此一战，全中国人民拧成了一股绳，决心从正面迎接历史的挑战，不再在日本人的大炮和飞机面前退缩。中国军民决心以更加坚定的信念与日军进行周旋，作好了持久战斗的准备，立志将侵略者赶出去。

由此可见，淞沪会战的意义是巨大的。它是中日双方在抗日战争期间的第一场主战场战役，也是整个抗战期间规模最大、战况最为惨烈的一战。这一战，在一定程度上打击了日军攻占中国华北的信心。而中国将士在此战中表现出的誓死保卫家园的信念，也使得日本人意识到了他们在今后将遇到更顽强的抗击。日本在短期内占领中国的计划没能顺利实施，很多麻烦便随之而来，物资缺乏的问题就是其中之一。

★沙场点兵★

人物：松井石根

日本陆军大将松井石根，祖上世代为将，长大后继承武家门第，进入士官学校学习。他曾中断学业，参加了1904年日俄战争，随日军进入中国东北地区与俄军作战；于1922年日本出兵西伯利亚干涉俄国革命之际，担任海参崴派遣军情报参谋，后作为哈尔滨特务机关长从事情报收集工作，四处收买汉奸，建立间谍网。1937年7月日本侵华，一个多月后，淞沪会战爆发。由于松井石根是公认的"中国通"和攻坚战专家，所以他被任命为上海派遣军司令，率领日本第3、第11两个师团组成的上海派遣军开往战场。他是日本国内的皇道派将领，是大亚细亚主义的鼓吹者，在1937年指挥日军攻陷上海后，他又带领日军攻陷中国南京，是南京大屠杀的首要战犯，在中国犯下了滔天罪行。

武器：坦克

坦克是一种具有优良的越野机动性、坚固的装甲防护和强大火力的全履带装甲战车，通常装有一门火炮和多门自动武器。第一次世界大战期间，为了打破阵地战的僵局，英国开始研制一种集火力、机动、防护三种性能于一体的新式作战武器。它的前身是装甲车，直到1916年"马克"Ⅰ型坦克才诞生，这是个外廓呈菱形的庞大钢铁怪物，它两侧履带架上有突出的炮座，两条履带从顶上绕过车体，带动车身前进。

坦克一出现，就给阵地战带来了极大的变化，引起各个国家的注意且纷纷开始仿造研制。20世纪60年代以前的坦克，多按照战火炮口径和重量分为轻、中、重型。在抗日战争时期，中国军队也多次将坦克运用在战场上，对抗日本军队。而在此次淞沪会战中，中国军队便派出了仅有的一批坦克前去配合步兵，阻挡日军的攻势，当日坦克一出，极大地鼓舞了军队的士气。但由于这批坦克在性能方面存在某些问题，且数量不多，因此没能坚持多长时间就陷入了日军的炮火当中。

战术：攻坚战

攻坚战是不好打的，不仅需要集中绝对优势兵力，逐个歼灭敌人，还要在以绝对优势兵力消灭一个敌人时保持战斗队形，同时结合迂回，对敌人的其他的小股力量进行包围，形成突破的钳形攻势。在此次淞沪会战中，中国军方就是使用的攻坚战术，集中优势兵力配合正面战线的兵力突入敌人纵深，扩大缺口，试图贯穿敌人的防御系统，将他们统统割裂分解。

然而，日本的防御工事十分坚固，缺乏重武器的国民党军队在攻坚时付出了惨重的伤亡代价，并且没能取得较大的突破；日本人的密集火力和炮火掩护也导致国民党军攻坚战在时间上越拖越长。日本的这块硬骨头实在难啃，而此战中大部分战斗都是巷战，这也使得攻坚的难度加大，使得这场战斗不断僵持下去。

周密筹划的巅峰对决
THE CLASSIC WARS

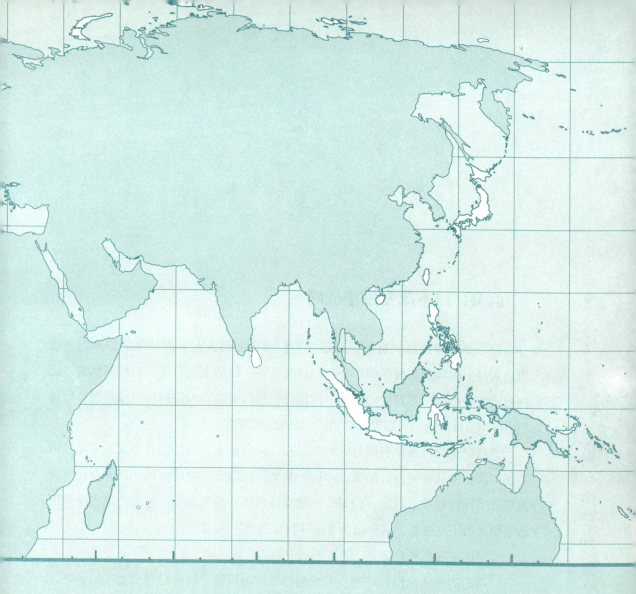

第十六章

长沙会战
——打碎日寇的美梦

　　▲随着抗日战争战况的愈演愈烈，中国军队为了保卫长沙，于1939年9月至1942年1月期间与日军进行了三次激烈的会战。在这三次长沙会战中，中国军队作战顽强，给予了日本军队以重创，最后成功地将日本人击退，守卫住了长沙。

前奏：日本改变侵华战略

日本军部的最高长官们，最近在裕仁天皇面前多次露面，他们的神情与刚出兵入侵中国那会儿有了些许不同，眉头紧皱，唇角下陷，连往日里圆润的下巴也有清瘦的趋势。看到他们如此一番模样，裕仁天皇不用看报告也能猜到，自从1938年10月开始，日军进攻受阻的情况是真实的了。

"事已至此，各位有何对策吗？"裕仁天皇脸上的表情没有多大的变化，但站在下面的主战派明白，如果在中国的战事继续吃紧，国内舆论的压力会将这位天皇陛下压得喘不过气来，他对军部的支持也将会受到影响。另外，国内反战厌战情绪开始迅速滋长，这种苗头令这些将军感到了焦虑。

"军部正在思考对策。"将军们回应道。

"我们的军队在侵占广州、武汉后战线拉得过长，目前已经兵力不足了吧，在你们的指挥下这场仗越打时间越长，军队随之消耗的物资巨大。你们要知道，国内在军队上花费的钱财太多了……"裕仁天皇淡淡地说着，脸色却较刚才阴沉了许多。

"陛下，我认为，最初速战速决的策略不能再执行下去了，我们要有在中国长期作战的准备！"这个声音引起了大部分将军的点头认可。

"日本军队的行动现在处处呈现被动的局面，不如……采取对国民党诱降的策略，然后以重兵威胁之。"有人提出了较为实际的想法。

"这个思路应当是正确的，那么你们赶紧制订新的作战方案吧。"裕仁天皇放下这句话，离开了会议厅。按照裕仁天皇的指示，日本军部召开了多次紧急会议，把原本的侵华方针作了些调整。

他们放弃了"不以国民政府为对手"的立场，命令下属军队的高级长官与国民政府增加接触，在政治上以诱降为主，在军事上实施小范围内的打击策略。并下令停止主力部队对正面战场的进攻，进行休整，在已有的占领区展开更严密的军事布防，防止中国部队反攻。为了缓解国内经济压力，不少日本军队还加紧了对附近村庄的掠夺，抢夺粮食和牲畜。另外，日本军队要特别授意各支部队，转移军事打击重心，尽量不要扩大战场，而是加强对后方的抗日游击战的打击力度。

在这一年当中，日本军队"以战养战"的小规模袭扰，让中国军队看到了一丝反攻的希望。

防御战役：激烈的争夺战

到了1939年，中国军队发现，日本军队对于搜刮周边村庄的行动似乎感到了厌倦，但就在这一年的夏季快要过去时，中国军方觉察到了日军在湖南地区另有异动。时任中国第九战区部队代司令长官的薛岳，在会议上向下属布置任务。

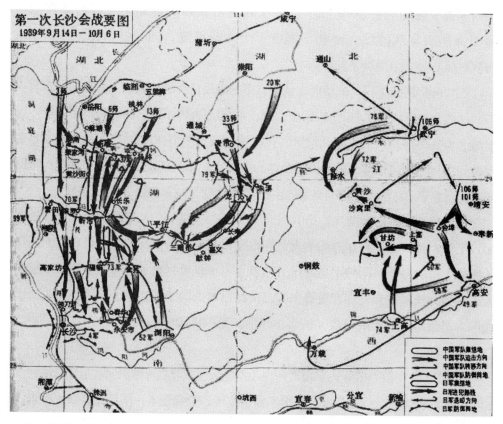

★第一次长沙会战示意图

"湖南是鱼米之乡，日军在这里展开行动的可能性一直很大，你们要密切注意他们的动向，不能松懈。"薛岳的语气十分严肃。

　　"是的，的确如此。我们已经发现，有部分日军好像在进行调动，只是不知道他们的目的地在哪儿。"有人回答道。

　　薛岳立刻下令："派情报部门去弄清楚情况，及时来报！"

　　中国军队确实没有估计错形势。当时的日军正陷入了物资匮乏的困境，被他们洗劫一空的那些中国小村庄已经无力给这群如狼似虎的部队提供大米和鸡鸭鱼肉了。即使在不断的扫荡当中，他们也获得不了充足的粮草。为了不让裕仁天皇减少在军备物资上投入的金钱，日军迫切需要夺得一片盛产稻谷的土地。于是，他们盯上了长沙。为了占领长沙，这年的9月至10月，日本军部制订好了作战计划。

　　日军司令官冈村宁次先后调集了10万兵力，从不同的防线向长沙靠拢，他的进攻目的十分清楚，就是要消灭中国第九战区部队，夺下长沙这个大谷仓。作为日方的指挥官，冈村宁次不是个好对付的人，他是个中国通，对于中国的地理情况研究得很透彻，在他的主张下，为了让攻打长沙的计划更加顺利地实施，日军部队决定从赣北、湘北、鄂南三个方向推进，向长沙合围。中国军队需要对抗的是三个战场上的敌人。

　　很快薛岳得知了日军的动向，认为日军的进攻目标就是长沙。他随即请示蒋介石，从周边地区调集了16个军30多个师，约40万人的军队，决心与日军进行一场血战。首先燃起战火的是赣北地区。在这里，日军不惜血本，于9月14日发起了攻击。这一日，日军第106师团对会埠的中国守军第19集团军第60军开炮，与此同时，日军第101师团一部向高安的中国守军第32军与第58军展开了进攻。

　　日军的炮火不间断地飞往第60军的阵地，摇摇晃晃的战壕和防御工事被炸得面目全非，打一枪就被猛烈的炮火轰炸得睁不开眼睛的士兵们，面对着前面黑压压冲锋上来的日军，眼神中透露出了恐惧。不少机枪打光了子弹，退缩在战壕里的人到处寻找手榴弹，却在投掷出去之前被日本人的子弹射穿了脑袋。不久，士兵们未能抵抗住日军的进攻，撤出了阵地。第60和第58军狼狈地向宜丰、凌江口等地转移。

　　"第32军、第60和第58军现在在哪儿？"听闻赣北战况惨烈的薛岳焦急地问。

　　"他们的大部分兵力都被日军牢牢吸引住了，分身乏术，估计已经撤不下来。其余兵力已经撤退。"下属报告道。

薛岳皱起眉头，道："现在命令所有阵地的部队都不能后退，被打退的都给我想办法夺回阵地！"

18日到22日间，日军和中国守军发生了激烈的战斗，很多失去的阵地在付出了巨大的死伤代价后重新夺了回来。高安、高城、马形山、赵家山这一带的战线再次插上了国民党军旗，嘲笑了日本人的嚣张气焰。但是这些旗子没能插得更久，日军第101师团和第106师团大兵压上，将战线又往前推进了不少。直到这个月底，日军和中国军队不停地上演反复争夺阵地的血腥剧目，漫天的血光映红了士兵们的脸。

然而中国军队依然是顽强的，到了10月初，大量的中国守军进驻甘坊、横街，切断了西进日军的退路，几日后，第一集团军和第上30集团军对日军形成了围攻的态势，成功将日军逼退至武宁、靖安、奉新等地。日军的屁股着了火，冈村宁次这个老狐狸试图吸引中国军队主力的计划落空了。

强渡新墙：被血水染红的江面

9月18日，一支日本师团旗帜鲜明地出现在新墙河一带。他们用刺刀逼迫当地居民走在前面带路，在河面上寻找桥梁和水流平缓的地带，抢夺了不少船只，像一匹匹饿狼凝视着眼前清澈的河流。他们闪亮的刺刀倒映在通透的水面上，反射出刺眼的寒光。

这支部队是日军主力第六师团及奈良支队的先头军，他们接到命令，负责强渡新墙河，向新墙河北岸中国守军第15集团军第52军发动攻击。

拂晓的阳光还没有完全照亮整个新墙河时，第52军就听到了日军震耳欲聋的炮火。惊慌的士兵们连忙赶到自己的战斗岗位，神情紧张地注视着河面。只见日军在猛烈炮火的掩护下，纷纷跳上船只，正在强渡新墙河。他们的速度很快，不久，这

★中国军队在新墙河抵御日军的进攻

★中国军队的炮兵阵地

支部队中的上村支队在汨罗江口附近的营田上岸，和从正面登陆的其他支队形成了一把攻入中国军队的钳子。面貌狰狞的日军陆陆续续在岸边排列开来，形成一堵堵冒着火舌的人墙往前推进。第15集团军遭到了夹击。

这个消息被迅速报告到了薛岳那里，令他一夜难眠，他在指挥部对部下们说道："这支部队是日军在湘北方面集结的主力部队中的一支精兵呀，据我估计，他们此次的作战目的就是直插我们核心防御区域，企图诱使我们的主力部队出击，与其在这里展开决战。我们不能中了他们的圈套。电令，第52军严防死守，至少要坚持五天！"

于是在接下来的五个昼夜里，第52军的士兵拼死守卫阵地。阵地上，不少人只能勉强支撑着机枪，用最后一口气扣动扳机，向又一轮扑上来的日军扫射过去。他们的身边堆积着血肉模糊的战友们的尸体，惨白的脸上布满了泥土，没有人能有时间帮他们擦一擦。死去战士们的鲜血染红了脚下的土地，汇成弯曲的小河流入了新墙河，水波荡漾的河面顿时一片殷红。战地医疗小队艰难地穿梭在战壕和防御工事之中，寻找着生还的士兵，将他们拖到炮火不太猛烈的地方。可是，日本的枪炮仍然在耳畔隆隆作响，第52军几乎坚持不住了，不得已，他们于22日晚退至河南岸。很多个昼夜没有休息的战士们刚刚退下火线，就支持不住倒毙在撤退的道路上。

得知战况的日军司令部这时命令第23师团前往支援，试图将湘北的中国军队一举歼灭。死伤惨重的第15集团军依然奋力抵抗，战士们占据着新墙河、汨罗江的优势阵地向源源不断挺进的日军开火，一次又一次击退了他们的进攻，使日军遭到了重创。

没过多久，第九战区终于接到了与日军主力在长沙附近决战的命令。

27日至30日，日军主力向捞刀河北岸推进。这一次第九战区指挥部洞悉了他们的作战策略，派出部队埋伏在长沙以北的永安市、金井、上杉市、青山市、桥头驿一带，等待着孤军深入的日军。遭到阻击、伏击的日军不得不停止进攻，收缩战线。这一战况使得冈村宁次顿时拍桌子吼道："都是一群饭桶，鄂南线的部队呢？难道三个战场都没有进展吗？"

全线阻击：第一次长沙会战结束

实际上，负责将鄂南战线往前推进的日军第33师团，此时正被中国军队拖住，陷入了苦战。从9月22日开始，中国第15集团军的第79军就遭受到了这支部队的攻击，由于抵挡不住，第二天就失去了麦市、桃树港一带的阵地，眼睁睁地看着这支日军向汨罗江上游开进。

"日本人整齐的步伐还真是令人肝颤啊！不过，我们马上就会知道，中国军人不是吃素长大的！"第27集团军的长官高声呼喊着，带领着部队抵达麦市附近的阵地。这时，第15集团军第79军也到达了这一线，两支部队合力，分别占据有利地形，对行进中的日军展开了阻击。

纷飞的战火在士兵们的头顶上形成了绚烂的光圈，却在坠落地面的那一刻带来了地狱的阴森气息，滚滚的黑烟散去，露出了一具具不完整的尸身，那些张大的嘴巴似乎还在高喊着杀死敌人的口号。

不过这一次，这些尸体中的日本人居多，他们也许从未想过，自己死后会和中国军人一同掩埋在黄土之下。由于中国军队的顽强抵抗，日本军队在鄂南战线上也没有捞到任何便宜。

不久，薛岳就听到了冈村宁次将鄂南地区的日军全线压上的战报。

到了29日，在司令官的鞭策下日军再次往前推进，经过激战，攻占了南楼岭、平江，进抵朱溪厂、龙门厂、长寿街一带。听闻此消息的中国司令部觉得不可再后退了，必须反击，于是即刻派出两支集团军中的一部分力量攻入献钟、南楼岭、桃树港，对日军展开夹攻，其主力部队开往朱溪厂、龙门厂，对那里的日军展开追击。

10月初，国民党军队在大力猛攻下收复了龙门厂、长寿街、桃树港、麦市、献钟、嘉义、安定桥、长乐街、新市、汨罗等地。不久，日军在中国军队的强大反攻下全线撤退，那支曾渡过新墙河的上村支队遭到中国第54军新编第23师的袭击，被逼撤退，仓皇地消失在了洞庭湖的湖面上。

　　当月9日，中国军队展开全线追击，不断逼退日军，成功收复了平江、南江桥等城镇。在军事上占有优势的日军，至此失去了占领长沙的可能。中国军队第九战区打破了他们的计划，逼迫日军于13日终止了此次战斗。

　　第一次长沙会战，以中国军队付出惨痛伤亡击退日军而胜利告终。

湘北决战：对峙新墙河

　　此战后，薛岳在进行战后总结时不安地说道："冈村宁次这个人不会轻易认输的，说不定还会找机会卷土重来，我们不能掉以轻心，仍然要密切注意日军的动向。电令情报部门加强对日军所在区域的渗透工作！"薛岳的担忧不是没有道理的。

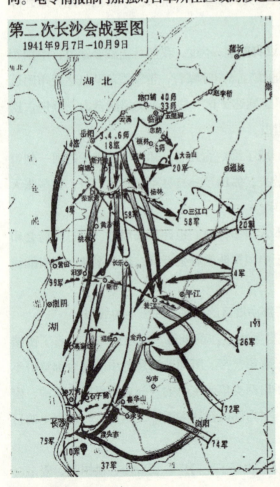

★第二次长沙会战示意图

因为冈村宁次确实没有对长沙死心，时隔一年，他制订了更加周详的作战计划，准备再次攻打长沙。

　　1941年9月初，洞庭湖上微风习习，却蔓延着一股硝烟的刺鼻味道。距离这里不远的岳阳正围积着大批日军，为了报仇雪恨，此次日军在岳阳以南地区集结了总兵力达12万余人的师团。冈村宁次将战车第13联队、野战重炮第14联队也调集了过来，还拉来了独立野战重炮第15联队第一大队及部分工兵加入了大部队。另外，日军空军和海军部队也正整装待发，等待着命令。这一次冈村宁次派出了个子矮小的司令官阿南惟几指挥战斗，这位阿南将军面色严肃地骑上战马，带领部队如潮水般向长沙扑来。

这个消息及时地传到了中国第九战区司令部，正在研究地图的薛岳深抿嘴唇，点了点地图上的几个地方，朗声道："我的作战部署如下：命令第三、第五、第六战区攻击日军两翼，牵制日军兵力调动，第九战区主力部队对日军实施正面迎击，突破其阵线，使其分散，在新墙河、汨罗江、捞刀河三线阵地发动阻击，引诱日军主力深入至长沙东北地区，然后全线反攻对其进行围歼！"命令一下，第九战区参加会战的部队共计40个师，共50余万人瞬时行动起来，开赴前线阵地，将遮天蔽日的尘土甩在了身后。

9月7日，湘北大云山的中国守军遭受到日军第六师团的猛烈炮轰，一瞬间，中国第四军的阵地被炸得片瓦无存，在飞机轰炸的掩护下日军步步逼近，中国军队逐渐抵挡不住往后撤退。

"一定要夺回大云山，那是长沙的门户，怎么能失守呢？"听闻消息的薛岳大怒，即刻命令中国第58军开赴大云山。经过一场血战，中国军队终于于三日后夺回了大云山。

在大云山受挫的日军没有停止进攻的意思，因为此刻的阿南惟几有了一个恶毒的主意。他给部队下达了这样的命令：各部师团继续向战场纵深推进，但别忘记了，让我们的毒气部队也一同前往。听到命令的部下愣了愣，但随即开始往各个师部发电。

18日清晨，粤汉铁路沿线被一支冗长的日本军队占领了。与此同时，中国军队发现日军第14混成旅团正在往洞庭湖南岸移动；日军第三、第六、第40师团则赶到了新墙河一带，强渡新墙河成功，迅速抵达了汨罗江北岸。

★ 正与日寇激战的中国军队

★奔赴前线的中国士兵

"汨罗江一失，长沙门户将洞开啊！"接到战报的薛岳眼前一黑，即刻电令第九战区各部提前进行全线反击。21日至23日，中国守军在洪桥、关王桥、洪源洞、神鼎山、密岩山、班召庙、瓮江、蒲塘、安沙地区与日军展开激战。但是就像是被日军收入一张大网中似的，军队处处受阻，整营整营的士兵冲上去，都被日军的火力击溃，躺倒在一片血泊之中。被炸飞的残肢飞上天空，掉落在泥泞的战场上，渐渐失去血色。遭受到日军毒气部队的士兵更是命运悲惨，他们死死掐住自己的喉咙，在地上来回翻滚，神志不清，忍受着五脏六腑剧烈的疼痛，皮肤迅速溃烂，呼吸越来越困难，然后在挣扎中咽下最后一口气。

原来，在发动反攻之前，日军情报部门破译了第九战区作战命令的电报，于是放弃了原作战计划，命令部分师团挺进捞刀河以北地区，对从东面侧击日军的中国军队展开围歼。

薛岳没有想到，自己派出的部队居然全线溃退，死伤惨重。即使下死命令，他也阻止不了中国军队的溃败了，自25日夜晚开始，国民党军队全线被迫向南撤退。27日下午，日军第四师团一部成功强渡浏阳河，于傍晚杀进了长沙城东南角，第二日日军主力如汹涌的洪水一般涌入了长沙。至此，长沙失守。

这个令人震惊的消息让蒋介石脸色煞白，他连夜责令薛岳带领第九战区部队转移攻势，并从各方调集增援部队陆续赶至长沙，包围了捞刀河、浏阳河一带的日军，并且不惜一切代价迅速切断日军与后方的联络线。随即，国民党第三、第五、第六战区部队一起从正面攻打长沙。由于补给困难且腹背受敌，阿南惟几的部队终于在10月1日傍晚撤出长沙。

次日，中国军队将日军逼退至新墙河，双方展开对峙。

激战长沙：在日本人的伤口上撒盐

1941年12月初，中国军队发现了华中方向日军的异动，这支日军正在安庆、信阳、宜昌、岳州、南昌之间地区频繁行动，似乎在谋划什么大的行动。由于此时英军正在香港与日军展开激战，为了配合英军的作战部署，中国国民政府军事委员会命令各战区对正面战线的日军发动进攻，牵制住这批敌人。不久日军也发现了中国军队的动向，联想到香港战场，他们立即向汨罗江方面派兵，试图阻拦中国军队南下。

但薛岳不认为日军的战略目标只是阻止他们南下而已，他指着地图分析道："我认为日军最终的目标仍然是长沙。因为长沙正好在武汉三镇与香港的交会点上，一旦他们攻占了长沙，往东可稳拿"九省通衢"的武汉，往南可以策应香港的部队。他们一定不会放过长沙！既然如此，我们作好准备等着日本人！"

没过多久，日军渡过新墙河迅速进至汨罗江北岸，随后渡过汨罗江继续南下。日军第三师团主力部队昼夜兼程渡过了捞刀河，靠近长沙东南郊；与此同时，日军第40师团攻入金井一带；第九旅团则抵达岳阳，向关王桥急行军。一切情况表明，日军的目标依然是长沙。但是这一次，中国军队不会再让日军好来好去了，长沙附近已经部署了大量兵力，就等着日军钻进来。

12月30日晚间，薛岳向蒋介石报告说："我军已按照既定计划部署，定能围歼此敌。"蒋介石思虑片刻，电令薛岳："日军可能有沿铁道线逐步推进攻占长沙的企图，为了防范日军牵制我军主力，而后围攻长沙，我们不要过早使用第二线

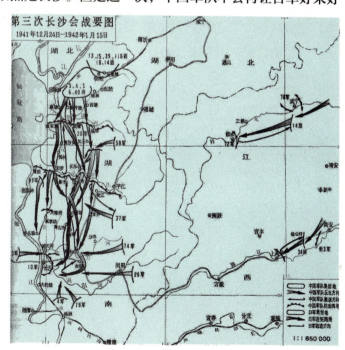

★第三次长沙会战示意图

兵团。让第二线兵团在离战场较远地区保持有利态势，伺机而动，掌握占据主动性，争取对日军实施围攻。"接到电令的薛岳不禁为蒋介石的深谋远虑感到惊叹。就在这天深夜，日军第三师团一路狂奔，终于即将接近长沙城，但是在他们面前的是因大雨而暴涨的汨罗江，他们着急地在岸边踩脚，也无计可施，只能等到12个小时之后才可以开始渡江。就在这支部队看着大水发愁的时候，薛岳对中国守军第十军的部署作了调整，修补了长沙防御上最薄弱的一环，整个战线十分坚固。

1942年1月1日清晨，日军第三师团全部渡过浏阳河，一路狂轰滥炸，将中国军队逼退至军储库、邹家山一带。可就在这一天，日军进攻白沙岭的加藤大队被以逸待劳的中国守军全歼，血淋淋的战场上满是日军尸体，他们的帽子被炸飞，步枪被烧毁，拥挤在被炮火熏黑的山坡上。得胜的中国士兵穿梭在这些颓败的尸体之间，突然在一个日本军官的旁边停了下来。那正是加藤的尸体，他身上携带着日军出动以来的各种计划和命令等文件，包括弹药缺乏这一重要情报。随后这些东西都被送到了薛岳那里。精神振奋的薛岳第二天就下令展开反攻。日军师团全面溃退，死伤惨重。此时日军全部兵力都被推上前线，但已无力再组织有效的抵抗了。

经过几日激战，薛岳命令第四军先头部队在日军步兵第68联队背后修筑阵地，与此同时，第79军向日军第三师团发起进攻。由此，中国军队全线出击，将粮弹将尽的日军包围起来，痛打落水狗，以压倒性胜利结束了第三次长沙会战。

THE CLASSIC WARS

会战

周密筹划的巅峰对决

262

保住了中国的"大粮仓"

经过三次长沙会战，中国军队总算守住了中国的"大粮仓"。

从古至今，有鱼米之乡称号的湖南就是中国著名的谷仓。抗战时期，湖南更是成为了国民政府粮食、兵员及工业资源的重要供给基地，在华中地区具有重要的战略地位。三次长沙会战中，第九战区司令部设置在长沙，凭借着湘北新墙河一线阵地与日军展开多次周旋及对峙。长沙还是粤汉铁路的交通枢纽，尤其是武汉、南昌失守后，长沙的战略地位上升到一个特别突出的位置，它是中国的战略大后方，大西南的门户，一旦被日军夺走后果不堪设想。由此可见，守卫住长沙意义重大。

这一次的胜仗不仅鼓舞了中国军队的士气，也令当时在与德国交战中惨败的美、英军队感受到了一抹阳光。长沙大捷驱散了同盟国上空的惨淡乌云，让整个同盟国都沉浸在了欢愉的气氛当中。中国也因此一战，得到了从未有过的尊重！

当时，英国首相丘吉尔听闻消息后立即发表演说，说道："你们如果回忆一下日本军队当初入侵中国土地时的良好形势，就会知道中国抵抗敌人长达五年，如今还能给予敌人如此痛击，是件多么不可思议的事情。"

原本不同意中国加入联合国的罗斯福总统也感叹道："中国军队的英勇抵抗，如今已经赢得美国和一切热爱自由民族的最高赞誉。合众国国会将鼎力帮助中国政府和人民抵御日本军队。"

除此之外，国际社会也发出了对中国军队有利的舆论声音，各国报纸的评论都大力赞美了中国军队的胜利。《泰晤士报》社论说道："12月7日以来，同盟国唯一一次决定性之胜利，就是中国军队的长沙大捷。"而对于蒋介石来说，此次会战的最大收获莫过于得到了英美军火的大力援助，足见这次战役的胜利使中国提高了在国际上的政治地位并掌握了部分话语权。

★ 沙场点兵 ★

人物：薛岳

抗日名将国民党将领薛岳，字伯陵，广东韶关市乐昌县人，陆军一级上将。他原名薛仰岳，因为在抗日战争时期战绩辉煌，有抗日"战神"之称。1933年5月，薛岳参与围剿红军，担任第五军军长，从此平步青云，深得蒋介石的器重和信任。

1937年抗日战争爆发，9月，薛岳参加了淞沪会战。从那时起，薛岳放下两党间的宿怨，全身心地投入到抗日战争中去，立下了赫赫战功。抗日战争期间，他还参加了武汉会战、徐州会战，更因三次指挥长沙会战而声名远播。

他带领国民党军消灭了大量日军，战术精湛，后来还获得了美国总统杜鲁门所授的自由勋章。从抗战爆发到抗战胜利，薛岳功勋累累，素以能战、苦战、善战著称，其在抗日时期表现出来的勇气与智慧为后人所称道。

武器：战斗机

飞机轰炸是日本军方惯用的战前战术，在三次长沙会战中，日军都投入了大量的战斗机，对中国军队的阵地实施轰炸，并且所派出的战斗机数量一次比一次多。

这些日军战斗机不仅在两军开战之前对中方阵地展开火力攻势，还在战争进行当中配合步兵进行火力攻击，用火力掩护步兵往前推进。战斗机成为了日军的常规武器，几乎随时都会出现，令人防不胜防。

第二次世界大战时期，包括此战在内，日军先后投入了200多个型号的飞机，品种繁多，各有所长，其中很多型号都是经典之作。

在抗日战争爆发初期，日本的96式4号舰上战斗机经常出现在中国。在此战中，国军飞行员利用此种日军战斗机的弱点，凭借其超常的飞行技能，采取高速战斗机与慢速双翼机搭配的战术对其展开攻击。空战中，国军的慢速双翼机承担着纠缠96式4号舰上战斗机的任务，这时高速战斗机便对其伺机偷袭，往往能够顺利将它击落。

战术：合围

无论是战略上的合围还是战术上的合围，都需要进攻一方能先于敌人掌握战场的主动权，洞悉或者预料到敌人的行动方向和攻击目标，派出主力部队引诱敌人深入，同时派出优势兵力迂回至敌人的侧翼或者后方展开攻击，最终形成合围态势，将敌军歼灭在包围圈内。

在三次长沙会战中，日军或者中国军队都在不同时机使用过合围战术。第二次长沙会战中，国民党军队能将日军逼出长沙，很大程度上得益于合围战术使用得当，从外线切断了长沙城内日军和外部部队的联系和运输道路，调集各大兵团展开包围，让日军不得不撤退，以免成为瓮中之鳖。

而第三次长沙会战后期，薛岳掌握了日军的行动计划，布好了一张大网等待着日军钻入，结合各个兵团的优势兵力前后合围，最终取得了胜利。

周密筹划的巅峰对决

THE CLASSIC WARS

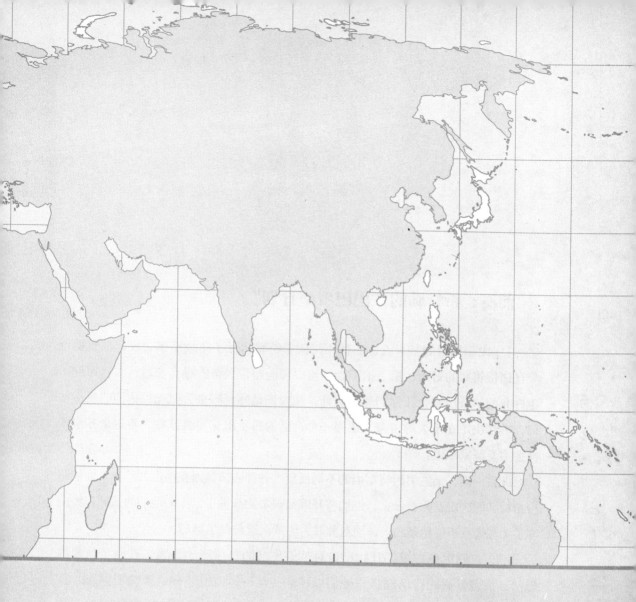

第十七章

基辅会战
——慢慢合拢的包围圈

    ▲ 1940 年中期,《苏德互不侵犯条约》在苏联与德国各自扩张的行动下变得形同虚设,希特勒为了解决苏联这个心腹大患,决心发动一场以消灭俄国为最终目的的大战。当德国大军跨过苏联边境后,他们在 1941 年 9 月对基辅的苏军实施了包围。第二次世界大战中最大的一次包围战——基辅会战就此爆发。最终基辅陷落,使得德军在战略上获得了一次巨大成功。

前奏：希特勒的"巴巴罗萨计划"

1940年7月的某一天，心情不错的希特勒召开了高级军事会议，他沉稳地坐在诸位将军的对面，抬了抬手指，用缓慢而略带兴奋的嗓音说道："将军们，也许我的这一决定会让你们感到意外，又或许是感到振奋，但无论你们的反应如何，我都决定在不久的将来，选择一个合适的日子出兵突袭苏联，将这个苏维埃社会主义国家摧毁！"

此言一出，果然引起将军们的不同反应，各种表情显露在他们的脸上。他们明白希特勒的决定意味着什么，他们将开辟最艰难的战场了，因为他们的领袖已经抛弃了《苏德互不侵犯条约》，把对苏联人的承诺遗忘在了脑后。

不久，德军总参谋部开始制订对苏联作战的具体行动方案。按照希特勒的想法，突袭苏联的行动应当与他们以往的任何一场战役一样，要快要狠，并且最好在冬季之前结束战斗。这个名为"巴巴罗萨计划"的军事计划在12月底被送到了希特勒的手中。希特勒看到了令他极为满意的作战部署：进入苏联的军队应当争取在一个半月到两个月的时间内打垮苏联；突袭苏联西部各军区的部队，切断其退往内地的后路；派出坦克部队和精良的空军队伍，配合步兵的行动，分为三路向苏联腹地进攻，最终占领莫斯科、列宁格勒和顿巴斯。

"当巴巴罗萨计划开始实施时，全世界将大惊失色！"希特勒满怀自信地喊出了声。在看到这个计划的当天，他命令部下可以放出那个事先准备好的烟雾弹了。

一个足以迷惑苏联的、不让苏联人察觉他们正在调兵的"海狮计划"烟雾弹，在欧洲上空发射了出去。这个早就被放弃了的计划还是1940年德国针对英国制订的，行动的目标正是英国。那段时期，德国国内的所有舆论攻击的苗头都指向了英国，不再涉及苏联，更停止了往常那种对苏联的诋毁。希特勒授意德国

★德国的机械化部队进入苏联

驻苏联外交官，频繁接触苏联高级官员，将德国往东部调兵准备进攻英国的消息透露给他们。苏联人吸进了烟雾弹的浓烟，丝毫没有觉察到希特勒的诡计。

实际上，此时的德国正在往苏联边境调兵，直到1941年6月中旬，德国东部同苏联的边境上已经有190个师集结在一起，共约500余万人的德军整装待发，他们身后跟着3 800多辆坦克和50 000门大炮，还有5 100多架飞机等着支援他们的进攻。

军容严谨的德军迈着整齐的步子向苏联边境进发了，当他们的一只脚已经踏上了苏联的土地时，苏联西部边境各军部队正在照常进行野营训练，只留有个别连队在前沿阵地上值班。

1941年6月22日，希特勒不宣而战。他派出北方、中央、南方三个集团军越过边境线，对苏联发起突然袭击：北方集团军的目标是列宁格勒，中央集团军的目标是莫斯科，南方集团军的目标是基辅和高加索油田。

突然听到德军飞机滑过天际的苏军慌忙地聚集在一起，将德军来袭的消息层层上报，但是还未等到上级下达阻击命令，他们就被德军飞机的猛烈扫射逼得四处奔逃。慌不择路的苏联士兵们躲避不了飞机上投下的炸弹，一个接着一个倒在了血泊中。不过半天，停在机场的1 200多架苏联飞机被炸毁；一个月内凶猛如虎的德军就吃掉了苏联边境的30多个师，逼得他们不断后退。"巴巴罗萨计划"似乎已经开始大发神威。

掉头南下：攻取乌克兰

希特勒突然进攻苏联的消息令斯大林大为光火。作为一个具有魄力却急脾气的领导人，他在看到边境地区一系列战斗失利的情况后，急切地召开军事会议，

制订迎战方案，分析德军接下来的进攻方向。和斯大林的意见一样，苏军最高统帅部的其他将军都认为，德军进攻的主要方向会是西南方向，一致决定将苏军大部分兵力部署在乌克兰。

西南方面军总司令苏联元帅布琼尼带领着总共6个集团军、69个步兵师、11个骑兵师和28个装甲旅的兵力，按照计划，慢慢从西乌克兰退却。他们占据了乌克兰的有利地形，开始构筑起防御工事，等待着德军的到来。

此时，德国中央集团军的进军十分顺利。7月16日，古德里安带领着第二装甲兵团一路上没有遭遇太大抵抗，顺利攻占了斯摩棱斯克，获得胜利的官兵们情绪高昂，挥舞着武器准备即刻杀向莫斯科。这支部队休整了几日，就在古德里安下达攻打莫斯科命令的前一刻，希特勒的指令到了，他命令古德里安兵团立刻往南方前进，与南方集团军会合，开赴基辅，包围那里的苏军一举歼灭之。古德里安郁闷地皱起眉头，不太情愿地朝莫斯科的方向望了一眼，策马离开。

由此可见希特勒的想法是谨慎的，也是和常人不太一样的，他始终认为乌克兰和列宁格勒要比莫斯科的战略地位更加重要，于是不顾将军们的再三劝说，决定攻打乌克兰的首府基辅。他的策略是夺取基辅，夺取第聂伯河的登陆场，阻止苏军西南方面军主力向第聂伯河对岸退却，在杰斯纳河与第聂伯河的交汇处的S形地区中，围歼布琼尼率领的苏联西南集团军。

★行进在苏联境内的德国士兵

面对着德军的10个坦克师和摩托化师，以及超过自己一倍的步兵、火炮和迫击炮，苏联士兵们的脸颊一片寒凉。但是，斯大林告诉他们不可以退却，于是他们坚强地站在自己的阵线上。

德军南方集团军开始进攻了，黑压压的坦克兵团作为第一梯队向前推进，如一道道可移动的钢铁城墙朝苏军逼近。炮火在苏军的阵地上炸开了花，一朵朵鲜艳而嗜血的花，将死亡的气息带到了苏军的脚下。苏联士兵接连不断地倒在了坦克附近，手中的枪被炸飞了出去，弯曲地冒着黑烟。没过多久，苏军在新米罗波尔以北的防御被德国人突破了，这批德军在傍晚又攻下了别尔季切夫。隔天，他们又把战线推进到了日托米尔。

紧接着，德军坦克第一集团军群先遣部队不断往前推进，到达了基辅以西的伊尔片河。他们眼前正是苏军在基辅构筑的防御工事，在这里，苏联军队发起了猛烈的火力攻势，阻挡着坦克的逼近。这些坦克能顺利地开进基辅吗？

挺进后方：稍纵即逝的战机

德军从正面突击和侧翼突击的消息，令斯大林的额头多出了一条皱纹。他找来了朱可夫商量对策，却不料这位苏军总参谋长的神情比自己的还要深沉。

"说说看，你认为我们要调集多少师团的兵力才能解救基辅之困？"斯大林发话道。

朱可夫沉默了半天，抬起了布满血丝的眼睛，缓缓说道："希特勒这一次的作战部署很周密，我劝您，不如放弃基辅，将西南方面军撤到第聂伯河对岸吧。"

"什么？"斯大林顿时瞪大了眼睛，"你居然要我撤退？"

"恕我直言，基辅恐怕是守不住了，如果现在不撤出军队，很可能被德军合围，到时莫斯科就危险了！"朱可夫继续坚持道。

"这一仗才刚刚开始，你作为总参谋长却在这里动摇军心？行了，你不用说了，我不会同意的。"斯大林断然拒绝，并且立刻解除了朱可夫的总参谋长职务，降了他的职，让他担任预备队方面军司令员。

前线的战火燃烧的速度很快，苏军西南方面军在几天之内就被德军割裂，成为了几个孤立集团，无法相互呼应支援。面对这种情况，斯大林立即命令基辅的苏军西南方面军右翼的第五集团军，在科罗斯阵地战斗坚守，对直接进攻基辅的德军集团侧翼的10个师实施反突击。

★战斗中的苏联军队

苏联士兵们占据着优势地形，对德军发起炮轰，用迫击炮和机枪的火力压制德军的进攻，在德军阵地被轰炸到泥土横飞之后，掩护步兵冲锋，突入德军阵营。阵地前，两军的步兵端起步枪瞄准射击，一队队地奋力往前冲，倒在前面的尸体成为了后面同伴的掩体。苏联士兵大举压上，给德军造成了重创。

为了巩固基辅防线，该集团军在8月下旬接到命令退至基辅以北新的防御地区；同时，苏军第6、第12集团军及第18集团军一部共20个师在基辅西南方面军左翼对抗德军的攻击，展开了一场苦战。看到战况胶着的德军司令部制订了新的作战计划，决定在8月3日同时调动两翼兵力，在乌曼地域张开一个口袋，突袭苏联第五集团军，形成合围态势。

被战火迷了眼睛的苏联士兵沿着德军两翼的行动轨迹追击，结果钻入了"乌曼口袋"，遭到了德军猛烈的炮火轰击。五天后，10万多苏军被德军俘虏，还有317辆坦克、858门火炮被德军缴获。

基辅门前的战火越烧越大，中央战线和两翼阵地的情况都不容乐观。不久之后，德军将战线推进至基辅近郊的茹利亚内和梅舍洛夫卡，外层的战线岌岌可危，让城内驻守的苏军急成了热锅上的蚂蚁。见此情景的基辅民众纷纷自愿参军，积极响应苏联政府的号召，参加战斗保卫城市。一个多月内，有20万基辅市民加入了苏军，为苏联守军补充了力量。

在苏军的顽强抵抗下，德军南方集团军左翼的进攻停滞不前。为了突破僵局，德军将第二集团军和坦克第二集团军群调了过来。古德里安大展身手的时候到了！

9月初的一天，杰斯纳河面上传来了坦克履带碾过地面的声响，这是古德里安属下的第24装甲军正在渡河，一辆辆威武的坦克在阳光下熠熠生辉，反射着冰寒的光芒。黄昏时分，当娇柔的夕阳映照在古德里安古铜色的脸庞上时，他接到了第24装甲军军长盖尔的报告："我在巴杜林与科诺托普之间，发现有一处苏军的防御工事很薄弱，而且守军也不多，判断这是极好的战机！于是命令第三装甲师从那里突破，现在正向苏联后方的罗姆尼开进。"

"太好了！"古德里安扬起了嘴角，对盖尔进行了表扬。

他立即上马，策马扬鞭，奔赴前线，命令第三装甲师不顾一切地向敌后实施大胆的穿插战术，突入苏军的阵地之间，展开攻击。不负众望的第三装甲师在当天晚上就占领了罗姆尼。紧接着，古德里安命令第三装甲师开往罗齐维特沙，穿过俄罗斯特有的泥泞土地，迅速占领了该镇北部苏拉河上的桥梁。

与此同时，其他的几支德国装甲兵团也冒着恶劣的天气跟随大部队前进，将战线不断往前推进。

基辅危矣！

难脱困境：危急时刻的布琼尼大军

每日接到部队被逼后撤战报的苏军西南战区司令布琼尼，不安地在指挥部内来回踱步，心情焦虑。他闻到了危险的气息，全身上下都感到冰凉，心中的担忧不断扩大。正如朱可夫所预料的，目前基辅的状况相当糟糕，再不撤退只怕就来不及了。

他鼓足勇气在9月11日向斯大林发出急电："西南方面军请求，从基辅河曲向东撤退！以保存实力，守卫通往莫斯科的道路！"

斯大林愤怒地扔掉电报，怒吼道："又是个要求撤退的，布琼尼难道也被德军的坦克吓破了胆吗？"与当初朱可夫遭遇的情形一样，斯大林严词拒绝了布琼尼撤退的请求，并在两日后以布琼尼消极避战不能胜任西南战区司令员为由，撤销了他的职务。

★基辅会战中的苏军坦克

★由于苏联统帅部的指挥失误，基辅会战之初苏军数十万人被俘。

之后，西方方面军司令铁木辛哥元帅接替了布琼尼的职务，命令部队死守，不要存有任何撤退的想法。

然而战况实在太过激烈，在德军坦克的面前，一切的火力网都显得脆弱不堪，如蜘蛛网般被不断戳破。为保存苏军有生力量，西南方面军司令员基尔波诺斯忧心忡忡，他经过深思熟虑后作出了一个大胆的决定。即使有可能在战后被送上军事法庭，他毅然私自命令部队全线后撤，但这一举动很快就被苏军最高统帅部发现了，转眼撤退的军队又被下令回到阵地，并要求严防死守，并且要积极地对德军发起反攻。苏军最后一次逃出包围圈的机会，就这样被扼杀了。几天之后，阵地上的苏军惊恐地看到成片的坦克向他们逼近，犹如从地狱中走来的怪兽，朝他们张开了血盆大口。自9月15日起，德军坦克第二、第一集团军群在洛赫维察地域会合，与其余各大集团军连成一片。

苏军西南方面军四个集团军，陷入了德军合围的口袋。苏联士兵们发出了凄厉的嘶吼！曾经想要撤退的布琼尼大军此刻固守在阵地中，他们已经用完了燃料和弹药，但在此时，他们表现出了军人最为英勇坚强的一面：面对德军的炮火和刺刀毫不退缩，纷纷端起了刺刀，面无惧色地向德军的坦克冲去，高喊着要击败德国人的口号。他们身边落满了天上掉落的炮弹和炸弹，同伴们残缺不全的尸体堆积在脚下阻碍着前进，眼前是德军成排的大炮和机枪。

阵地上的高音喇叭还在呜呜作响，播放着斯大林激动人心的讲话。明知道这样冲上去就是一死，突围无望，他们仍然奋勇前进，为了保卫祖国和红军战士的尊严发出最后一击。

面色坚毅的苏联勇士们，一个接着一个倒在了德军坦克的炮击、扫射和碾压下，大部分人都难逃一死。

大获全胜：消除南翼的威胁

斯大林想起了朱可夫当初的那番话，后悔不已，他握着接到的前线战报，陷入了沉默。苏军的损失看来已经不可避免了，现如今他要思考的就是如何在失去基辅之后，守卫好那些能让德国坦克开往莫斯科的捷径和大道。

9月17日，苏军总参谋长沙波什尼科夫命令苏军部队向东撤退。然而，已经太晚了，被合围的西南方面军在口袋中拼死挣扎，主力部队却始终无法顺利突围。两天后，基辅落入了德国人手中。

西南方面军此时已经被四周的德军炮火打得七零八落，想要集中兵力进行一次反攻突围，也显得力不从心。在包围圈内，各自发起反攻的部队一批批地向德国人的炮口和机枪扑去，士兵们只能借助牺牲了的同伴们的尸体在德军阵线上不断地撕裂缺口。他们的军服早已破烂不堪，手中的步枪由于握的时间太长而渐渐发烫，弹匣里的子弹已经不多，刺刀的刀刃因为多次贯穿敌人的身体而变钝，无法继续再完成杀敌的使命。

经过两天多的血战，只有部分军队约15万官兵冲出德军包围圈，向东撤退。苏军第5、第21、第37、第26集团军大部，第40、第38集团军部分军队战至了最后一刻，被德军全歼。到了9月26日，死伤惨重的苏军西南方面军消失在了人们的视线里。

经此一战，苏联方面有约884辆坦克、3 178门火炮、3 500辆车辆被德军击毁或是缴获，遭受到了德国入侵以来的最大打击。这次，苏军对于德军两翼战线的威胁被瞬间削弱。这将是苏联战争史的一次深刻教训。

战典回响

成功的包围战

每个将领都有着自己擅长的作战战术，即使退守，坚守战术也算得上是能保留名誉的最后一招，从来没有人愿意被敌军"包了饺子"。一旦被合围，想要突围就必须付出巨大的伤亡代价，战后的伤亡数字将成为统帅心头的一根刺，再也拔不出来。这根刺就扎在了斯大林的心口上。

不论他是否愿意承认，基辅会战，是战争史上规模最大的一次围歼战。苏联军队和德国集团军在基辅战场交战了两个半月以上，不仅丢掉了基辅还损失惨重，遭到了德军的合围。这是苏联军队的耻辱，也是斯大林的耻辱。不止一位高级将领提醒他，应当在德军实施包围之前将主力部队撤出，但是斯大林都没能听进去。

这场战斗的战线长达300余千米，纵深约600千米，战火蔓延到了基辅附近的大片领土。自德军发动对基辅守军的攻势开始直到战役结束，苏军一共死伤了约70万人，另有60余万人被俘，足见战争规模之大，代价之惨痛。与灰头土脸的苏联相比，德军战绩辉煌，他们一共击毁及缴获了苏军约884辆坦克、3 178门火炮、3 500辆车辆，付出了大约10万余人的死伤代价。能获得如此战果与德军的战略方针实施得当有关，从一开始希特勒就为成功实现围歼基辅守军作好了准备，他调集来了最优秀的装甲部队，命令飞机和大炮作为火力支援，让集团军对苏联实行了分割，其后坦克部队在敌后进行了穿插和突袭，大大破坏了苏军的整体布防和战线。这些都为最后德军实行围攻提供了有利条件，从而成就了一个漂亮的围歼态势。

俄罗斯的冬天已经不远

德军在基辅会战的胜利，使其获得了富饶的乌克兰和顿涅茨盆地，并且削弱了苏军对于其南翼战线的威胁。这一形势上的有利变化，能够使德军接下来进攻莫斯科的行动变得更加顺利。

对此，英国军事理论家利德尔·哈特曾这样评价道："就基辅包围战本身而论，实在可以算是一次极大的成功。对德军而言，也可算是一个空前的杰作。从战略方面来说，似乎也有很充分的理由。先使南翼不受到敌人反攻的威胁，然后再来进攻莫斯科。此外，由于苏军数量庞大，但却比较缺乏机动性，所以这种战略更显得有利。"德军唯一的弱点就是没有估算好正面进攻的时间，尤其是对于冬季作战没有作好充分的准备，他们还没有经历过俄罗斯的冬天。德军的进攻态势，其实并不如看起来那样有力。

在希特勒为攻占基辅感到喜悦的同时，斯大林正在苦思着如何进行新一轮的防御。失去基辅令他的头发又白了不少，但是有不少将领这样劝慰他："虽然基辅丢掉了，但西南方面军持久而顽强的战斗拖延了德军的进攻时间，这一战在一定程度上打破了德军的"闪电战"计划，德军使用主力部队推进正面战线，逼近莫斯科方向的进攻无疑得到了延迟。我们现在不正好有机会进行战略防御，保护好莫斯科吗？"

于是，苏军统帅部立刻展开部署，往莫斯科方向调集庞大的战略预备队，这段时间的行动对莫斯科会战的胜利具有决定性的意义。就在希特勒推进正面阵线的军事行动开始后，俄罗斯的冬天也越来越近了。

★沙场点兵★

👤 人物：古德里安

　　海因茨·威廉·古德里安是著名陆军战术"闪电战"的创始人，他与曼施坦因、隆美尔并称为第二次世界大战期间纳粹德国的三大名将。青年时代，他就读于柏林军官学校，此后加入了他父亲的指挥部队。古德里安是个具有丰富创造和想象力的军人，他热衷于研究战术、技术和兵器，并敢于在公开场合提出自己的新观点。渐渐地他得到赏识，于1931年出任摩托化部队总监部的参谋长。到了1935年，参与组建装甲师，任师长。他在吸收了第一次世界大战战术方面的经验教训后，提出了以机械化部队为主体，各兵种密切协同作战的战术思想。这种思想与希特勒信奉的机动、攻击、迅速的"闪击战"理论一拍即合，随后便运用在实战中。

　　1939年，古德里安带领着拥有一个装甲师和两个摩托化步兵师的第19军，在闪击波兰的战役中出色地完成了任务。1941年6月，德国发动侵苏战争，战争初期，古德里安带领军队节节获胜，但随着寒冬的来临，他遭受到了苏军的英勇抵抗，后来由于战略目标分散等各种原因，这场战争以失败告终。由此，他的战略理论遭到了质疑。

⚙ 武器：装甲车

　　在此战中，古德里安率领着自己的装甲部队成功实施了穿插战术，给苏军造成了不小的打击。基辅会战能够成功，德军的装甲车无疑功不可没，成为了攻破苏军的最有效武器。

　　装甲车是坦克、步兵战车、装甲人员输送车、装甲侦察车、装甲工程保障车辆及各种带装甲的警用车辆的统称。它具有装甲防护，分为履带式和轮式两种。由于其具有高度的越野机动性能、一定的防护能力和火力，它在问世初期就受到了广泛应用。初期的装甲车通常会装备一至两门中小口径火炮及数挺机枪。

　　第一辆轮式装甲车是于1855年，由英国J.科恩在蒸汽拖拉机的底盘上安装机枪和装甲所制成的。直到1900年，英国人才把装甲车投入到实战——英布战争中。随着机械技术的发展，第一次世界大战末期，履带式和轮式装甲输送车在英国被首先研制出来。第二次世界大战爆发后，德军开始大量制造装甲车，使用装甲输送车提高步兵的机动作战能力，比如此战中的装甲车就拥有很好的机动性，为穿插战术的实现提供了可能性。后来由于战争的需要，德军还研制出了防御性能和火力攻击力更强大的装甲车。

🧭 战术：穿插

　　穿插战术是进攻一方作战时的重要手段，此战术就是将优势兵力插入敌人部署的间隙或薄弱部位，深入纵深或后方，从而攻占敌军纵深内的要点，分割敌军兵力，再对敌军部队逐一歼灭。

实施此战术的关键在于选择正确的穿插路线，与正面部队协同配合，隐蔽穿插。在此次战役中，德军的第三装甲师正是准确插入了苏军的薄弱部位，深入其后方攻占要点，为正面军队的作战提供了有力的支援。然而此战术在执行过程中容易腹背受敌，如果不了解敌人纵深的地形或是行动不够灵活，很可能被敌人包围。不过因为有了古德里安这样优秀的指挥官的指挥，德军第三装甲师将此次穿插战术实施得非常出色。

周密筹划的巅峰对决
THE CLASSIC WARS

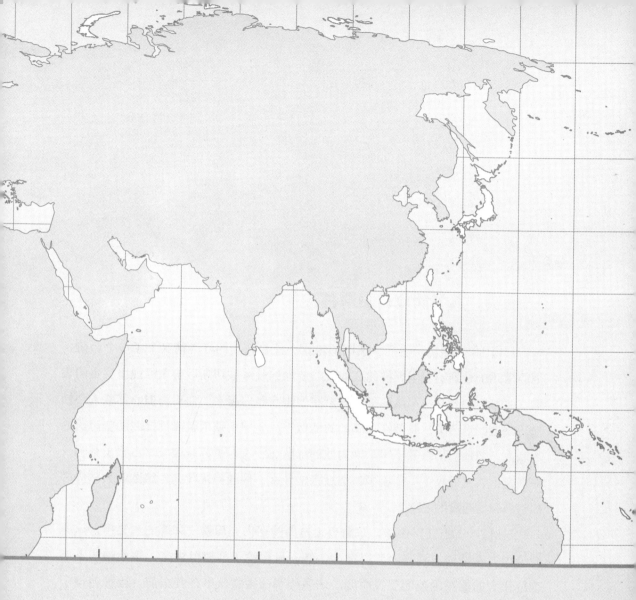

第十八章

莫斯科会战
——德军在第二次世界大战中首次大败

▲第二次世界大战时期，德军攻入苏联领地之后一路高奏凯歌，而基辅会战的胜利令希特勒急不可待地决定派兵攻占莫斯科。1941年9月，希特勒从三个集团军调集了大量兵力，发动了对莫斯科的进攻。面对凶猛的德军，莫斯科军民在斯大林的号召下严防死守，最后借助了冬季的寒风展开反攻，赢得了莫斯科会战的胜利。

前奏：入冬前攻占莫斯科

1940年征服法国之后，法国的沦亡，让希特勒的好心情又上了一个台阶，他非常乐于看到同盟国因彼此之间战略要地的联系被切断后脸上浮现出哭丧的表情，而东边的苏联的军队的影子开始在他眼前飘忽起来。他不再担心苏联人会抄他后路这件事情了，此刻红光满面的他似乎只要伸出铁爪就能捕捉到那些讨厌的苏联人，把他们扔进笼子里。因为他的部队已经攻入了苏联边境，占领了基辅，并将在不久之后攻下莫斯科了！他还害怕什么，他还担忧什么？这欧亚大陆势必都将成为他的囊中之物。

1941年9月21日中午，东普鲁士拉斯滕堡内充斥着一阵阵的欢笑声，这座城堡因为希特勒的到来而显得蓬荜生辉，每面镜子都擦得锃亮，生怕映照不出这位伟大的德军领袖的英俊面庞。诸多德军高级将领坐在餐桌前，簇拥着位于首席的希特勒，他们相互礼貌地寒暄着，微微扬起嘴角，对希特勒展露平日里隐藏起来的笑容，吩咐侍卫们把夹有鱼子酱、火腿和鲑鱼的面包片分放到一个个的盘子里，并且让他们在酒杯中斟满白兰地、威士忌或者杜松子酒。希特勒手边放置着一只盛满冰块的银质小桶，那里面盛放着一瓶用来增添浪漫气氛的法国香槟酒。

自从"巴巴罗萨计划"实施以来，德军的高级将领们很久没有这样聚集在一起慢条斯理地吃饭了，因为他们必须时刻关注着战事的发展，随时思考应对策略并向希特勒报告。不过今天，显然希特勒是想让他们都放松一下。

希特勒轻轻咳嗽了几声，用比平时温柔了许多的嗓音对餐桌旁边的各位将军说道："自从苏联边境的微风吹拂到了我们德国士兵们的脸上，我就一直相信，这将是世界上最大的一次战役。苏联人，包括斯大林在内都是顽固不化的，要想让他们对我们臣服就必须用战火烧掉他们高傲头顶上的那一小撮毛发，让他们知道什么是真正的强者！按照原定计划，我们的士兵已经围困住了列宁格勒，占领了基辅，并且顺利攻占了斯摩棱斯克，再也没有什么能够阻挡我们迈向莫斯科的步伐了！"

众所周知，莫斯科位于东欧平原的中部，它是苏联最大的城市及政治、经济、军事、文化和交通的中心，同伏尔加河有河道相连接，具有极为重要的战略地位。占领了莫斯科，对于征服整个苏联意义重大。

★战争岁月中的莫斯科

他情绪激动地拍了拍桌子，然后继续以热情洋溢的表情说道："将军们，我已经决定了，接下来就发兵攻打莫斯科！在俄罗斯的冬天到来之前，莫斯科将从斯大林的眼前灰飞烟灭。"

话音刚落，在座的纳粹军官们纷纷鼓掌，全体起立，与这位信心满满的元首共同端起酒杯，不吝啬地发出了欢呼声。

此时的希特勒正是站在了其事业的巅峰，他有足够的资格睥睨周围的所有人，但是他怎么也不会想到，自己亲手打造的德军的神话将在两年后被苏联人颠覆。终结他伟大事业的正是他从一开始便瞧不起的苏联人，这个事实也许是希特勒在战败后不愿意接受的。

打铁趁热，希特勒的行动很快。9月底他便亲自签署了进攻莫斯科的军事行动计划——"台风"，企图在苏联的土地上掀起一阵狂风，卷走苏联人的武器、财产和希望。

迂回包围：苏军腹背受敌

1941年，俄罗斯的秋色格外迷人，尤其是那片被镀上了一层金黄色的莫斯科郊外的森林实在惹人怜爱，令人流连忘返。不少莫斯科居民上山欣赏枫叶，看着眼前色彩斑斓的美景，心中充满了喜悦。只不过这份喜悦和欢乐没有持续多久，就被一场从德国刮来的猛烈的"台风"吹散了。

莫斯科人民面临着有史以来最强大的敌人，他们必须同仇敌忾，拿起手中的武器了。

德国这一次准备了多少兵力和坦克对付苏联人呢？希特勒仍和以往一样考虑周到，他和指挥部高级将领们制订的作战计划永远和他们身上齐整的纽扣一样稳固扎实：派出坦克重兵集团，以其强大的突击力像一把尖刀似的插入苏军的防御体系；步兵协同坦克部队，在飞机的火力支援下，合围保卫莫斯科的苏军主要兵力于维亚济马和布良斯克地区；命令各步兵集团从正面进攻莫斯科，配合坦克和摩托化集团军在南北两翼的迂回包抄，最终占领莫斯科。

他充分考虑到了自己的优势兵力，只是漏掉了一点：苏联军民的坚韧信念和俄罗斯全国上下对抗德国的统一战线。

9月30日，古德里安接到命令，率领着坦克集团军如利箭一般钻入布良斯克和维亚济马一带的苏军阵地。从乌克兰到莫斯科的一路上，德军坦克沿着俄罗斯泥泞的道路迅速前进，一条条履带在地面上连接成一道冗长的弯道，遇鬼杀鬼，遇神杀神，将遇到的一切障碍物摧毁于寒光四射的钢铁身躯下，远远望去，那壮观的行军场面令人腿软。不过三天，这支坦克部队就用轰隆隆的炮火，占领了布良斯克战线以东200公里的奥廖尔。此后，德军步兵集团军迅速跟上，占领了布良斯克—奥廖尔公路，在坦克部队和飞机轰炸的配合下一举攻占了卡拉切夫。按照计划，他们准备向布良斯克迂回包抄。

★德国装甲军统帅古德里安

10月6日，来势汹汹的德军攻占了布良斯克，与此同时，德军司令部命令第九和第四集团军对驻守在杜霍夫希纳和罗斯拉夫尔一带的苏军展开了猛烈地进攻。

破坏力极大的德军炮火在苏军阵地上炸开一个个巨坑，焦黑的泥土飞溅到战士们的口鼻上，散发出呛人的烟味。为了抵抗凶猛的德军，苏军死守阵地，在遮天蔽日的炮火底下保存着有生力量，等到德军步兵冲锋，他们便高声呐喊着扑过去，奋力厮杀。然而德军的攻势太过强大了，这一带的苏军的防御阵地被一层层攻破。死去的苏军战士们眼睛瞪大，望着德军冲破出去的方向，久久未能合上。突破防线的德军急速地向维亚济马进发。

10月7日，古德里安的坦克集团军和第二集团军一起发动攻击，将苏军第13集团军和第三集团军一部控制在布良斯克以南地区，将苏军第50集团军的部分兵力压制在了布良斯克以北地区，然后实施了围歼。差不多一个星期过去了，被围的苏联三个集团军仍然没能突破包围圈，主力部队几乎被全歼，只有少数士兵杀出了一条血路，退守至莫扎伊斯克防线，继续与德军周旋。莫斯科的第一道防线被德军的尖牙利齿撕裂开了缺口。

顽强防御：钢铁一般的意志力

如果德军有钢铁钳夹，那么苏军就有金刚铁盾。10月中旬的苏联战场接受着炮火的洗礼，几乎所有通往莫斯科的重要道路上，都覆盖着德苏双方士兵的尸体和破损的武器。从莫斯科城内的最高点往外望去，各个方向都燃起了硝烟，嘶喊声和爆炸声隐约传入城内，或远或近，从未间断。莫斯科市民不知道德军是否比苏军更加不惧死亡、英勇顽强，他们只知道苏联战士们正在遭受死神的亲吻，除了每日为士兵们祈祷，他们只有帮助城内的守军运送弹药和粮食，不断地将自己的儿子、兄弟、丈夫送往前线。

深明大义的莫斯科人民明白：如果莫斯科失陷，自己亲人的鲜血就真的白流了！德军仍然在不断地将战线往前推进，莫斯科西南160公里的卡卢加、150公里外的加里宁、100公里外的鲍罗季诺先后遭到德军的疯狂攻击，阵地失守。莫斯科已经危在旦夕。听闻战报的希特勒心情愉快地坐在空旷的元首办公厅内，让属下给前线的将军们发出电令："东方战役的胜利已是板上钉钉，莫斯科已经成为我们的囊中之物，就看是哪位将军先将它抢在手中了。"

他命令德军不要迟疑，加大对莫斯科的火力攻势。然而，上帝对莫斯科依然眷顾。

斯大林和其他国防委员会的成员召开紧急会议，决定采取攻势防御的果断措施。他命令苏联红军巩固且完善前线防御工事系统，迅速组织坚强的攻势防御，主动出击，削弱和消耗德军的有生力量，为最后的反攻赢得时间。

不久，负责保卫莫斯科的西方面军军事委员会发出了告全军书，号召道："同志们！在我国面临严重危机的时刻，每个军人的生命应该属于祖国。祖国号召我们要成为坚不可摧的铜墙铁壁，堵住法西斯匪帮前往莫斯科的道路！"10月19日，国防委员会发表讲话，号召首都人民不惜一切代价，誓死保卫莫斯科。莫斯科还举行了全市积极分子大会，激励全市人民与敌人决一死战。

莫斯科人民没有退缩，他们积极响应号召，群情激奋，和守军站在了一起，使得苏军的士气不降反升。莫斯科大街小巷的人们都口口相传着这样一句话："俄罗斯虽大，但已无处可退却，因为后面就是莫斯科。"表达了他们死守抵抗德军的坚定决心！他们临危不惧的精神感染着世界人民，很多手持简陋武器的莫斯科市民豪情万丈地说道："敌人在哪里进攻，我们就在哪里用鲜血埋葬他们！我们誓死保卫首都，决不让纳粹践踏我们的旗帜，决不让他们的魔掌玷污列宁的陵墓！"群众的呐喊声如此巨大，以至于在莫斯科最危急的前线的战士们也听到了这般高亢的声音，受到了极大的鼓舞。在他们身后有成千上万的人民群众用坚硬的脊梁支撑着头顶的天空，德军即使再厉害，也无法压塌这片自由的天空！苏联人民钢铁一般的意志力，在此刻完全爆发了。

★响应祖国的号召，莫斯科全民皆兵，图为正在挖战壕的莫斯科人民。

10月17日，斯大林命令新建立的加里宁方面军主动出击，从莫斯科西北面阻击德军，在德军的眼皮子底下修筑着一条血路，为反攻的队伍开道。眼神坚定的苏联红军步履稳健，他们的身体像翻飞的蝴蝶一样融入了熊熊燃烧的战火，没有一个人胆怯地后退。希特勒原本以为克里姆林宫马上就会挂起白旗，然而他等待，一直等待着，仍然没有见到一个低头的苏联人。这些没什么了不起的苏联人，就是不肯在他的装甲铁蹄下稍稍屈服，他们生就了一副硬骨头，却是德国人耗费了大力气也啃不下来的。

天气渐渐转冷了，前线的将领们开始向他抱怨俄罗斯恶劣的天气，希特勒眺望着远处的阴云，突然觉得平稳的心跳发生了变化。

继续进攻：苏军的反突击

1941年的冬天来得有些早，瞬息万变的天气居然和1812年的冬天有着惊人的相似，严冬的风声呼啸在耳边，当年拿破仑统率着浩浩荡荡的法兰西大军来到莫斯科城下的情景，似乎变成了幻影，浮现在每个德军司令官的脑海。他们甩了甩头，试图将那些晦气的场面抛离出去，却没有预料到自己的命运将和那支法兰西大军一样，在莫斯科品尝战败的苦果。

据说，那是上帝拯救了俄罗斯，但德国人不清楚的是，上帝从未离开过这片土地。俄罗斯的冬季女神个性冷酷而残忍，对于外来者尤甚。从10月开始，莫斯科周围的广大地区降下了大雪，纷纷扬扬的雪花像调皮的精灵降落在德军的肩头，浸湿了他们的衣衫和武器。接着连绵的雨水使许多河流暴发洪水，俄罗斯原本就泥泞的土地被大水淹没成了沼泽，阻碍着德军的脚步。在烂泥中艰难跋涉的德军步兵常常停下来喘息，更加困难的则是那些笨重巨大的坦克，只要一陷入泥坑就难以退出，还有那些被稀泥包裹的大炮和弹药车，要依靠人力拖拽才能回到稍微干燥一些的道路上，在急行军的队伍中无疑成为了沉重的包袱。这些德军还能够忍受，直到寒潮到来，他们强悍的神经终于被冻住了。

整个11月都是德军的灾难，莫斯科周围地区温度骤降，这个月月底的气温竟然降至-40℃，加之凛冽的寒风不停地在战场上吹拂，德军士兵们一个个瑟瑟发抖，根本没办法正常使用枪支。坦克部队总算摆脱了稀泥，开上了厚厚的冰面，但是大部分士兵的步枪也结了冰，他们不像苏联士兵那样懂得如何在寒风中保持武器的温度，只能愁眉不展地怀抱着这些武器，不停地在行进中跺脚取暖，惊恐地看着自己的手指失去知觉甚至是断掉。那些遭受严重冻伤的德军士兵有的成了残废，大部分人染上了重感冒，战斗力急剧下降。

在阵地上视察的德军高级将领们一路叹息，他们看到了打着寒战的士兵，看到了因为汽油冻结而无法动弹的汽车，还有那些在发动前必须点火烘烤一阵的坦克。他们向希特勒发报，无一不想尽快结束这场战斗。

希特勒的脸色也如俄罗斯的冬季一样寒冷，他叫喊道："各部集团军应当向莫斯科发起新的、更加猛烈的攻击！你们要抓紧时间，必须要在更加严寒的天气到来之前，摧毁莫斯科！"

苏联人静静地等待着严寒将德军折磨得更加痛苦惨烈，他们给机枪都披上了厚厚的枪套，给武器都涂上了冬季润滑油，穿着温暖厚实的军大衣，在莫斯科城外深挖战壕，建筑新的防御工事，并在德军的炮火声中迎来了红场十月革命阅兵式。

11月7日这天，莫斯科又下雪了，洁白无瑕的雪花将整座城市装点得圣洁肃穆。斯大林神情严肃地登上列宁墓，俯视着寂静红场上的苏联战士们，发表了激动人心的演说："虽然我们今天是在极其危急的情况下庆祝十月革命24周年，不过，这并没有什么可怕的，我们的国家曾经历过比现在的处境更加危急的日子。比起那时，我们现在要好得多。因此，我们是一定会战胜德国侵略者的！"红场上空响起了震天的呐喊，那是苏联红军对敌人发出的怒吼。

这一消息在当天傍晚传到了希特勒耳朵里，他当即大发雷霆，命令地面部队立刻组织新一轮的进攻。指挥部命令两大重兵突击集团，对莫斯科的西北和西南两翼苏军展开突袭。不久，沃洛科拉姆斯克、克林一带的苏军遭受到了德军第四

★莫斯科红场阅兵

装甲集团、第三装甲集团和第九集团军的联合进攻，北面阵地有可能被突破；图拉、卡希拉、科洛姆纳一带的苏军遭遇到了古德里安第二装甲集团军的突袭，南面防线受到威胁；莫斯科以西的宽大正面战线，则遭遇了克鲁元帅的第四集团军的猛烈攻击。

★正在指挥部队向莫斯科推进的古德里安

德军咄咄逼人，激起了苏军的全线抵抗，被鲜血染红的苏军阵地被数不清的炮弹炸成了凹陷的坡地，整营、整团的战士的尸体堆积在焦黑的泥土上，被随即炸起的泥土掩埋。临死前的苏军战士伸出手臂，用尽力气钩住了冲上来的德军的脚腕，即使被刺刀刺穿了身体，也没有松手。不过，这将是德军最后一次看到如此惨烈的苏军阵地了。

12月初，莫斯科真正的寒冬季节到了。苏第16集团军在红波利亚纳地区与德军进行激战，双方的坦克在镇外交火，步兵主力在镇内进行巷战，战火整整燃烧到天黑，德军终于被迫撤出了红波利亚纳。希特勒苦心经营的战略优势一去不复返了。

出其不意：被迫转入防御的德军

苏联红军在冬季女神的帮助下，开始一步步撬开德军的铁嘴钢牙，将子弹、炮弹和刺骨严寒灌入他们的身体最深处。莫斯科周围的所有战线都进入了白热化的激战状态，双方的士兵都坚守在阵地上对抗着敌人的炮火和一轮轮不停歇的进攻，在冰天雪地的战壕里、破损的防御工事底下，除了震天的炮火和令人心悸的机枪声，就只有战士们沉重的喘息声在空气中回荡，没有人敢退后一步。

因为这就是最后关头，谁能坚持住，谁就是最后的胜利者。对于德国纳粹来说，在这次战役中最为黑暗悲惨的一天终于到了——12月6日，对苏军来说是保卫莫斯科最关键的一天，在这一天里苏联守军展开了全线反攻，他们对德国的各个集团军进行了猛烈的攻击，无论是大炮、迫击炮还是"喀秋莎"火箭炮都被

★苏军炮兵阵地

★苏军阵地上的巨炮

推到了前线，无论是正规军还是后来新征入伍的士兵都端起手中的武器，不顾一切地扑向了德军的火舌。德军也尝到了被逼后退的滋味。

在环绕莫斯科周围320多公里的半圆形阵地上，全线的德军都被苏联红军压制住了；古德里安第一次命令其所向无敌的装甲部队迅速后撤，因为他必须寻找更加坚硬开阔的地势建立防线；科涅夫将军率领着加里宁方面军已经突破了德军的前沿防线，跨越了冰封的伏尔加河上游，向精疲力竭的德军侧翼猛扑过来，随后插入德军第九集团军的右翼，迂回到距离德军后方大约20公里的图尔吉诺沃；苏军第29、第31集团军也越过伏尔加河，突袭了驻守在加里宁的德军第九集团军的交通线，即将成功扼住他们的后方补给；骁勇善战的列柳申科将军指挥着第30集团军突入德军阵地，一举击溃了德军在德米特罗夫西北的防御，直指克林地区，那一带的不远处正是德军第三、第四坦克集团的后方；库兹涅佐夫将军带领着第一突击集团军对德米特罗夫以南地区的德军发动进攻，稍后顺利越过莫斯科和加里宁铁路。

就在这一天里，苏联红军一扫昔日被动挨打的局面，飞奔在冰雪大地上，他们进展神速，快速地突破了德军各集团军建立的防御战线，一点儿一点儿地将德军逼退，步步为营，不给德军一点儿反攻的机会。接下来的几天，苏联红军的攻势更加猛烈，打得酣畅淋漓，势如破竹。

从12月7日起，莫斯科的反攻速度不断加快，12月8日到9日，第16集团军和第20集团军的进展十分顺利，他们将德军驱逐出索尔奇诺戈尔斯克，把顽强抵抗的德军从克留科沃的阵地上彻底清扫出去，然后集中火力开始对伊斯特拉水库发起进攻。与此同时，戈沃罗夫将军率领着第五集团军在一边策应，如尖锐的钢刀在德军的防线上扎出缺口，积极向前推进，协助第16集团军不断突击。

锐不可当的苏军震撼到了所有曾经将苏联人埋葬在这片土地上的德国人。一个月前还高昂着头的德军现如今正在受冻挨饿，他们没有足够的冬季装备，身上衣履单薄，瑟瑟发抖着和穿着温暖的苏联红军战士厮杀在一起，枯槁苍白的脸庞最终被鲜血染红，冰凉开裂的手掌握着步枪倒在雪地中。每个阵地上的德军都伤亡惨重，根本无力阻止苏军的攻势，即使坦克兵也不得不面临启动不了坦克必须赶快逃之天天的情形。

这些英勇的苏联战士有从内地及远东地区调来的新兵，也有长期坚守莫斯科防线的老兵，他们拧成一股绳，喊着统一的口号，所有的步兵、炮兵、坦克兵、骑兵和空军组成了强大的反攻战线，在德军的整条战线上撕开一个又一个口子。

苏军已经将战线往前推进了30—50公里，地面上是浩浩荡荡的苏联红军奔跑在雪地上，天上有西方方面军航空兵总共约1 000架的飞机在头顶盘旋，轰炸声指引着他们不断前行，越战越勇。

反攻一直持续到1942年1月初，苏军完全逼退了德中央集团军群的突击兵团，将战线推至距莫斯科100—250公里的地带，至此，莫斯科彻底解除了这支被希特勒称为无敌之师的德军的威胁了。德军已经陷入了山穷水尽的地步。

苏军总攻：神话的破灭

如果说这世上还有神话，那就是反法西斯人民团结一致，将强大的敌人赶出国土的亘古未有的伟大壮举！任何帝国主义列强的丑恶嘴脸必将被撕破。

1942年1月5日，斯大林发出的指令，清晰地响彻在每位红军战士的脑海里："不给德寇任何喘息的机会，不停顿地把他们向西驱赶！我们终将获得最后的胜利！"三天后，苏联海陆空三方面的军队都集结起来，整装待发，等待着司令官一声令下，就朝德军追去。波罗的海舰队、黑海舰队整齐地在海岸边排列成群，鲜亮的国旗在高高的桅杆上飘扬着；莫斯科郊外野战机场被一架架满载航空

★转入反攻的苏联军队

炸弹的飞机占据着，像一只只睁大了锐利眼眸的雄鹰，随时准备展翅高飞，扑向溃逃的德军。

莫斯科郊外被冰封的土地静悄悄的，静谧的顿河缓缓流淌着，九个方面军110多万苏军像所有那些被冰雪覆盖的植物一样拥有着坚韧的骨骼，擦亮了手中的武器，整装待发，等待着斯大林大手一挥，拉下反击德军将他们彻底赶出苏联的战斗序幕。

轰隆！轰！轰！令德国人闻风丧胆的"喀秋莎"发出了惊天动地的怒吼，刹那间震耳欲聋的炮声响彻寰宇，从地面到天空都传来了巨大的轰鸣声，一时间飞机、坦克、大炮都迅速出动，苏军的总攻终于开始了。

加里宁方面军第39集团军声势浩大地对勒热夫以西的德军阵营主动发起攻击，因为严寒死伤惨重的德军顽强抵抗，却仍然节节败退，不少的德国士兵已经拿不稳步枪，即使拿在手中也难以顺利发射子弹，他们举着刺刀迎接苏联红军，一眨眼的工夫就倒在地上周身冰凉；17日，加里宁方面军的右翼第一突击集团军、第16和第20集团以绝对优势突破了德军沃洛科拉姆斯克防线，随后切断了莫斯科—勒热夫铁路；1月20日，加里宁方面军中线部队第5、第33集团军收复莫扎伊斯克；到了1月21日，第39集团军将战线向前挺进了80—90公里，顺利抵达德军第9集团军的后方，展开攻势。

26日清晨的阳光带来了一丝暖意，但是仍然没有融化冰封的土地。这一天，苏军总司令部命令加里宁方面军的第22、第29集团军对奥列尼诺的约七个师的德国军队实施包围，一场围歼战就此展开。随着包围圈的渐渐缩小，根本抵抗不住苏军火力的德军纷纷投降。与此同时，骑兵第11军从正面攻入德军阵线，一直将德军逼退至维亚济马，并且迅速占领了维亚济马—斯摩棱斯克公路，切断了部分德军与后方的联系。

另一侧，西方方面军九个集团军和两个骑兵军对勒热夫—维亚济马战线发动的猛烈攻势得到了顺利进展，直插德军纵深。德军像落水狗一样被不断驱赶，严防死守也阻挡不了气势如虹的苏军了。加里宁方面军左翼部队和禁卫骑兵第一军、第10集团军从北面和南面出击，迂回包抄了德军第9集团军，实施了围歼；第33集团军和禁卫骑兵第一军对德军后方发动强大攻势，随即开始进攻维亚济马。

正面围歼维亚济马德军的苏军也形势大好，他们还得到了第201旅、第8旅和第4军的一万多人空降部队的支援，一路追赶溃败的德军。直到浓郁醉人的春天气息到来之前，苏军将战线往西推进了100—350公里，夺回了莫斯科以西大部分地区。得知消息的希特勒震怒之余感到无比悲怆，叹息道："我们占领莫斯科的计划已然变成了泡影，斯大林的确是位强劲的对手啊！"苏军的伟大胜利守卫住了莫斯科。

日耳曼闪电神话的破碎

德军真的无敌吗？日耳曼闪电神话坚不可摧吗？其实这些都只是德国人用来标榜自己实力、恐吓敌人的说辞罢了，无论是在地面上、海洋上还是天空中，德国人并不是在每一场战斗中都能取胜。而随着反法西斯同盟的携手合作，希特勒越来越感受到了国际社会舆论的压力，以及那些与他战略思想有分歧的高级将领所带来的不太好听的意见。

有的人往往会将战场上的失败归咎于天公不作美，但是还有一句话叫做自作孽不可活，首先挑起战争的那一方比如希特勒，其失败的根本原因在于其战争的非正义性，以及被侵略国家人民的奋力抵抗。所有的果都有相对应的因，如果他回首望一望自己在他国领土上犯下的罪孽，不难理解为何失败终将到来。

在此次战役中，希特勒制订的进攻计划是十分完善的，速战速决的战略方针也没有错，但是苏联人民用超乎他想象的毅力坚守在阵地上的行为，打破了他的完美计划，闪电战的神话就此被打破。斯大林原本不认为希特勒会发动此次战役，但最终还是打败了他。如果希特勒提前作好冬季作战的准备的话，苏联情报部门也能及时了解。但一旦面对早有准备的苏联红军，希特勒的命运会如何就更加难说了。总之，希特勒在此战中付出了惨痛的代价。

根据战后军方统计，德军在莫斯科会战中大约损失了官兵50余万人。其中有10万余人是冻死或者冻伤的，虽然这个数字有可能是德军夸大了天气对他们造成的影响，但有一点值得肯定，德国人由于没有在战前作好机动作战的准备，得到了一定的教训。但这个教训远不如苏联人民带给他们的震撼来得更大。除去人员伤亡，德军还损失了约1 300辆坦克、约2 500门火炮、约1.5万辆汽车。这次重创让希特勒得花上一段时间进行休整，为反法西斯人民的抗争赢得了更多的时间。

莫斯科会战的胜利，使德军"不可战胜"的神话破灭了，给苏联人民以极大的鼓舞，更为战争形势的根本扭转奠定了基础，为最后战胜法西斯，取得第二次世界大战的胜利奠定基础，这才是真正的20世纪战场上的神话。

★ 沙场点兵 ★

人物：斯大林

约瑟夫·维萨里奥诺维奇·斯大林，1879年12月21日出生于俄国格鲁吉亚哥里城的一个鞋匠家庭，前苏联重要领导人之一，国际共产主义运动活动家。1903年他加入布尔什维克，次年12月领导了巴库石油工人大罢工；1905年12月他在全俄布尔什维克第一次会议上与列宁第一次见面，更加坚定了革命的信念。1912年1月，斯大林在苏共第六次代表大会上当选为党中央委员，开始领导党中央俄罗斯局的工作。

1918—1920年国内战争爆发，他作为工农国防委员会委员、共和国革命军事委员会委员，进行征粮工作，并领导军队在南方战线、西方战线、西南战线进行战斗，为保卫红色政权作出了杰出贡献。第二次世界大战爆发后，他领导苏联人民经过四年艰苦卓绝的战斗，取得了斯大林格勒会战、莫斯科会战的胜利，最终赶走了法西斯，其在苏共中的领袖地位至此达到了顶峰。

武器：迫击炮

迫击炮是步兵配备的常规武器，是一种能够对遮蔽目标实施曲射的火炮。战斗中，步兵会使用它来攻击近距离或在山丘等障碍物后面的敌人。由于其不存在死角且操作简便，它还常被用来炮击轻型工事和桥梁等。世界第一门真正的迫击炮诞生于1904年，由俄国炮兵大尉尼古拉耶维奇在日俄战争期间发明。

到了第二次世界大战时，迫击炮的结构相当成熟，它射速高、威力大、质量轻、结构简单、操作简便，更重要的是它无须准备即可投入战斗，这一系列的优点使其在第二次世界大战中大发神威，给第二次世界大战期间地面部队造成了约50%的伤亡。

战术：严防死守

严寒固然是给德军带来了一定的阻碍，但是即便没有严寒，希特勒的这一仗也不一定能够打赢。说到底，是苏联人民同仇敌忾严防死守，顽强抵抗，最终联合反攻的战略思想打倒了德国人。希特勒从一开始就是瞧不起苏联人的，但是苏联人民给了他一个响亮的耳光，他们将所有的可用之兵都推上了战场，在死伤惨重的那段时间，都是妇女和老人在泥泞中挖着防坦克战壕，这种严防死守的战术已经超出了战术的范畴，而成了一种坚韧不拔的精神，精神的力量如此巨大，以至于能够支撑苏联红军不断地倒下、站起，前仆后继。

经此一战可以确定的是，德军再好的战术，一旦遭遇正义和人民群众强大的精神力量，也无法达到目的。

周密筹划的巅峰对决
THE CLASSIC WARS

会战

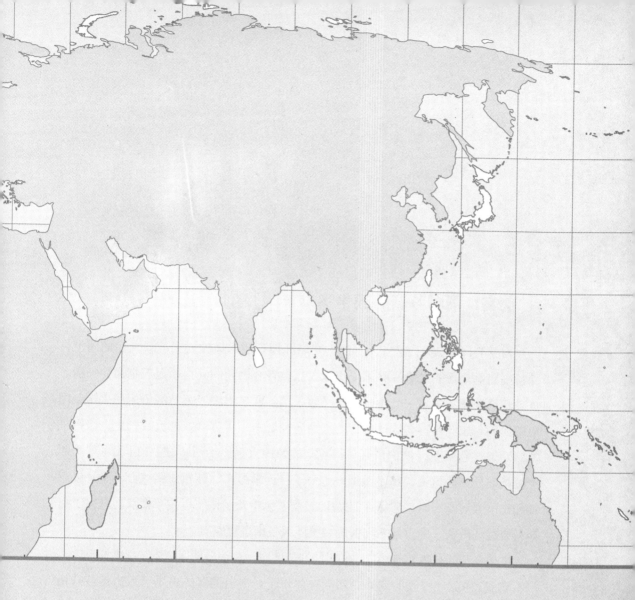

第十九章

斯大林格勒会战
——第二次世界大战在这里转向

▲莫斯科会战的失利让希特勒恼羞成怒，为了一雪前耻他准备积蓄力量发动一场更大规模的战役，斯大林格勒正是他的目标。斯大林格勒会战从 1942 年 7 月开始一直持续到 1943 年 2 月才宣告结束，德军在付出了惨重代价的情况下依然没能完全攻占这座城市，而苏军则通过此战展开了战略反攻，扭转了苏德战场的战局。

前奏：削弱苏联的战争实力

　　自从1941年6月22日，"巴巴罗萨计划"的寒风吹入了苏联人民的国土，希特勒自觉头顶的光圈又亮了一点儿。这位野心勃勃的元首抬起手指微微一指，连绵不绝的德军眼睛一眨不眨地悍然步入了苏联，引爆了苏德战争的导火索。闪电般的德军按照希特勒的计划，在初期顺利地占领了苏联西部大片领土。但是，苏联军民站起来了，他们对开着坦克来的德国人横眉冷对，在1941年夏秋季死死抵抗着他们的炮火，毫不退缩。遭受了一连串打击的苏军团结一心，不分昼夜地和德国人展开周旋，总算在12月的冬季寒风中给了德军重重一榔头，取得了莫斯科会战的胜利，像驱赶恶狗似的将德国人赶出了莫斯科。

　　缺乏冬季的战争装备和稳定的供给线的德军，在部分地区遭到了猛烈的反攻。

　　直到1942年春天的到来，斯大林停止了对溃退德军的追击，双方的战线相对稳定了下来。谁也没有提出要停战，所以希特勒继续调集军队，让遭遇重创的部队进行休整，不动声色地厉兵秣马，准备发动更大规模的战役，一雪前耻。但是，由于遭受到了极大的损失，德军原先制订的发动全线进攻的计划无法再实施。下一步该如何走，希特勒在德军最高统帅部召开了会议。陆军总参谋长哈尔德将军首先提议道："如果再要发动攻势，还应该针对莫斯科。虽然莫斯科是块难啃的骨头，却是苏联战场上最值得攻占的堡垒。"有人摇了摇头，用沉重的声音说道："按照目前的形势，我们应该攻击苏联意想不到的战略方向，这样能够获得快速的成效！对于莫斯科，我们早就打草惊蛇了，不能再去了。"

　　听闻此言，一直冷着脸的希特勒点了点头说："我也认为攻击莫斯科目标过于明显了，何况德军中央集团军群受到了很大打击，进攻莫斯科这条道路无须再作考虑。倒是在北部和南部战线可以发动新一轮局部攻势。"

希特勒的话得到了大家的普遍认同。十几分钟的一轮过后，又有人发言道："在日本偷袭珍珠港之后，美国已经对日本宣战了，现在欧洲战场上的战事吃紧。如果我们要行动，必须比以往更快，而且我们必须在美军有机会加入欧洲战场之前，就果断结束东线战争或尽可能地削弱苏联。"

"的确如此，我们的时间十分紧迫！"希特勒提高了音调，他背脊一挺，命令道："统帅部必须立即制订1942年夏季南方作战计划，这一次，不能再让斯大林那个家伙看笑话了！"

其实，更为重要的是，希特勒想要夺取苏联南部地区的高加索油田、伏尔加河以及大片农田，这样他就能够达到削弱苏联的经济和战争潜力的目的。如此一来，德国这个战争机器才能运转得更加顺畅。

不久，德军最高统帅部制订出作战计划"蓝色行动"，计划派出利斯特的A集团军群从哈尔科夫南面和塔甘罗格北面向东和东南方向进攻，目标是高加索油田；派出博克的B集团军群从库尔斯克南面和哈尔科夫北面向东和东南方向突击，直指斯大林格勒。斯大林格勒周围的风声，渐渐凄厉起来。

强渡顿河：初尝胜利果实

1942年6月到7月初，通往斯大林格勒的两条道路上出现了德国人的身影，他们军容整齐，武器锃亮，又恢复了莫斯科会战之前那种满面红光、志得意满的神态。这两支队伍中的其中一支是不久前从哈尔科夫东北发起了进攻，一路向东南方向挺进的德军第六集团军；还有一支则是在7月2日曾无限逼近沃罗涅日的德军第四装甲集团军，他们原本可以夺下沃罗涅日，但是突然接到了希特勒的命令，在第二集团军接替了其位置后，立即转向南面，沿着顿河向斯大林格勒开进。

这两路德军的进攻都非常顺利，有点儿超出了预想。在空旷的大草原上，苏联红军找不到可以作为掩体的建筑物，那里也缺少连成一线的防御工事和战壕，于是当德军迈着整齐的步伐扑上来时，他们难以抵抗眼前整齐划一的炮火和子弹风暴，只能一边战斗一边后退，企图寻找到一个有利地势巩固防线。但是，德国人的行动实在很快，当他们的几支队伍从不同方向往中间推进时，苏军就敏感地意识到，如果继续进行无谓的抵抗，很可能陷入包围圈。因为他们刚刚在哈尔科夫之战中遭受过德军的合围，因此这一刻变得谨慎而多疑起来，

★正在向斯大林格勒挺进的德国第六集团军

鉴于形势不容乐观，这批苏军不得不向东后撤了约300公里。士气高昂的德军士兵顺利进入了顿河大弯曲部。

听闻德国第六集团军在战役初期取得令人满意的战果，这么快就推进了战线，希特勒高兴地扬起了眉毛，他喜欢突然改变计划的毛病又犯了，也不和其他高级将领商量一番，就在17日发出电令："以目前形势所示，攻占斯大林格勒无须那么多兵力。命令第四装甲集团军即刻从斯大林格勒方向南下，和A集团军群会合，前去支援克莱斯特的第一装甲集团军，帮助他们强渡顿河下游。"

这样一来，斯大林格勒面临的德军只剩下保卢斯的第六集团军和第四装甲集团军。两支部队听从指令继续向斯大林格勒方向推进，庞大的第六集团军和德军第四装甲集团军的大批坦克拥挤在了当地数量不多且狭窄的公路上，由于坦克数量很多，还有数以千计的车辆不断驶来，不少步兵被挤在道路的两边或者坦克的缝隙之间，缓慢穿行。没过多久，这两个集团的军队陷入了交通堵塞，短时间内难以解决的交通问题让德军在这条公路上停滞了许久不能动弹。这次延迟让德军攻打斯大林格勒的计划至少推迟了一个星期。

但即便丧失了作战时机，保卢斯的第六集团军仍然对斯大林格勒造成了极大威胁，其共计约27万人的兵力，近500辆的坦克，1 200架作战飞机，约3 000门火炮和迫击炮都不容小觑。斯大林格勒的人民已经听到了敌人的脚步声。

固守城池："绝对不许后退一步"

苏军最高统帅部曾作出判断，认为德军可能在春季，在莫斯科方向和南方发动大规模的进攻，因此将预备队的大部分兵力集中在莫斯科方向，并在克里米亚、哈尔科夫地区、斯摩棱斯克方向，以及列宁格勒和杰米扬斯克地区实施战略防御。德军会投入这么大兵力在西南方向，的确有些出其不意。但苏联统帅部很快明白了德军的意图，命令斯大林格勒守军严防死守。

反应迅速的苏军在7月12日就组建了由铁木辛哥元帅率领的斯大林格勒方面军，所有的进行防御攻势的军队还包括了从苏军战略预备队调来的第62、第63、第64集团军，以及原西南方面军的第21、第28、第38、第57集团军残部。另外，斯大林格勒城外还驻守着第13、第22、第23坦克军，神情肃穆的坦克兵检查着坦克装备，以保证在作战时不会出现炮弹卡壳、启动缓慢的现象。另外，斯大林还往这里调集了空军第八集团军、海军伏尔加河区舰队作为火力支援。

约16万人、2 200门火炮和迫击炮、近400辆坦克、飞机454架聚集在斯大林格勒人民的周围，等待着向德军开火。

7月17日，苏德双方同时开火，展开了激烈的交战。

德军保卢斯上将命令第八步兵军和第14装甲军从北部出发，第51步兵军和第24装甲军从南部出发，对苏军第62集团军展开攻击，实施包围；与此同时，部分德军对苏军第64集团军发起佯攻，以转移苏军的注意力。

7月23日至25日，德军将战线推至顿河，准备强渡顿河。顿河河畔第64集团军的战士们面对着来势汹汹的德军腿脚有些发软，但是他们还是端起机枪和步枪对着在炮火掩护下挺进的德军不停扫射。一次次的射击都没有命中目标，因为对方的炮火太过刺眼，身边又不断有炸起的火花和爆炸的火焰燃烧起同伴的尸体。他们不敢后退，却不得不被迫退过顿河。

接到苏军不停后退战报的斯大林怒不可遏，随即命令预备队的坦克第一和第四集团军火速开往斯大林格勒，并将远东10个师调集到斯大林格勒区域，对德军展开牵制。同时他命令道："立刻撤销铁木辛哥老元帅的职务，由第64集团军司令戈尔多夫中将接任！让总参谋长华西列夫斯基上将即刻前往斯大林格勒，协助指挥战事。"

7月28日，斯大林格勒战事依然吃紧，苏联守军们接到了斯大林的第二二七号命令：凡是不服从命令而离开战斗岗位或者撤退的军人都将被枪毙！由此开始，整个斯大林格勒上空的喇叭里每日不间断播放着斯大林强有力的号召："绝对不许后退一步！"

形势严峻：坚持就是胜利

苏军把刚开来的坦克调上了前线，对抗德军。战线上，双方的坦克狭路相逢，彼此发动轰击，都想看一看谁的外壳更厚更坚固，隆隆的炮火在坦克履带下

★朱可夫元帅，在斯大林格勒会战中他是苏军的最高指挥官。

方燃烧，将春季刚刚生出的低矮植物烧成了黑炭。碾过焦黑的土地，坦克继续向前推进，直到彼此的炮弹用尽，才稍稍后退，让步兵带着炸药包埋伏在战壕里，对着敌人发动攻击。由于缺少装甲兵力的支援，第六集团军退到第四装甲集团军的后方，转入防御态势。

看到正面防线难以突破的希特勒，于7月30日又作出了一个决定，将霍特将军的第四装甲集团军归还给B集团军群，命令其在8月1日沿着科捷利尼科沃—斯大林格勒铁路向东北方向前进。攻击力强大的这支铁甲部队当天就突破了苏军第51集团军的防线，攻占了蒙特纳亚。两天后，霍特带领着第四装甲集团军以迅雷不及掩耳之势攻占了科捷利尼科沃，紧接着对苏军第64集团军发起猛烈攻击，将他们逼退到阿勃加涅罗沃地区。

面对这支嚣张的坦克部队，苏军已经不能再退了。他们在这一线组织起凶狠的防御攻势，士兵们修建了更多的战壕和深沟，埋下了更多的地雷和炸弹，拼死和坦克对战，死死固守防线，决不后退。遭到强烈攻击的第四装甲集团军无法再前进一步，只能转入守势，巩固自己的防线，以防苏军反扑。

8月5日至18日，斯大林格勒方面军进行了改组，替换了一些高级将领，将军队重新编制，试图能改善前线停滞不前的战况。

到了19日，保卢斯带领着第六集团军又攻了上来，于两日内攻破了苏军第62集团军的防线，终于强渡顿河成功，抵达卡拉奇。不久，德军第14装甲集团军推进突击到伏尔加河，对苏军第62集团军与斯大林格勒方面军的主力实施了分割，从两支苏军的中间区域穿插过去，让他们无法接触；第四装甲集团军则对苏军第64集团军发起猛攻，突破了防线。德军出动了第四航空队几百架飞机对苏军各个阵地进行轰炸，在夜间又派出1 000架飞机对斯大林格勒展开夜袭。斯大林格勒的形势已经越来越严峻，到了生死存亡的关头。

就在这危难之际，朱可夫被任命为最高副统帅，赶到斯大林格勒前线坐镇指挥。朱可夫刚一抵达斯大林格勒，就命令斯大林刚刚调拨给他的两个集团军和一个禁卫第一集团军对德军展开反攻。

9月5日的枪声和炮声比以往更加响亮，升腾的黑烟遮蔽了苏军的视线，他们在蒙蒙的晨光中扑向德军，冒着随时可能被击毙的危险拼死前进，也只将战线推进了二到四公里。第二天，朱可夫命令部队再次发起反攻，扑上去的战士们纷纷倒在血泊中，有的连枪都没有端起来，苏军再次受挫。朱可夫紧张地自语道："德军要攻城了。"

开始攻城：在市区的近身肉搏战

9月13日，保卢斯指挥着第六集团军主力，从北面开始攻城。为了配合主力部队的进攻，霍特命令第四装甲集团军从城南展开突击，用强大的炮火吸引苏军。苏军第62集团军和第64集团军奉命保卫斯大林格勒市区，和攻城的德军展开了殊死较量。漫天的硝烟被风吹散后，战死的苏联红军们的尸体出现在人们的视线里，城内的居民能逃走的都已经消失了踪影，只有一幢幢破败残缺的房屋摇摇晃晃地矗立在德国人面前。次日，德军从城北进入了市区，遭到苏军第62集团军激烈的抵抗，双方在街头巷尾进行火力拼杀，仿佛争夺着那些刚刚建筑起来的阵地。

现在的斯大林格勒简直就是一片废墟，苏联战士们小心翼翼地穿梭在瓦砾和残垣断壁之间，与德军进行厮杀。狙击手小队被全部派了出来，寻找着每条街道、每座楼房、每家工厂内的德国军官，对他们实施狙击。这些狙击手隐蔽

★在斯大林格勒战斗的苏联军队

★奋勇抗击侵略者的苏联战士

在碎裂的建筑物后面，步步为营，注意力高度集中，用敏锐的听觉聆听着德军高级军官移动的步伐，举枪瞄准射击的动作一气呵成，只在一瞬间就击中了目标的脑袋或是心脏。他们的出现，给德军以不小的打击，令进城的德军军官感受到了极大的恐惧。

不少苏军战士被推上前线，大多数刚刚进入城内的新兵都死在了德军的子弹下。就是这样顽强的抵抗，让城内的德军死伤人数不断增加。尽管德军派出了步兵、工程部队、炮兵和空军进行了联合作战，但当他们遭遇苏军送死一般的贴身攻击时，难以发挥优势。

而在一座公寓楼发生的血战，成为了战后的苏联人最为赞叹的一战。在那里，双方的士兵近在咫尺却又相互躲避，他们几乎能听见对方的呼吸声，迈出的每一步都要经过计算，格外小心。守卫在这里的只有扬科夫·巴甫洛夫带领的一个共计六人的小分队而已，他们在大楼附近埋设了大量地雷，在窗口安设了机枪，以惊人的速度和毅力上下转移，一边躲避德军的狙击手，一边实施反狙击。令人难以想象的是，他们在这里一直坚守了58天，这座顽强的堡垒后来被人骄傲地称呼为"巴甫洛夫大楼"。

9月15日，德军经过一天的血战夺下了斯大林格勒城中的制高点——马马耶夫高地，但是就在第二天，苏军禁卫第13师进入斯大林格勒，对德军展开突袭，夺回了该高地。10日后德军攻入市区再次占领了马马耶夫高地，但在29日又被苏军夺回。双方越战越激烈，难分胜负，都付出了惨痛的伤亡代价。

看到战况胶着，德军派出了所有重装甲部队攻城，但是由于城内布满了高达数米的瓦砾堆和废弃建筑，这些坦克难以发挥以往的威力，许多进城的坦克遭遇到了楼顶的苏军反坦克武器的袭击。这场惨不忍睹的战斗什么时候才能结束呢？

会 战

THE CLASSIC WARS

周密筹划的巅峰对决

钳住德军：第六集团军的覆灭

这是真正的腥风血雨，任何的军事演习都无法与之相比，许多年轻的苏联新兵在还没有学会如何正确使用步枪和机枪，就被推上了前线，在德军的坦克和大炮下结束了短暂的生命。一具具残缺的尸体安静地躺在瓦砾废墟中，他们任凭着天上的飞机在身边扔下炸弹，身子一动不动，无论这场战争是哪一方得胜，战果是甜是涩，他们都失去了品尝的机会。自从德军攻入城内以来，马马耶夫高地附近的战斗和北部城区的工厂地带的战斗依然激烈，双方的战士反复争夺高地，留下了堆积成山的尸体。此次战况之惨烈，令全世界的反法西斯人民都为苏联红军捏了一把汗，并且更加深刻地谴责德国人的入侵。

到了11月初，德军在坦克和大炮的帮助下终于将战线推进到了伏尔加河岸，并控制了斯大林格勒80%的地区。但是，冬季又快要到了，未免步上次莫斯科会战失败的后尘，希特勒电令前线第六集团军："保卢斯，你几乎没有多少越冬物资储备了。所以，必须在冬天来临之前拿下斯大林格勒！"

不仅德军没有物资了，由于伏尔加河开始结冰，苏军也不能再通过船只运送给养了。在此情况下，双方的激战愈演愈烈。为了和德军抗战，斯大林格勒城内的所有军民都投入了战斗，在苏联士兵与德军进行巷战的同时，苏联工人就在一旁战战兢兢地修复损坏的坦克和其他武器，他们常常暴露在敌人的炮火下，但是决不退缩。很多从工厂里匆忙出来的新坦克来不及涂上油漆和安装射击瞄准镜就匆匆驶往前线，而没有了坦克兵坦克就由工厂的志愿兵驾驶，不顾一切地向德军冲去。即使这一去不复返，他们也无怨无悔。

11月11日，保卢斯迫于压力，命令第六集团军向苏军阵地发动了猛烈攻击。高度密集的德军全部压上，在每一座房屋、每一片废墟上与苏军进行着残酷的战斗，由于伤亡实在惨重又没有太大进展，保卢斯第二天就停止了进攻，决定休整几天卷土重来。只是，他再也没有这个机会了。

几天后，最高副统帅朱可夫和总参谋长华西列夫斯基命令苏军发起了全线大反攻，实施天王星行动。他们派出的苏军共计有三个方面110.6万人的兵力，约15 500门火炮和迫击炮，约1 463辆坦克和强击火炮，约1 350架飞机投入了此次反攻战。

11月19日至20日，图瓦京的西南方面军、罗科索夫斯基的顿河方面军、叶廖缅科的斯大林格勒方面军，在纷飞的大雪中对城外德军的侧翼部队发起了攻击。经过激烈的交战，在实力和装备方面都处于劣势的罗马尼亚第三集团军、第四集团军的阵地被很快突破，由骑兵组成的罗马尼亚军队被歼灭，苏军很快向卡拉奇防线突进。

22日至23日，西南方面军和斯大林格勒方面军切断了德军第六集团军的后方交通线，联合其他兵团开始实施对德军第六集团军和罗马尼亚、意大利部队以及部分克罗地亚军队共约27万人的合围。德军第六集团军只有约五万人侥幸没有陷入包围圈。

这时的希特勒焦急万分，他在军事会议上询问大家下一步该如何走，蔡茨勒将军规劝他道："下令保卢斯撤出斯大林格勒吧，没有物资补给保障的队伍是寸步难行啊！"

正在希特勒要点头时，空军司令戈林元帅却高昂着头说道："我能保证空军有能力通过'空中桥梁'为第六集团军投放空中补给，要多少有多少！所以，保卢斯将军应当继续前进。"希特勒惊喜不已地拍了拍戈林的肩膀，立即打消了让第六集团军撤退的想法。

然而，事实证明德国空军根本没有提供如此大规模部队供给的运输能力。德军第六集团军相当于普通德国集团军的两倍，同时还有第四装甲集团军的一部分也在苏军的包围圈内需要物资补给，这远远超出了戈林的估计。结果，德军第六集团军只得到10%左右的所需物资，士兵们开始忍饥挨饿，濒于弹尽粮绝的绝境。

★斯大林格勒城下饥寒交迫的德军

★保卢斯向苏军投降

数千人患上了伤寒和痢疾，每天都有德军死于饥饿、严寒和营养不良，他们拼死抵抗着苏军的围剿。与此同时，苏军已经开始缩小包围圈了。

　　1943年1月31日，保卢斯向总部发出最后一份电报，随后苏军攻入了德军设在百货商场内的司令部，德军第六集团军覆灭。到了2月2日，德军第11军残部也宣布投降，这场比以往任何一场战斗都要残酷的战争终于结束了。

战典回响

折断德国人的"闪电"

所谓吃一堑，长一智，苏联红军吃够了德国人闪电战的苦头，不会再任其嚣张了。在保卢斯率领第六集团军的30万精锐从西边杀到斯大林格勒之前，德国的闪电攻势已经让苏军在平原阻击战中吃尽苦头，损失了将近200万人，这一惨痛教训让苏军的高级将领们无不痛定思痛，进行了深刻的反省。无论如何，在斯大林格勒一战，他们不能再让德国人的闪电顺利劈下了，苏军必须在德军到达之前，想尽办法打破那种闪电进攻的部署。

斯大林格勒是一座紧挨着伏尔加河西岸的城市，它的形状类似于长条状，南北长，东西窄。在这样的地形面前，德军如果想要实施闪电战，肯定会打伏尔加河的主意，而不是让主力部队在正面展开总攻。

如果德军采用侧翼攻击的战术，突袭横渡伏尔加河的苏军增援部队与补给，使用类似库尔斯克战役中的战术，从南北两路迂回，抢占伏尔加河渡口，斯大林格勒很可能被团团围住。

于是，为了破坏德军的部署，苏军统帅朱可夫拟定了一个"拥抱敌人"的战略，计划派出部分兵力主动出击，去吸引敌人主力到斯大林格勒的正面，迫使他们与其进行残酷的巷战，然后在南北两端集结兵力，与德军形成钳形态势，最后展开合围。

但是这个战略想要成功，最关键的是要守住伏尔加河上的码头，不能让德军突破这里的防线。为了实现这个目标，他命令部队把伏尔加河前沿足够结实的建筑改造成火力据点，在据点的地下室布置战防炮，在一楼的窗口设置高速机枪，让狙击手隐藏在二楼。

这些据点密密麻麻地排列在伏尔加河前沿，驻扎在据点里或是附近的士兵手持步枪、手雷，作好了和冲上来的德军进行肉搏战的准备。除此之外，守卫伏尔加河的士兵将"喀秋莎"火箭炮布置在了沿岸的优势地形上，以其巨大的火力阻击德军。

在守卫伏尔加河的战斗中，无数的狙击手为击退敌人作出了积极的贡献，他们时刻瞄准着敌军步兵展开狙击，射杀德军的军官，用火力为大炮报告敌人方位，给予了不断冲锋上来的德军重创。

当德军第六集团军的指挥官保卢斯得知苏军在两翼集结的情报后，没有在第一时间作出决断，命令军队从苏军侧翼展开包抄，而是立刻将情况报告给了希特勒，然后坐等指令。所谓兵贵神速，他却不仅在开战之初就放弃了从侧翼包抄的战术，选择攻击斯大林格勒的正面，而且在有机会迅速击溃伏尔加河上的苏联援兵时没有立刻作出反应，从而错失了围攻斯大林格勒的机会。至此，德国人的闪电战成了强弩之末。

等到希特勒命令第四装甲集团军从另一侧展开攻势时，从两翼突袭的战术已然无法奏效。

接下来正面战线的德军和苏军陷入了苦战，由于苏军援军和装备能够源源不断地从伏尔加河进入战场，德军的主力始终被牵制在斯大林格勒的市区内，双方进行着暗无天日的巷战。

趁着第六集团军主力被牵制的时间，苏军迅速在两翼集结了足够的突击部队，以其人之道，还治其人之身，如闪电般快速地对德军的主力兵团展开了合围。

强大的后方彰显真正实力

继莫斯科会战失利后，德军又一次遭遇重创。经此一战，约14万德军死在战场上。由于被苏军合围，德军许多军官被俘：第六集团军司令保卢斯元帅、第51军军长库尔茨巴赫中将、第295师师长科尔费斯少将等23位将官，约2 000名校级以下军官统统在内。除此之外，苏军还俘获了九万多名极度饥饿劳累的德军士兵。

1943年1月底德国民众得知斯大林格勒发生的悲剧时，纷纷表示惊讶，尽管这不是德军遭受的第一次打击，但是此战之惨烈和残酷令人胆寒，苏军在德国人脑海中烙下的深刻教训在很长时间内无法消散。

德国军方再次表示这一次的失败也和严寒的天气有关，但参战部队都清楚，导致德军损失如此之巨大的关键在于，德国的后方补给线无法与苏联人强大的后方支援相比。

虽然戈林将军在希特勒面前打了包票，但事实教育他，千万不要在没有了解清楚详细情况之前就妄下断言。更何况，这位将军不是不知道，在克里特岛战役后，德国空军的实力一直未能得到恢复。

在德军第六集团军被合围之后，他们每天需要700吨的物资，但是实际上他们只得到了300吨的运输补给，因为300吨已经是这支空军队伍的上限了。当时的希特勒也不知怎么了，居然没有考虑到这个严重的问题，仍然支持戈林的计划，严令保卢斯坚守阵地。

结果，此次空投计划遭到了严重挫折。本来就不济的运载量，加之严酷的天气条件和苏军强大的防空炮火，德军空军部队在戈林的豪言壮语下屡屡失败，另外这些运输飞机还要从包围圈中运送伤病员回到后方，使得这条空中补给线越来越脆弱和运行缓慢。

在这种情况下，德军第六集团军几乎弹尽粮绝。为了保存一点儿实力，在12月29日，保卢斯派第14军军长胡比中将乘坐运输机回去报告希特勒，说他们实在无法再坚持了。然而一意孤行的希特勒仍然不肯松口，继续下令第六集团军死守。正是由于希特勒的固执和后方补给线的孱弱，使得第六集团军消失在了德国人的视线中。

★沙场点兵★

人物：朱可夫

拯救莫斯科的英雄格奥尔基·康斯坦丁诺维奇·朱可夫出身贫寒，是一位平民将军。他参加过第一次世界大战，于十月革命后，加入了红军骑兵。在保卫苏维埃的战斗中他英勇作战，多次立功，到了1937年秋已晋升为骑兵第三军军长。1939年，朱可夫受命带领军队与侵犯中蒙边界哈勒欣河地区的日军作战，狠狠打击了日军，充分显示出其卓越的军事才能。

1941年，朱可夫被任命为苏联国防人民委员部人民委员兼苏军总参谋长，参与了阻击德国军队的指挥。希特勒进攻初期，苏军节节败退，随后基辅失陷，朱可夫奔赴叶利尼亚前线指挥反击，带领苏军，成功地重创德军的突击军团。同年9月，希特勒动用180多万兵力展开了对莫斯科的总攻，朱可夫临危受命，担负着保卫莫斯科的重大使命。在他的指挥下，苏军挫败了德军，使他们占领莫斯科的梦想破灭，扭转了整个苏德战场的战略局势。1942年2月，朱可夫指挥几个方面军突破列宁格勒封锁，参加了斯大林格勒会战、库尔斯克战役和第聂伯河会战，取得了辉煌战绩，被苏联人民称为常胜将军。

武器："喀秋莎"火箭炮

"喀秋莎"火箭炮是一种多轨道的自行火箭炮，其正式型号是ＢＭ－13。它共有八条发射滑轨，最大射程为8.5千米，可以单射，也可部分连射，或者一次齐射。一次齐射能够发射16发口径为132毫米的火箭弹，装填一次齐射的弹药大约需要5～10分钟，7～10秒内就可以进行一次齐射。

虽然名字温柔秀美，但它在作战中的威力很大，其射击火力凶猛，杀伤范围比其他火炮都要大，可以用来进行大面积攻击，攻击敌人密集部队。另外，它还能够压制敌人火力，摧毁敌人防御工事，在第二次世界大战中为苏联军队打退德国人作出了很大贡献。

战术：狙击战

"狙击战"这种战斗方式从古代冷兵器作战时代就有了，当时的作战双方都会培养一定数量的"神箭手"让他们隐藏在己方阵营的深处，突发冷箭射杀敌方的重要将领。后来当枪发明之后，战士们便开始使用步枪在远距离射杀敌作战人员，尤其是高级将领。

第二次世界大战时期的狙击战发展到了巅峰阶段，最著名的狙击战对抗，正是发生在斯大林格勒的残垣断壁之间。双方都拥有非常出色的狙击手，他们在瓦砾废墟上展开了巅峰对决，苏军的狙击手给予了德军极大的打击。当时的苏军诞生出了许多的狙击高手，那位狙杀德军"狙击之王"柯尼格少校的瓦西里的光辉形象还被定格在了《兵临城下》这部电影中。正因为实施了狙击战，苏联红军才得以在城市巷战中不断和德军展开周旋，使得这场战争更加残酷而富有传奇色彩。

周密筹划的巅峰对决
THE CLASSIC WARS

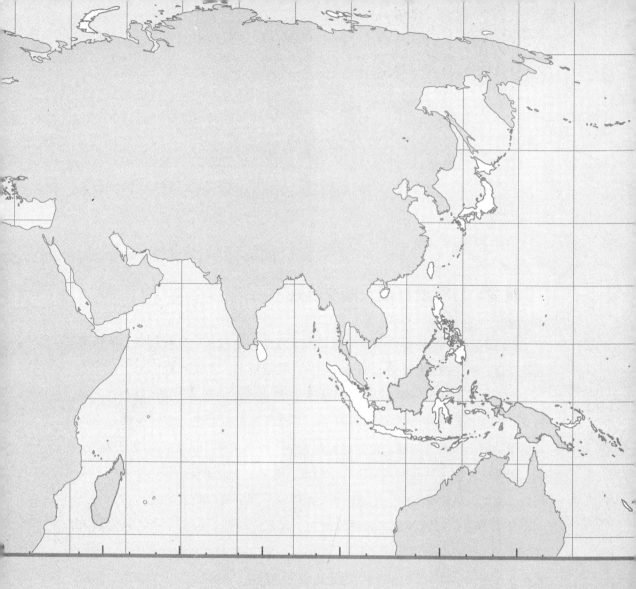

第二十章

豫湘桂会战
——大陆交通线不过是场梦

　　▲由于在太平洋战场上屡遭失败，被美军切断了海上补给线的日军企图打通中国大陆交通线，为此他们于 1944 年在河南、湖南、广西等地发动了一场大规模的战争。这场大战从这年的 4 月一直持续到 12 月，在此期间中国军队连连败退，但仍给日军造成了不小的打击。日军获得了此战的胜利，却因此抽掉大批兵力，失去了在太平洋战场上的优势地位。

前奏：日军要打通大陆交通线

1943年秋季从日本海吹来的微风很是轻柔，裕仁天皇坐在皇位上却感到了丝丝寒意，他的视线停留在铺满桌子的文件和战报上，表情严肃。

他不久前得知了日军在太平洋战场上屡遭失败的消息，心情本就十分抑郁，却又在刚刚接到日军参谋总部的报告，说要召开军事会议，商讨从东南亚到日本本土的海上交通线问题。因为日军在太平洋遭到重创，这条交通线迟早会被切断。因此，他们必须及时商讨出一个对策，弥补失去此条交通线所带来的不便和损失。裕仁天皇觉得头痛，把这件事交给参谋总部全权处理去了。

日军参谋总部的各位高级将领坐在一起研究地图，最后一位将领将马来西亚、中国、朝鲜釜山用线联了起来，说道："这就是我军新的交通线，它将成为我军在东亚大陆作战的生命线！但是这条生命线还不通畅，中国的河南、湖南、江西和广西这些地方还被中国军队控制着，看样子，我们需要组织一场大规模的战役了。"

"嗯，的确如此。与此同时，我们还需要摧毁中国南方和西南方的空军基地，因为那些中美空军基地实在太碍眼了，已经严重危及我们至南洋之间的海上交通线！一旦我们的战略物资无法通过这条道路顺利运达，必将妨碍我军继续进行战斗。"

此想法得到了其他将领的一致认可，他们随后将这个战略思想传达了下去，接到指令的日本中国派遣军总司令畑俊六立即开始制订作战计划，准备发动一场摧毁中国西南方面空军的主要基地，并攻占湘桂、粤汉和平汉铁路南段沿线的主要地区的战役。

这个"一号作战"计划，正是日军发动豫湘桂战役的作战部署。

按照畑俊六的想法，日军的第一期作战计划即为豫中会战，第二期为长衡会战，第三期为桂柳会战。如果他们顺利完成计划，中国将被分成两半，同时对重庆基地形成威胁，日军用心之险恶，由此可见一斑。

为了确保此战的胜利，日本动员组织了51万部队运往中国，对原本驻扎在中国的日军军队进行补充，从而将中国的乙种师团和丙种师团调升为甲种师团，扩大了原军队编制，还配备和组建了更多的特种作战部队，并从本土调来了从未在中国出现的战车师团。自这年秋天到次年春天，不断有日军兵团向豫湘桂附近靠拢，由于同一时间其他战场也有一些战事发生，因此他们的行动目的难以被中国军方洞悉。除此之外，日本的后勤工作进行得迅速而到位。

为了支持中国战场上的航空兵团，日本军方从本土运送了足有半年存量的飞机油料，和足以供日军使用两年的弹药；调动了六万多的马匹，一万多辆的汽车，一万多艘的船艇作为运输工具；给日军野战医院调集了足够半年使用的药品、帐篷、床单、担架、医疗器械等物品，可谓事无巨细。野心勃勃的日军，此番对于豫湘桂地区志在必得。

大战豫中：目标是平汉铁路

1944年4月中旬，声势浩大的日军大军出现在平汉铁路南部和河南中部，不可一世地高举着太阳旗，附近的居民们不知道这支部队是从哪里来，但能肯定的是即将有一场大战爆发，他们小心地躲避在周围的山坳里和丛林里，以免被抓去带路。

这支部队是日军总司令先后从东北、华北地区抽调来的共四个师团、四个独立旅团、一个坦克师团和一个骑兵团中的一部分，他们的总司令是华北方面军的匪盗头子冈村宁次，此次承担的任务是作为先头部队攻入平汉铁路南段，为后面的主力部队扫清沿途障碍。这支部队急行军，没有在路上停留，也没有进入村庄烧杀抢掠，军纪严明，他们直奔着目的地前进，每个人的眼眸中都闪烁着浓浓的杀气。

4月17日夜晚的天色并不是一片漆黑，河岸上隐约中火把的光亮在缓缓移动。那正是由中牟一率领的日军第37师团及混成第七旅团，这支军团正在河边分成小队，准备渡河。春季的夜晚更深露重，日军似乎并不感到凉意逼人，他们顺利渡河，刚一登岸就向西前进，对郑州的国民党军队发起了猛攻。战火烧红了天际，这支部队一路上攻城略地，一路开往西南，先后攻占了尉氏、新郑、洧川、密县、登封、许昌、鄢城等地，随后与日军第11军部队会合，对平汉线的国民党军队发起了正面攻击。

他们遭遇到了部分国民党部队的顽强抵抗，首先遭遇的是国民革命军第13军和第85军。这两支部队是国民党中央军的精锐军，是华北日军视为"天字第一号大敌"的汤恩伯部的主力军，大部分的士兵久经大战磨炼，一直是日本人的眼中钉。日军在多次大会战遭受到这两支部队的痛击，多次企图围歼都未能成功，此次日军发动豫中会战，作战的一个主要目标，就是围歼这两支军。

断墙、残垣、沙袋都被当做了掩体，士兵们在上面架起了机枪，在迫击炮的火力掩护下，向冲锋的日军展开了攻击。日军是狡猾的，他们常常从侧面迂回前进，在小范围内实施小包抄，逼得某些国民党士兵无路可走，除了投降的，就是战至剩下了最后一颗子弹。

与此同时，在邙山头桥头堡的国民党防线遭到了日军第12军主力的猛攻；汉王城据点遭遇到的是日军第110师团一部的攻击。这两条防线相继被突破，从缺口冲进去的日军随后攻占了广武、汜水、荥阳等地。恶战进行到5月上旬，日军迂回前进，包围了洛阳。

刘茂恩第14集团军第15军坚守洛阳，在半个多月的时间内与敌展开了激战，可谓英勇无畏，但是缺乏支援，无法与附近部队联合作战，没能阻挡住日军挺进的步伐。

而担任黄河河防和正面防御的部队有八个集团军18个军，30余万人，还有第八集团军的一个集团军五个军10余万人，在面对日军的凶猛炮火时，也都

★中国军队阵地

没能守住防线，节节败退。撤退的国民党军把辎重丢弃在道路两边，有的部队不但没有沿途组织部队重新构筑防御工事，反而抢掠周围村庄百姓的财物，混乱的情景着实令人堪忧。

5月25日，洛阳陷落。攻陷洛阳之后，日军沿着陇海铁路往西前进，

直指潼关,把胡宗南派往豫西的几个师关门打狗,一举歼灭,控制了平汉一线的铁路要道。至此,日军打通了其大陆交通线中的一环——平汉线。

长衡战役:日军来势凶猛

一寸山河一寸血,日本人懂得这个道理,他们深知要把中国人的土地夺走,就要付出相应的代价。这一次他们投入了非常大的兵力,同时开辟两个战场,其最终目的就是要打通大陆交通线。

在大举进犯豫中的同时,日军为了打通粤汉线且攻占湘中,于1944年5月命令横山勇率领第11集团军约10个师的兵力,兵分三路攻占湖南。这支集团军总共有20余万人,其中第34、第58、第68、第116师从岳阳东南沿着粤汉铁路展开攻势;第3、第13、第37、第64、第27师对主力部队进行辅助作战。

他们来势汹汹,向着长沙的方向推进。

5月26日,日军的炮火带领着排山倒海般的士兵向国民党军队的前沿阵地扑来,他们的太阳旗在日光的照射下显得阴森而恐怖,那泛着寒光的刺刀、整齐的踏步声就像是中国士兵们的噩梦。头顶的飞机嗡嗡作响,每一次飞过都带来了一声声死亡的预告,炮弹直挺挺地落下来,瞬时在地面上炸开焦黑的大坑,阵地上四处火光冲天。

经过激战,日军第3、第13师于29日攻破了国民党守军第72军的阵地,随后占领了通城,用炮火不断地刺激着中国士兵们的神经。这支凶悍的部队于6月初又往前推进了。

作战指挥部内,中国第九战区司令长官薛岳额上冒着冷汗,他知道目前的战况不好,但是他坚持采用长沙会战的战法,他对前线求援的将领们发出电令:"坚持,坚持!坚守你们各自的阵地,不要后退,尽量削弱敌人的实力,但凡不抵抗溃逃者均交给军法处严惩!"

在他看来,将主力部队集结在后方,诱敌深入再进行围攻,便能粉碎日军占领长沙的企图。

但是实施这一计划的前提是,他派出的那一部分兵力能够利用固有阵地,全力阻击日军,阻碍他们的前进,给予他们的主力部队有效的打击。然而奇怪的是,这一次守卫阵地的国民党军队似乎失去了过去那种坚韧的精气神,变成了软绵绵的拳头,打得日本人不痛不痒的。

"我手中有16个军54个师，共40余万人的兵力，难道还击退不了这群日本狼吗？"薛岳怒吼着，但是仍然无力改变国民党军队不断溃退的局面。

不久，日军四个师突破了第20军阵地，随后占领了新墙河后到达汨罗江北岸，几日激战后，日军主力部队于6月6日对汨罗江阵地发起猛烈攻击，顺利突破防线，突击至永安、捞刀河、浏江一线。在薛岳的严令下，中国军队积极反击，以歼灭日军一部的战绩继续退守，在9日失去了浏阳一带的阵地，长沙危在旦夕。

14日，节节得胜的日军开始轰击长沙，与国民党第四军激战四日之后占领了长沙。凶猛的日军攻占长沙后，向衡阳方向挺进。

伤亡惨重：衡阳鏖兵

听闻长沙失守的国民党军委会处于一片混乱之中，良久，冷静下来的指挥官即刻对衡阳守军第十军下达了作战命令："坚守衡阳城10至15天。坚持，再坚持！"

1944年6月23日清晨的阳光到来得稍稍晚了一些，没能将中国守军的面庞变得更加清晰一些。这些没能看清同伴最后一面的战士，向着日军第68、116师团的部队展开了迎击。双方激战四日，日军跨越着战友的尸体攻上了衡阳外围阵地，高举着机枪对阵地上的中国士兵进行扫射，而中国士兵的刺刀和子弹无一不是贯穿了眼前敌人的身躯，沾染上新鲜温热的血液，散发着令人作呕的血腥气。这片阵地上，无一人逃跑、投降，全部士兵包括炊事员也一同战死。

6月28日，日军在飞机、重炮的掩护下对衡阳发起了总攻，一拨一拨的日军发起冲锋，随后毒气部队压上，对中国守军释放了毒气，一时间，阵地上毒气弥漫，不断有中国士兵倒下。双方激战至7月2日，中国守军付出了极大的死伤代价，但守住了阵地，击退了日军。

经过了几天的休整，日军于7月11日在野炮四个大队、迫击炮两个大队的协助下，对衡阳发起第二次总攻。双方经过了连续九昼夜的血战，死伤均十分惨重。日军付出了伤亡8 000人、联队长1名、大队长6名、几乎所有的中队长阵亡的代价，仅仅将战线推进到衡阳守军的二线阵地。失守的阵地上堆积着中国士兵的尸体，如残败的枯叶被泥土覆盖着，飘荡的灵魂无人告慰。

衡阳坚守战一直持续到7月12日，日军在不断增派援军的情况下仍无太大进展，这个消息不久便惊动了日本天皇和日军大本营。

在裕仁天皇和日本军部的层层责令下，横山勇即刻命令第58师团、第13师

会战

周密筹划的巅峰对决

团两个主力师团赶赴衡阳前线。衡阳城内的守军站在炮火下，看着源源不断的日军从阵地后冒出来，心里感到一阵悲怆。

此刻中国第十军已经没剩下多少士兵了，仅剩的一

★豫湘桂战场上的中国军队

批队伍在阵地上死守，每个人手中都紧握着几枚手榴弹，一旦子弹打光，他们随时准备和日军展开肉搏，而站在他们身后的是不得不上到火线的轻伤员、马夫、炊事员。尽管如此，没有人想过后退，他们早已有了觉悟：最后的血战就要到来了！

日军四个师团在8月4日凌晨用炮声宣告，对衡阳的第三次总攻开始了。

人力不足、弹药不足的第十军战士们依然面容坚毅，他们与不断冲锋上来的日军进行激战，战况十分惨烈，到了第二天，本就伤兵累累的第十军已经有约8 000人都负了伤，战斗力急剧下降。

眼看敌人就要突破防线，第十军的军官纷纷劝说军长方先觉突围。神情沮丧的方先觉摇了摇头，叹息道："我们如果突围出去了，是能够逃走，但是剩下8 000名伤兵怎么办？把他们丢下，就等于把他们置于日本鬼子的刺刀和炮弹下。既然如此，要死一起死，我无论如何不愿独自逃生啊！"

三日后，日本人发动了更为猛烈的轰击，飞机、大炮全数调动起来，集中火力对第十军实施包围。就在这一天内，第十军与下属各部的通信设施都被炮火毁断，在没有及时援军的情况下，难以组织有效的反攻，加之下属各部处于各自为战的状态，方先觉顿觉没有了希望。8月8日，方先觉向军委会发出最后的电报："衡阳失守了，战友们，我们来生再见……"随即准备拔枪自杀，被一旁的副官果断阻止。

衡阳的命运已经不握在中国军人手中了。这天晚上，日军同意了第十军提出的投降条件，结束了衡阳血战。此战中，尽管广大国民党官兵不屈不挠，拼死抵抗，仍然未能阻止日军占领衡阳，控制粤汉、湘桂铁路。日军越战越勇，嚣张的气焰继续燃烧，他们的下一个目标又是哪里呢？

桂柳攻防：血染漓江，从南京天堂来到地狱

日军侵占衡阳后，决定趁热打铁，向桂林、柳州方向进发。此次为了攻占广西，日军军部特别调入华中的第11军、华南的第23军以及武汉的第34军成立了第六方面军，由冈村宁次为司令官统一指挥。9月10日，冈村宁次率领着日军第11军、第23军、第2遣华舰队一部，共约16万人，发兵前往桂林、广州，此战的目的是打通桂越（南）公路。这支部队一路上得到了南方派遣军一部的配合，和第二飞行团约150架飞机的协助。

听闻日军动向的桂系军阀白崇禧顿感痛心疾首，他不愿看到自己的家乡遭到日本人侵占，马上发出号召："如能有50万广西家乡兄弟愿意参军，补充桂军现有之兵力，那么，此战中国军队必胜！"

★行军途中的中国军队

当即广西全省人民响应他的号召，燃起了熊熊如火的抗战激情，很多青年人站出来要求与广西共存亡，在短短不到一个星期的时间内，整个广西就有近20万人自发组织成民团和抗战武装自卫队。他们对白崇禧提出请求，愿意到桂林、柳州前线与日军作战，十分难能可贵。白崇禧点头答应了他们，但是不知道出于何种考虑，这位堪称具有诸葛亮智慧的将军食言了，他在日军进攻初期便解散了这些爱国的民团武装和抗战武装自卫队，使得后来桂林的两万桂系守军遭受了极大压力，只能严防死守。

中央军方面，接受桂柳战区防御作战任务的是第四战区司令长官张发奎，他带领着九个军、两个桂绥纵队、飞机217架，共约20万人对日军展开了防御攻势。另外，有黔桂湘边区总司令部的三个军与其协同作战，各自为战，分区抗击日军。然而，国民党军队在日军的攻势面前，没能使出原本十分坚硬的拳头。

9月14日，冈村宁次命令日军第11集团军对全州发起突袭，驻守全州的中央军第93军没有进行有效的抵抗，就放开全州撤退了，拒不和日军接触，美其名曰保存实力，而且在战后拒不承认其溃逃的行径。

攻占全州之后的日军随后准备攻打桂林，一路挺进。不久，日军第23军攻陷了梧州、平南、丹竹和桂平、蒙圩。双方军队激战至10月下旬，白崇禧命令第64军对进占桂平、蒙圩的日军独立混成第23旅展开反击，命令第135师等部对平南、丹竹的日军进行突击。

但由于各部军队缺乏统一指挥，中国士兵对日军的反攻相当吃力，日军仍然一路上势如破竹，没有遭遇到太多的抵抗。到了10月底，日军第23军将战线推进至武宣一线，日军第11军突破了桂林、荔浦方面军的防御阵地。

11月初，日军主力攻入桂林城郊，派出另外一支部队向柳州的防御阵地发起进攻。11月9日，冈村宁次命令日军第40、第58、第37师联合第34师一部，对桂林城发起总攻。与此同时，他下令日军第23军第104师、第11军第3、第13师攻入柳州。

秀美的桂林山水在这一天里被蒙上了厚厚的烟尘，清澈的水面倒映的不再是当地居民欢笑的脸庞，而是日军狰狞的面孔和中国士兵们痛苦的眉宇。两万桂林守军非常英勇，他们在阵地上与日军展开血战，有的人挥舞着刺刀扑向近在咫尺的日军，身上沾满了鲜血；有的人端起手中的枪支向日军开火，即使身上中弹也只是简单包扎一下，然后继续一动不动地固守在阵地上，重复着装弹、瞄准、扣扳机的动作，一丝不苟，决不退缩。这支守军在孤立无援、失去统一指挥的情况下，与近10万装备精良的日军血战了13天，一直战斗到桂林陷落。

11月11日，防守桂林城区的约七千残兵突出重围，将桂林留在了日军手中。就在桂林陷落的同时，日军毁坏了桂林机场并击毁了美国陆军航空队30架斗战机。随后，柳州失守。

此战双方都付出了极大的伤亡代价，日军在10天内损失了约1 7000名士兵，中日士兵的尸体漂浮在美丽如画的漓江水面上，五公里长的水面都被鲜血染红，凄惨的景象令人难以描述。日军某位阵亡中佐曾在日记中写道：南京从天堂掉到地狱！

　　直至11月24日，日军将桂林、柳州、南宁都收入囊中，紧接着冈村宁次命令日军部队沿黔桂公路前进攻陷了独山。随后，日军第21军与第23军各一部在绥渌会合。至此，日本实现了打通大陆交通线的战略计划。

战典回响

第二次世界大战末期的回光返照

豫湘桂会战胜利的消息让日本上下好好兴奋了一番，裕仁天皇也嘉奖了参与会战的高级将领，鼓励他们再接再厉，为扩大战场、夺得东亚战线的最终胜利而努力。这场战役让国民党军队受到了巨大打击，但也彻底暴露了国民政府在政治和军事上的腐败无能，促使蒋介石等国民党高层指挥官进行反思。

经过了前后约八个月的战斗，国民党没能阻止日本军队打通大陆交通线，他们丢失了河南、湖南、广西、广东、贵州、福建等省的大部分地区，146座城市，30多个飞机场，60多万军队被日本军队吞噬。日本人将约20万平方公里的土地踩在了脚下，在精神上赢得了巨大的安慰，但却为此战抽调了日本国内和应当运送到太平洋战场上的共约50万的兵力加入战局，使其在太平洋战争中彻底失败，失去了整个战局上的优势地位。

此战是武汉失守以来，国民党军队在正面战场上最大的失败，但此时世界反法西斯战争已经转入全面反攻，苏联红军在对抗德军的战斗中取得了巨大胜利，英美联军也在诺曼底登陆作战成功；而在获得此战胜利之后，这一地带的日军无力保障大陆交通线畅通，日本本土的日军也无法阻挡美机的空袭，其他日军则陷入太平洋战争的泥沼难以抽身。

至此，日军的优势兵力被分散开来，为不久之后的中国军队反攻提供了条件。

由此可见，日军虽然在这次会战中赢得了胜利和荣誉，却因为大形势上的失利和总体战略的失败，而使得此战只能作为其在第二次世界大战末期的回光返照，聊以自慰罢了。

★ 沙场点兵 ★

👤 人物：冈村宁次

日本帝国时代陆军上将冈村宁次，于1884年5月15日出生在日本东京四名坂町街区的一个没落武士家庭，冈村宁次的一切军事举动都和中国有关，从1927年的济南惨案、1931年的九一八事变、1932年的一·二八事变到太平洋战争，他都参与过。由于多次到中国考察，他俨然成为了一个"中国通"，学说中国话，对中国的地理风俗都相当熟悉。1941年4月，冈村宁次被任命为华北方面军司令，自从踏上中国土地，他就对中国人民犯下了滔天罪行。在豫湘桂会战时，由于部下没有严格执行命令，他围歼中国军队的计划流产了。

☀ 武器：毒气

日军在此战中派出了毒气部队，这已不是他们第一次使用毒气作为武器打击中国军队了，早在1937年8月的淞沪会战中，日军就对中国军队释放了催泪性气体和喷嚏性气体。而在第二次世界大战中，也只有日本如此大规模地、有计划性地使用过毒气。由于毒气战的杀伤力巨大和中国军队防毒知识的匮乏，在战场上，一旦中国军队遭遇日本毒气部队只能任其宰割，死伤惨重。在此次会战中也是如此，遇到日本毒气部队的中国士兵们根本不知道毒气的危险性，很多人不知道日本人的那些看似普通的物品其实是化学弹药，因此毫无防范。此战中很多士兵都因为吸入毒气而丧失了战斗力，甚至中毒身亡。

🧭 战术：各自为战

所谓各自为战，就是军队各自成为独立的单位进行战斗，这种作战方式通常会在大规模的战役中被频繁使用。各自为战，有利于让各个独立的军队灵活行动，在各自布防的区域对敌人实施战略防御或者突袭，只要他们在大的作战方针上听从总指挥部的调遣，在预定的时间和范围内完成作战任务即可，不需要在小的作战行动上请示上级。但是，这个战术如果实施不当，就会暴露出指挥不统一的弊端，从而使各部队之间失去默契和密切配合，造成整体战略部署的失败。

在此次战役中，国民党军队就没有有效地实现各自为战的优势，在遭遇日军攻击之后，经受不住打击的部队在向紧邻部队求援时往往会遭到拒绝，因为国民党军队一直存有门户之见和派系斗争，平日在特定范围作战时不会暴露缺陷，一旦陷入敌人联合部队的总攻，其问题就逐一暴露出来。各个部队无法实施良好的配合和救援，都考虑到要保存自己的实力，不到逼不得已绝不会死守阵线，白白送死，诸多部队指挥官在撤退前想到的都是自身独立个体的利益，而没有从全局上思考如何联合起来进行防御，因此国民党总指挥部顾此失彼，在实际作战中难以掌控全局，命令有时无法被执行到位，导致阵线溃散。

Afterword 后记

战争是人类永恒的话题，人类的历史无论是亚洲、欧洲还是美洲或者其他区域，古代的还是近现代的，都以各个大国为了争夺强权而展开的战争作为中心。在每个国家的战争史中，或多或少会记载着某一场关系到国家命运的战争，这些战争代表着一个国家在不同阶段的发展历程，尽管有些历程充满了艰辛和困苦，但却是客观存在的、不容回避的历史留痕，值得人们铭记于心。本书从世界范围内，选取了部分具有决定性意义的会战进行了全新诠释，将那些经典战役融入深刻记忆呈现在大家的面前。

这是一种回顾，亦是一种冷静的审视。

你不需要记住每一场会战的起承转合，不需要记住每一位将军的壮志豪言，不需要记住每一个战场上的死伤数字，也不需要记住每一张消失在战火硝烟里的面孔，你应当记住的只是——每场战役的胜利都是需要代价的，每场战役的背后都是一场人世间的悲欢离合。无论战争持续多长时间，对阵双方终将展开一场决战，正是这一决胜负的过程使得会战别具魅力，令失败者扼腕，令胜利者欢愉。

当我们的思绪跟随着这些文字回到硝烟弥漫的年代时，我们难掩心中的激动，却也只能以一个旁观者的心态来阅读岁月的痕迹，我们所能了解的也只是一些皮毛。再次回顾这些战役，更多的是希望给予你一份广阔的胸怀，能承载那些悲伤与遗憾。

主要参考书目

1．（英）杰克·雷恩：《第一世界大战的重大战役》，上海译文出版社1990年版。

2．（英）亨利·莫尔：《第二世界大战的重大战役》，上海译文出版社1990年版。

3．方连庆：《现代国际关系史（1917—1945）》，北京大学出版社1996年版。

4．（美）杰弗里·帕克等著（傅景川等译）：《剑桥插图战争史》，山东画报出版社2004年版。

5．（英）A.J.P.泰勒：《第二次世界大战的起源》，商务印书馆1992年版。

6．刘家和，王敦书合编：《世界史：古代史编》，高等教育出版社1994年版。

7．宋国涛编著：《外国著名战役》，中国社会出版社2008年版。

8．王振德主编：《第二次世界大战中的中国战场》，社会科学文献出版社1991年版。

9．中国第二历史档案馆编：《抗日战争正面战场》，江苏古籍出版社1987年版。

典藏战争往事　回望疆场硝烟

武器的世界 兵典 兵典的精华